乡村调查理论与实训

霍云霈　靳慧芳　主　编
贾凌云　何　博　副主编

东南大学出版社
·南京·

内容提要

本书从乡村调查的特征、对象、原则等基础知识出发，详细介绍了乡村调查的调查方法、资料数据处理的方式与报告撰写的要求。具体内容包括结合实际调查，围绕乡村基本情况调查、住户信息调查、产业经济调查、人居环境调查、民俗文化调查、旅游调查等方面内容，分别介绍了各领域的调查内容、数据获得的方式、相关表格及调查问卷的设计示例，并结合不同调查专题给出了部分调查报告的参考示例。本书从大学实训教育出发，能作为乡村调查实训教学的教材，还能为各类乡村主题研究、村镇规划编制、和美乡村建设等提供前期调查指导，为推动我国乡村发展提供一定的支持。

图书在版编目(CIP)数据

乡村调查理论与实训 / 霍云霈，靳慧芳主编. — 南京：东南大学出版社，2024.12
ISBN 978-7-5766-1406-0

Ⅰ.①乡… Ⅱ.①霍… ②靳… Ⅲ.①农村调查
Ⅳ.①C915

中国国家版本馆 CIP 数据核字(2024)第 086162 号

责任编辑:赵莉娜　　责任校对:子雪莲　　封面设计:毕　真　　责任印制:周荣虎

乡村调查理论与实训
Xiangcun Diaocha Lilun Yu Shixun

主　　编	霍云霈　靳慧芳
出版发行	东南大学出版社
出 版 人	白云飞
社　　址	南京市四牌楼2号(210096)　邮编:210096　电话:025-83793330
网　　址	http://www.seupress.com
经　　销	全国各地新华书店
排　　版	南京布克文化发展有限公司
印　　刷	江苏图美云印刷科技有限公司
开　　本	787 mm×1092 mm　1/16
印　　张	18.25
字　　数	422千
版 印 次	2024年12月第1版第1次印刷
书　　号	978-7-5766-1406-0
定　　价	58.00元

本社图书如有印装质量问题，请直接与营销部联系(电话:025-83791830)

前言

2023年年底,习近平总书记对"三农"工作再次作出了重要指示,指出推进中国式现代化,必须坚持推进乡村全面振兴,要把推进乡村全面振兴作为新时代新征程"三农"工作的总抓手,要因地制宜、分类施策,各级党委和政府要结合实际创造性地开展工作。中央农村工作会议在学习总书记重要指示的基础上强调,农村工作要从农民群众反映强烈的实际问题出发,找准乡村振兴的切入点,提高工作实效,同时强调要改善工作方式,大兴调查研究。可以看出,党和国家在乡村工作上非常重视因地制宜与实地调研,认为了解乡村实际问题、找准乡村振兴的切入点是乡村全面振兴工作的起点,因此乡村调查是落实国家乡村发展战略,践行总书记对"三农"工作重要指示的起点。

本书主要讲述如何实施乡村调查,在实际乡村调查的经验积累下,根据理论与实际相结合的原则,从乡村调查的基础知识出发,围绕理论基础、调查方法、数据处理、报告撰写等环节逐步展开,同时结合实际的乡村调查需要,根据产业经济、人口信息、人居环境、旅游发展、民俗文化等多主题进行了实训案例展示,各实训主题主要涉及调查内容、数据收集、问卷设计、调查报告撰写等方面,强调乡村调查在现实工作中的应用与操作。

本书是陕西学前师范学院规划教材,主要以培养学生树立正确的价值观、科学的方法论和综合的逻辑思维能力为目标,旨在通过大量的实践案例,让学生明白什么是乡村调查,乡村调查都包含哪些调查主题,不同的主题该用什么调查方法,调查前该做哪些工作,调查结束该怎样撰写调研报告等。本书可以为已经或即将开展乡村调查类课程或实训的专业提供参考,也能为学生将来从事有关乡村的工作及研究打下坚实的基础。

在本书编写过程中编写组参考了大量的书籍及其他文献,这些书籍与其他文献是本教材顺利完成的前沿支柱,例如东海军老师、赵勤老师、风笑天老师、丁华老师、刘芳老师等人的著作,都给本教材的编写提供了大量的启示,在此一并感谢。本书的出版得益于陕西学前师范学院的资助,在此向陕西学前师范学院相关部门及学校各级领导表示感谢。受教材编写组的水平、经验与时间限制,教材中难免存在一些错误和缺陷,恳请各位同仁和同学批评指正。

本书是整个教材编写组共同努力的成果,其中霍云霈、靳慧芳、贾凌云负责全书策划并制定写作大纲,霍云霈负责最终统稿工作。本教材编写分工为:霍云霈、靳慧芳编写第一章、第五章;霍云霈、何博编写第二章;霍云霈、靳慧芳、贾凌云编写第三章;贾凌云编写第四章；霍云霈、靳慧芳、贾凌云、何博编写第六章至第十三章。其中，霍云霈完成约十二万字编写任务，靳慧芳完成约十万字编写任务，贾凌云完成约十万字编写任务，何博完成约十万字编写任务。在此为各位老师的付出表示感谢！

教材编写组
2024 年 4 月

目录

理论篇

第一章 相关基础知识 ········· 002
第一节 乡村调查的概念与特征 ········· 002
第二节 乡村调查的对象与原则 ········· 008
第三节 乡村调查的类型与程序 ········· 012

第二章 乡村调查的选题与调查设计 ········· 019
第一节 选题的重要性与选题的标准 ········· 019
第二节 选题的来源、途径与明确化 ········· 024
第三节 调查设计 ········· 031

第三章 乡村调查的方法 ········· 040
第一节 文献法 ········· 040
第二节 抽样法 ········· 044
第三节 问卷法 ········· 051
第四节 访谈法 ········· 063
第五节 观察法 ········· 073
第六节 网络法 ········· 079

第四章 资料分析与数据处理 ········· 085
第一节 调查资料的整理 ········· 085
第二节 调查资料的统计分析 ········· 099

第五章 乡村调查报告的撰写 ········· 120
第一节 乡村调查报告的特点、类型和作用 ········· 120
第二节 乡村调查报告的撰写与撰写原则 ········· 123
第三节 调查报告的格式与结构 ········· 127

实践篇

第六章 乡村基本情况调查 ········· 132
第一节 调查内容与信息获取途径 ········· 132
第二节 调查表格示例 ········· 133

第七章　乡村住户信息调查 ………………………………………………… 140
第一节　乡村住户信息调查基础知识 ……………………………………… 140
第二节　调查表格示例 …………………………………………………… 142
第三节　调查案例示例 …………………………………………………… 145

第八章　乡村产业调查 …………………………………………………… 154
第一节　乡村产业调查的基础知识 ………………………………………… 154
第二节　乡村产业调查表示例 …………………………………………… 158
第三节　乡村产业调查报告示例 ………………………………………… 164

第九章　乡村经济调查 …………………………………………………… 175
第一节　乡村经济调查的基础知识 ………………………………………… 175
第二节　乡村经济调查表示例 …………………………………………… 177
第三节　乡村经济调查报告示例 ………………………………………… 188

第十章　乡村人居环境调查 ……………………………………………… 196
第一节　乡村人居环境调查的基础概念 …………………………………… 196
第二节　乡村人居调查问卷示例 ………………………………………… 199
第三节　乡村人居环境调查报告示例 ……………………………………… 205

第十一章　乡村民俗与文化调查 ………………………………………… 228
第一节　乡村民俗与文化调查基础知识 …………………………………… 228
第二节　乡村民俗调查示例 ……………………………………………… 229

第十二章　乡村旅游调查 ………………………………………………… 243
第一节　乡村旅游调查基础知识 ………………………………………… 243
第二节　乡村旅游调查表示例 …………………………………………… 245
第三节　乡村旅游调查报告示例 ………………………………………… 252

第十三章　乡村综合调查 ………………………………………………… 277

参考文献 …………………………………………………………………… 285

理论篇

第一章 相关基础知识

第一节 乡村调查的概念与特征

一、乡村调查的概念与特征

（一）乡村调查的概念

乡村调查属于社会调查的一种，为社会调查中的某一专项调查，其概念内容与内在含义与社会调查有着较大的相似之处，因此在讲解乡村调查的概念之前，有必要先学习社会调查的相关概念。

1. 社会调查

大体上，可以从"狭义"和"广义"两个层面对社会调查的概念进行界定。其中"狭义"的社会调查，又可以分为两种类型，第一种认为，社会调查就是调查资料的搜索与收集，是一种认识社会的实践活动，其工作内容不包含对收集到的资料或信息开展较深层面的分析或研究，仅包含人们为了认识社会、了解社会现象所开展的信息收集活动；另一种则认为社会调查只是研究社会现象的一种方法，例如对某种社会现象实施抽样调查，运用问卷法、观察法、结构式访谈法等多种方法搜集社会信息或资料，并对这些信息分析的过程。

"广义"的社会调查认为，社会调查不仅仅是一种认识社会的方法，更是对某种社会现象及社会规律进行完整认识的过程，既包括资料的收集过程，又包括对资料进行整理并开展分析与研究的过程，认为"社会调查指对某一地区的社会现象、社会问题或社会事件，用实际调查的手段，搜集第一手资料，用以说明或解释所要了解的各种事实及其发生的原因和相互关系，并提供解决线索的一种科学方法"。其中搜集资料的方法不仅包括问卷法、观察法、结构式访谈法，还包括深度访谈法、文献法、实验法等；调查的方法不仅包括抽样调查，还包括个案调查和典型调查；分析资料的方法不仅包括对数据的定量分析，还包括对资料的定性分析，是定性与定量分析相结合。

本书更倾向于从广义的层面定义社会调查，认为社会调查是有目的、有计划、有组织地运用特定的方法和手段，直接、系统地考察、了解、搜集有关社会现象的信息与资料，运用定性与定量相结合的方法，分析研究这些信息与资料，对所调查的社会现象做出描述和解释，阐明其本质及其发展变化规律的一种科学认识活动。这一定义包含以下三层意思。

1) 社会调查是一种目的明确的认识活动

社会调查的目的是了解社会生活的真实情况，研究各种社会现象的内在联系，探索社会现象的本质,寻找社会现象发展变化的规律,进而制定改造社会、推动社会发展的政策与方法。因此,社会调查的每个环节都必须要有明确的目的,在调查和研究的各个层面都应当是科学的认识活动。调查人员在实地进行观察、访谈、发放问卷等调查行为,必须是围绕调查项目的调查目的开展的,应当根据拟定的调查方案实施调查,否则,搜集到的资料或信息就有可能与调查项目的要求出现偏离。比如,调查项目"返乡农民工自主创业研究",需要调查人员奔赴返乡农民工所在村域,围绕农民工转移就业现状、农民工返乡创业政策、农民工创业技能及发展性技能培训设置、农民工返乡创业项目、农民工返乡创业服务环境、农民工资金筹集等系列问题开展实地调查。

2) 社会调查是一种科学的系统的认识活动

社会调查是一种目的性、科学性及系统性都非常明确的社会认识活动。社会调查的实施需要遵守科学的调查程序,需要运用多种调查方法和先进的技术来收集各种资料,从而全面系统地对各类社会现象进行科学分析。一般而言,它要经过选题—设计—调查—研究—总结等几个步骤,每个步骤之间不仅有密切的逻辑关系,还有着较强的系统性反馈。例如,在调查过程中会因调查实际开展的情况对调查中涉及的项目、内容以及信息收集的方式进行修正、完善,以确保调查的每一个环节都能为下一环节提供科学的数据支撑。因此,无目的地走一走、看一看,随意地转一转、听一听,或者缺乏调查计划支撑的观察行为都不是我们所说的社会调查。

3) 社会调查的方法多种多样

社会调查的对象是各类社会现象,鉴于社会现象的复杂性,社会调查的方法也多种多样,既包括考察、收集社会实际情况的各种感性认知方法,又包括对收集的感性材料进行统计分析和思维加工的各种理性认识方法,还包括在调查研究的过程中所采用的各类技术手段。有一点需要指出,并不是所有的调查方法都能适用于任何一种社会调查,每种社会调查的方法与技术都有其各自的使用范围和优缺点。在具体的调查过程中,应根据调查对象本身的特点和实际的调查环境,结合调查的目的,选择合适的调查方法,发挥不同方法的优势,形成优势互补,以提高调查的效率和科学性。

2. 乡村调查

结合社会调查的定义,本书所指的乡村调查为乡村调查研究的缩写,是指人们有目的、有意识、有计划地运用特定的方法和手段,搜集有关乡村现象的信息与资料,并对所搜集的信息及资料进行分析和研究,做出描述和解释,以阐明乡村现象的本质及其发展变化趋势的一种科学认识活动。可以看出,乡村调查是人们有目的、有意识的科学活动,其调查研究的对象是乡村地域所特有的社会现象。

1) 乡村调查是有目的、有意识的活动

乡村调查是一种有意识的社会活动,其调查有着明确的目的,是要通过各种形式的调查,了解、认识乡村中的某种社会现象或某一社会问题。对于任何一项具体的调查项目,调查人员都需要熟记此次调查的目的,深刻地认识到该项调查的意义和必要性。同时,乡村调查并不只停留在对乡村社会某一现象的客观描述,还需对形成这种现象的原因或影响因素进行科学的解释,同时还要在调查的基础上进行归纳总结,分析其发展的趋势、预测其未来的状态。只有这样,调查结果才能为各级各类管理部门制定相关政策及相关规划提供有力的参考依据,才能有效地推动乡村全要素生产效率的提升,使乡村振兴的宏伟目标得以实现。因此,在实施乡村调查时,还需要注意以下两点:

第一,要弄清调查的缘由、目的和作用。开展乡村调查,首先需要弄清"为什么做调查",即在选题时要明确调查的具体目的、调查的必要性和调查的作用,不能无目的地调查,为调查而调查。

第二,作为调查者,不能以被动的形式参与调查。在调查前,要主动熟悉有关乡村调查的理论和方法,研制科学的调查方案,选用合适的调查方法,知道"怎么做调查"。在调查过程中,要根据实际的调查进度、乡村实际情况、受访者的特征以及突发的事件,充分发挥自己的主观能动性,主动地、及时地优化调查方案,努力做出更好的调查。

2)乡村调查是对乡村地域特有的社会现象开展调查

乡村调查,即对乡村进行调查,是对乡村地域所出现的具体的社会现象进行的调查。乡村地域中的社会现象与城市地域中的社会现象有着较大的差异,乡村的亲缘关系、地缘关系以及乡土意识造就了独特的乡村社会现象,这与受"职缘关系"和"地缘关系"影响的城市社会现象有着较大的区别。同时,城乡二元结构也使乡村和城市居民在团体现象、社交活动、行为方式、思维方式和感觉方式等方面都表现出了较大的差异。乡村社会现象与城市社会现象一样,均可分为原生现象与派生现象。原生现象是指已经存在或正在发生的客观事物,如乡村地域的人口特征、劳作状况、房屋布局、建筑功能、农业景观、社会结构、产业构成、物资条件、经济环境等;派生现象是由已有客观现象即原生现象所派生的社会主观反应及思想文化,如村民的思想、习俗、态度、评价、意愿、心理特征等。乡村调查中,原生现象反映的是客观环境,派生反映的是精神意愿,前者需要客观指标,后者需要主观指标。

3)乡村调查关注的不是个体

虽然乡村调查是通过对逐个村民进行调查来获取资料的,但是调查研究最终要描述和解释的并不是某个村民的现状和特征,而是由村民所组成的群体或组织所表现出来的整体现象、整体行为及整体行为所派生的产物。例如,关于村民外出务工的乡村调查,调查对象是所有具备劳动能力的村民群体,而不是某个村民,因此需要通过概率抽样,对样本中每位村民的年龄大小、外出城市、劳动技能、务工时长、期望劳动收入等方面的信息开展调查搜集,最终才能用务工平均年龄、劳务输出城市、工种类型占比、平均务工时长、平均期望收入水平等来描述该村村民当前的务工状况及未来面临的务工压力。需要说明的是,虽然乡村调查关注的是群体或组织的整体现象,但多数情况下,调查人员不可能对所有的村民进行调查,而是通过选取一定数量的调查对象开展调查并总结客观规律。因此,正确地选择具有代表性或典型性的调查对象,是确保乡村调查高效科学的关键因素之一。

4)乡村调查是一种科学的认识活动

乡村调查是一种科学的认识活动,整个调查活动是在科学的理论指导下进行的,在收集有关乡村的社会信息时,所用的调查方法并不是随机敲定的,而是根据调查形式科学选取的。乡村调查的整个过程有调查大纲或调查方案总领,是循序渐进的,有调查重点、调查难点、调查突破口,调查人员也需要参加专业的培训学习。在乡村调查的总结阶段，调查人员需要进行缜密客观的分析和研究，要形成对各类现象的理性认识，做出科学的描述和解释。因此，乡村调查不是一种随心所欲的活动，不是借助零碎的、片面的、个别的现象就可以随便给出结论的活动，而是一种科学的认识活动。

（二）乡村调查的特征

1. 活动的科学性

乡村调查不是日常观察和简单的参观，日常观察和参观往往只是对事物进行一般性了解，对事物的认识深度相对较浅。乡村调查则是有目的、有计划、有步骤地研究和认识乡村事物，在调查过程中需要运用特定的方法，全面、系统地开展调查工作。该项活动既要求调查人员能准确地认识调查对象的外在表现，还要求调查人员通过外在表现分析调查对象，并做出解释、预测和对策性的研究。可见，乡村调查行为的科学性在调查的目的性、计划性、系统性等方面都有明显的表征。

2. 行为的现实性

乡村调查的选题大多来源于现实的乡村现象，调查者在确定调查选题时，往往会依据国家的乡村发展目标、地方政府的政策文件、乡村发展中的重点问题、社会关注的热点问题、学者的研究方向等方面确定调查选题，其调查的成果将为相关部门提供服务或参考，能直接或间接地解决乡村的某种实际问题。因此，乡村调查是与现实社会联系紧密的调查活动。比如，乡村旅游的发展对当地村民生计的影响、美丽乡村构建的影响要素、标志性农产品销售渠道问题、乡村风貌乡风民俗保护问题、乡村宜居乡村文明建设问题、乡村脱贫与乡村产业定位等，这些现象与问题都来源于乡村的现实社会，它们普遍存在于当前的乡村社会中。

3. 主题的社会性

乡村调查的主题大多为乡村群体中个人与个人之间、群体与群体之间的共同行为及相互关系，这种共同行为及其各种关系反映了乡村地区在某个时间段上的某种社会现象，因此乡村调查有较强的社会性。比如近年来社会各界比较关注的"空巢老人""留守儿童""移民安置""农民工返乡"等具有时代特征的社会问题，对相关群体的调查，将有利于改善这些群体的生活质量，这对提升乡村居民生活水平、实现乡村振兴有着重大的社会意义。

4. 行为的客观性

客观性是对调查者提出的，即要求乡村调查人员的调查行为，包括思想行为和具体行为，必须保持中立，调查者在调查过程中要持有客观、公正的调研态度，不能受到外界因素的影响和制约，因为研究者的立场、观点都会对调查过程及研究结果造成影响。比如，以"青年农村致富带头人"为调查主题的乡村振兴推动力研究，如果调查人员对地方政府的经济发展规划存在偏见，对发展相关产业持否定态度，或者对致富带头人的致富经历存在质疑，那么调查所获得的调查资料就会与调查的目的偏离，基于此的研究成果也会失去意义。客观性原则要求调查人员应保持客观的态度去寻求反映事物真实状态的准确信息，正视事实，不允许带有任何个人主观的意愿和偏见，不唯书，不唯上，只唯实，以保证调查结果能如实反映客观实际。又比如，调查人员开展乡村居民的生活质量调查时,应该深入村民生活场所,通过观察、走访等多种方式来搜集信息和资料,要避免将个人对"乡下人"的主观偏见带入调查项目中,影响调查过程和结果的分析。

5. 研究的综合性

乡村调查的综合性主要体现在以下几方面:

第一,分析角度的综合性。比如乡村产业经济发展调查,调查者会综合乡村地区的产业构成、资源环境因素、特色农作物、主要农副产品、周边交通环境、市场竞争优势、劳动力技术水平等多种因素,从不同角度对该乡村经济发展进行较深入的多层次分析,注重从乡村经济发展现状与未来发展需求的相互关系中去研究与分析。

第二,认知方式的综合性。乡村调查的认知方式既包括通过实践调查的感性认知,还包括利用数理统计科学分析的理性认知。比如乡村民俗文化和受众群体研究,研究者既要对乡村民俗文化有感性的经验认知,还需要研究者对该类文化的开发与推广有较高的理性认知。

第三,学科运用的综合性。乡村调查需要运用到社会学、经济学、心理学、统计学、哲学、计算机科学等多学科、多领域的知识来进行深入分析。例如乡村居民生计问题调查,既要用到社会学、经济学、统计学、伦理学、心理学等多领域相关知识,还要用到多种数学分析模型或数据图形处理工具,才能对该问题进行深入有效的调查研究。

第四,研究方法的综合性。乡村调查与社会调查相同,资料搜集的方法繁多,方式有抽样调查、典型调查、个案调查之分;调查方法则有问卷法、访谈法、观察法、文献法等;调查所用技术包括录音、摄像、拍照、航拍及相应的电脑处理,例如地理信息处理等。

二、乡村调查的目的与功能

(一) 乡村调查的目的

乡村调查的目的是了解乡村地域社会现象的本质及其发展规律,其核心在于根据乡村发展的需要,运用科学的调查方法,通过组织,有计划、有针对性地搜集、整理和分析有关资料及信息,发现问题、总结问题、分析问题、解决问题,为认识乡村和促进乡村发展提供服务,具体表现在以下方面:

1. 为乡村发展建立科学的理论指导依据

乡村调查的结论是建立在对乡村地域客观事物发展规律深入、广泛、细致的认识基础之上的,是经过反复的调查研究与总结形成的,因此符合乡村客观实际的需要,能为乡村发展提供指导。

2. 为制定有效的政策措施提供参考

乡村调查是调查人员有目的、有意识的活动,调查的选题都是针对乡村发展的热点问题、乡村所面对的困境、乡村地域所出现的社会问题,以及政府为促进乡村振兴、城乡统筹发展所制定的政策性举措而确定的。因此乡村调查是以解答与乡村发展有关的理论问题或应用问题为目的的。乡村调查通过发现问题、描述问题、分析和解释问题,最后提出解决问题的建议,其现实意义之一便是为制定正确的乡村发展策略、解决乡村实际问题,提供可靠的参考依据。

3. 对先前调查结果的修改与完善，对已有政策落实情况的监督

虽然乡村调查以实际现实事物为对象，其结果也有很强的现实意义，但调查结果依然会存在不足。这些不足，有一部分是在乡村调查过程中产生的，例如，抽象调查法存在抽样误差、问卷法缺乏弹性、访谈法主观性太强等；另一部分是将调查结果应用于实际时产生的，例如，乡村调查提出的建议和策略不可能完全符合乡村的所有情况，政策或者措施在具体的实施和操作过程中也可能会出现各种偏差等。因此，在开展乡村调查活动的时候，不仅要对当前的信息资料进行收集和整理，同时也要对先前调查结果进行完善与修改，还要对现有乡村政策、规划、计划落实执行情况进行调查与监督。

（二）乡村调查的功能

1. 乡村调查是正确了解乡村现状的重要途径

乡村调查能够获得大量的一手资料，这是了解和描述乡村现象的前提，也是探索乡村地域社会生活经济发展的基础。乡村社会调查可以拓展调查人员的视野，丰富调查人员的乡村经验，使调查人员获得更为广阔的知识，使他们对事物的认识符合客观的实际情况，也能使调查成果的使用者对乡村的认识更加全面、更加深刻。比如乡村旅游资源调查，就必须首先对乡村目前的旅游文化资源现状进行客观整体的了解。必须先弄清旅游资源的类型、旅游资源的开发程度、潜在旅游资源类型、旅游资源开发的周期性特征、区域交通环境、旅游产品竞争的优势、主要客源市场、村民对旅游开发的态度等等。在进行乡村旅游调查时，调查人员会开展一系列的资料收集与访谈工作，可以较为准确地描述出该村乡村旅游资源的基本情况，分析当前该村旅游业面临的主要问题或短板，明确主要的客源市场，提出旅游资源开发的主要方向以及主打的核心产品，这将有效促进该村的旅游产业发展。这种客观的、精确的、综合的调查活动，能较好地帮助执政者根据多种因素，从多种角度思考问题，并找出解决问题的主要途径。

2. 乡村调查是正确掌握乡村发展本质的基本方法

乡村调查具备解释乡村现象产生、发展和变化的功能，即解释乡村现象中"是什么""怎么样""将来呢"这类问题的功能，并且随着乡村调查的深入，调查还具备揭示乡村现象的本质和发展规律的功能，即解释某一乡村现象发生的原因，回答乡村现象中"为什么"或"为什么不"这类问题。显然，这比单纯地描述状况要更为深入一些。这使得乡村调查能够在研究乡村现实问题时被广泛地用来探讨各类现象之间的关系，探讨乡村事件发生的原因。比如，在上面的例子中，我们可以通过旅游资源互补性调查、游客需求调查、消费者满意度调查、客源市场调查、交通环境调查等，来深入分析乡村旅游资源开发的先后顺序，研究如何构建差异化的旅游产品，丰富旅游产品结构以提升该村所在区域整体的旅游吸引力，也可以根据客源市场结构实施有针对性的推广宣传策略等，从而在更深的层次上认识和理解乡村旅游资源开发的整体过程以及乡村旅游产业发展过程中各部门之间的逻辑关系。当然，乡村调查的这种解释作用，或者说探究乡村现象之间关系的作用，与实验室的实验法存有一定差距。但是，作为一种实用工具，乡村调查在现实生活中远比实验法更有效、更具有推广性，因此备受各类

研究人员的青睐。

3. 乡村调查具备预测乡村发展趋势的功能

乡村调查除了可以对过去的和现在的乡村现象进行解释外,还可以对乡村发展政策的实施绩效及乡村发展的趋势作出一定的预测,当然这种预测要以对这一现象的准确描述和正确解释为基础。以上述乡村旅游资源调查为例,当调查人员对旅游资源开发的现状、特征,乡村旅游设施的整体建设水平,以及旅游产品的生命周期有了较清楚明确的认识后,调查人员就能依据影响乡村旅游资源开发的各种因素或条件发展变化的趋势,对未来乡村旅游资源开发和产品更迭作出一定的预测。

第二节 乡村调查的对象与原则

一、乡村调查的对象

乡村是一种独特的地域单元,对其实施调查时会面对不同的调查对象。在实际调查工作中,调查人员将会主要接触以下五类调查对象。

(一)村民委员会

行政村是我国农村的基层社会组织,是构成社会的基本单位之一。目前在我国广大的农村,均由村民委员会(村委会)负责村务管理工作。我国宪法和相关法律规定:实行村民自治,发展基层民主。因此村委会是群众自治组织,其协助乡镇政府开展与本村有关的、属于乡镇政府职责范围内的各项工作,包括环境与资源保护、土地管理、公共卫生、治安保卫、计划生育、优抚救济、税收、粮食收购等等,协助的主要形式是宣传、教育、动员、提供情况等。必要时,可以受乡镇政府的委托,代表乡镇政府办理有关政府事宜。

乡村调查中涉及以村为统计单位的人口、经济等数据时可到村民委员会进行基础调研。

(二)驻村派驻单位及其工作人员

驻村的派驻单位是指一个部门或者机构有工作需要时,往最基层派出的临时工作单位。驻村的意思是村级以上单位派人前往行政村或自然村对村级工作开展帮助。派驻单位分常设性和临时性,其中,常设性派驻单位是指国家机关为执行有关任务,在履行职责的过程中向行业或地方派出人员组成的常设性办事单位。

在乡村振兴战略实施过程中,各地各级政府为了更好地统筹协调城乡一体化,发挥资源、人才、管理等方面的优势作用,形成一对一的帮扶效应,由上级政府统一安排行政村,尤其是贫困村的派驻人员。

乡村调查中涉及产业发展、脱贫途径等内容时可到驻村单位进行基础调研。

(三) 村民

中国的城乡二元户籍管理制度于1958年建立，2014年国务院公布的《关于进一步推进户籍制度改革的意见》规定建立城乡统一的户口登记制度，统一登记为居民户口。这标志着我国实行了半个多世纪的"农业"和"非农业"二元户籍管理模式将退出历史舞台。但在实际操作中，由于土地所有权的划分导致农村集体经济组织中的居民仍然在土地的占有、使用等方面区别于集体经济以外的人员。因此在乡村调查中村民特指具有农村集体经济组织成员身份的人员。

在乡村调查中涉及的村民个人、家庭等数据可由村民成员提供。

(四) 合作社及村集体经济组织

农村经济合作社是在家庭承包经营的基础上，由同类农产品的生产经营者、同类农业生产经营服务的提供者和利用者，自愿联合、民主控制产生的互助性经济组织。该组织是工商、农业经济管理部门为支持农民发展合作经济组织，保护农民合作经济组织及其成员的合法权益，规范农民合作经济组织及其行为，增加农民收入，促进农村经济社会和谐发展而鼓励发展的。

但在当前的农村基层组织中，大多农村集体经济组织（经济合作社）与村民小组或村民委员会是同一机构，即两枚印章一套机构。两者决策机制相似，实践中职能相互重叠，特别是对农村基层社会的管理与服务，两者无法截然分开，具有"政社合一"的实际情况。

二、乡村调查的原则

在明确乡村调查所涉及的各类对象的基础上，为了能够更好地开展乡村调查工作，更深入地领会乡村调查活动的本质和内涵，结合乡村调查的基本特点，还应进一步遵守在开展乡村调查和研究时的一些基本原则。

(一) 系统性原则

在人类活动的各个领域，与之发生关系的客体、事物并不是孤立地存在着，而是以系统形态出现的相互联系的整体。同时，系统又不简单等于各孤立要素之和，系统的整体特性和功能是各要素在孤立状态下所没有的，只有当它们作为整体存在时才表现出来。在调查研究中，需要坚持将考察对象作为系统的一部分，把调查材料当作有机整体来研究。在作具体分析时，要考虑整体与局部、共性与个性、一般与特殊、宏观与微观等多方面的关系，在各种联系中对现象或事件进行系统分析。

我们以乡村经济调查为目的来感受系统性原则，以此来说明系统分析在经济研究中的应用。系统是由一定的要素按照一定的机制组成的，经济系统亦是如此。经济系统可分为大系统和小系统。这里的大和小是相对的，而不是绝对的。例如，我们将国民经济总体作为一个大系统，来考察和研究其经济发展的现状，预测未来，那么构成国民经济总体的各部门经济可以看做是若干个小系统。如果我们将部门经济中的农业部门单独拿出来作为一个系统进行研究时,农业部门可以被看做一个大系统,而构成农业部门的农、林、牧、副、渔则可以分别作为小系统。如果将一个国家的国民经济总体放在世界范围内进行考察,那么世界经济范围是一个大系统,而一个国家的国民经济则是一个小系统。大系统往往包含着若干相关联的小系统。

经济系统一般具有综合性、关联性、动态性的基本特征。因此,在分析经济系统时,必须对系统进行多角度、多层次的全面观察和研究。例如,我们考察乡村税费改革问题时,可以作如下研究:从横向上看,可以考察不同国家、地区在乡村税费改革方面的理论研究和经验操作;从纵向上看,我们可以考察不同时间阶段乡村税费改革情况。从全局上看,可以研究宏观的乡村税费理论和政策;从局部上看,可以考察具体地区的实践经验。还可以从社会效益、经济效益等不同角度来考察乡村税费改革的利弊;或从不同的时间点和时段上来考察乡村税费改革的静态状况和动态变化趋势;或从经济学、管理学、社会学、政治学、行政学等不同的学科视点来考察乡村税费改革系统。

(二)客观性原则

客观性是指任何现象都是客观存在的,是不以个人意志为转移的。客观性是任何科学研究都必须遵循的原则,乡村调查也不例外。在乡村调查中,坚持客观性原则是提升调查科学性的必要途径。这一原则要求研究者对客观事实采取实事求是的态度,而不能带有个人的主观偏见或成见,更不能任意歪曲或虚构事实。坚持客观性原则,就要认识到调查所得到的结论往往与调查主体本身的世界观、人生观和价值观,以及实践经验、认知水平、心理特征等主观因素有着直接或者间接的关联。因此,对于同一个乡村现象,不同的调查主体往往会有不同的理解和评价。这就要求调查主体要坚持调查的客观性,尊重客观事实,从客观实际出发,避免因为自己主观意愿影响对调查资料的取舍与分析。

要特别注意的是,与自然科学不同,社会研究中观察事物的尺度和工具常常不是统一的或标准化的。例如人们对生活质量、生活水平、政治民主化程度等概念有着不同的衡量标准,因而不同的调研人员往往会得出不同的结论。在这种情况下,应当以事实为依据,让事实和数据"说话",而不能以权威或个人判断为依据。马克思说:"我们想把我们的全部叙述都建立在事实的基础上,并且竭力做到只是概括地表明这些事实。"事实是客观的、具体的,是任何人也否定不了的。

除观察角度和衡量指标的影响外,社会研究的客观性还容易受到个人主观因素的影响。例如,有的调查者受上级旨意或个人思想框架的束缚,往往是带着已有的结论去收集资料,他们对客观事实任意取舍,以迎合上级意图或"唯己所用"。还有的调查者只从书本知识或权威理论出发,带着"有色眼镜"去观察社会。除此之外,研究的客观性还受个人信仰、价值观念、地区局限、环境局限、观察失误或疏忽大意等方面的影响。总之,造成个人观察偏差的因素是多方面的,所以每个调查研究人员都应对自己的调查结论中可能出现的偏差进行分析和估计,并尽可能消除各种主观因素的干扰。

(三) 科学性原则

科学性是指乡村社会调查活动的程序、方法、形式等是科学合理的。科学的调查活动可以正确反映乡村社会生活、生产等过程的实际情况。进行乡村调查时，确定调查题目、阅读参考文献、设定研究假设、设计调查问卷或提纲、进行试调查等环节都是不可缺少的。然而，在实际的调查实践中，很多调查人员缺乏经验，没有进行研究设想、试调查，有的甚至没有查阅过文献资料，不了解调查题目的研究现状，就直接到乡村去开展调查。可以想象，这样的调查只能获取一些不系统的表象资料，而系统的对于实际问题的认知就差很多。另外，一些调查者虽然设计了调查问卷，但是没有进行试调查，等到了乡村实地调查的时候，发现很多问题不符合实际情况，从而使调查受得被动，获取的资料的准确性也差很多。这些也是调查者没有很好地把握科学性原则的表现。可以想象，依据这样的调查进行研究，其结论的准确程度应该不高。因此，违背科学原则的调查也必然带来不科学的研究结果。

坚持科学性原则，要有一定的理论指导，调查人员必须经过思考，从感性认识上升到理性认识，不能停留在感性认识阶段，更不能凭着主观的印象对所感觉到的现象做出粗浅的甚至错误的解释。另外，调查过程中要掌握并正确运用各种乡村调查的方式与方法，在任何一个环节上出现问题，都不可能使调查达到对乡村社会现象进行科学考察的目的。

(四) 理论和实践相结合的原则

理论是具有累积性的，任何研究都是对前人或他人结论的补充或发展。因此，调查研究必须以现有的理论为指导。但是这种指导不能是带着"框框"去研究，而应以现有理论作为参照系，用所调查到的事实材料检验理论或发展新理论。任何理论如果不在实践中应用和检验，就会成为教条，就会在与其他理论的竞争中被淘汰。

乡村调查回答了"乡村是什么、乡村有什么"的问题，理论认识活动主要是回答"乡村为什么是这样"的问题，只有达到理论水平的认识才能为经验认识提供依据与说明。理论来自经验世界，但它又超越了事物的各种表象，是对事物本质的抽象。理论是人们根据经验事实对现象所作的尝试性解释，这种解释要在实践中加以检验，检验的目的不在于证实理论，而在于修正理论、发展理论。之所以要在不断的实践中修正理论，不仅是因为人们的认识不可能完全反映事物的真实本质，而且还因为人们的认识手段和思维方式在不断发展。

坚持理论与实践相结合的原则，就要避免在乡村调查中简单地罗列各种乡村社会经济现象，也要避免忽略理论的创新和发展。

(五) 创新性原则

开展农村调查必须以一定的理论和方法为依据，但这绝不意味着要生搬硬套书本知识或前人经验。在实际的调查研究中，研究者不可拘泥于理论规则束缚，而是要大胆地因地制宜、因时制宜，通过研究得到新的认识、新的方法、新的思路，不断地进行理论创新、实践创新,在研究过程有序推进的同时不断推陈出新,为调查研究不断注入新鲜血液。开展农村社会调查往往是一项艰辛而长久的研究活动,只有不断创新,调查活动才会充满生机和活力,才能使调查研究做到准、快、全。

第三节　乡村调查的类型与程序

一、乡村调查的类型

依据不同的分类标准,乡村调查研究可以被划分为不同的类型。不同类型的调查研究因为侧重点不同,从而在调查方式、调查范围、实施步骤、工具手段等方面都有不同的要求。因此,在乡村调查实践中,研究者应该根据调查研究的内容对调查研究的类型进行选择,从而制定有效的调查设计,更好地实现调查研究的目标。

(一) 按照乡村调查研究的性质分类

1. 理论性研究

理论性研究是通过对乡村现实问题的调查和研究,向人们提供有关研究发展的一般过程和一般规律的认识,从而完善和丰富研究理论,并为指导乡村实践提供依据。

理论性研究是通过对相关问题进行调查,收集和积累经验性材料,并从中抽象和提炼出理论的方法。例如,乡村家庭承包经营理论,就是从家庭承包经营的社会经济制度的改革实践,上升到理论创新层面的研究活动。

还有一种理论性研究,不需要进行实地调查,而是通过对现有文献资料和已有社会经济理论的二手研究,对已有的各种理论和各种思想进行探讨和挖掘,从而将原有的理论进行升华,形成新的理论。这种研究方法属于纯粹理论研究的层面。

通过理论性研究,可以探求研究现象的规律性,建立学科理论。这种规律性可通过对大量现象或大量样本的归纳和比较得到。当然,这一任务的完成不仅仅要依靠深入乡村进行实地调研,而且还要结合文献资料,形成农产品市场价格理论、农户行为动机理论、地租地价理论等等。恰当的理论性研究不仅可以用来建立学科理论,而且还可以用来建立指导研究实践的应用理论。20 世纪 70 年代末以来的所有研究改革的理论创新,都是在反复深入乡村社会,进行大量调查研究的基础上形成的。尽管这些理论在一定意义上滞后于乡村实践,但恰恰是这些理论的确立推动着中国研究体制的变革,从而造就了改革开放以来中国乡村社会经济改革的辉煌。

2. 应用性研究

应用性研究侧重于解答乡村各实际部门在工作中遇到的具体问题。通过应用性研究,可以了解和认识不断出现的研究现象和问题,并运用已有的理论对这些问题作出科学的说明和解释,在此基础上提出解决研究问题的方法、方案或政策性建议。

应用性研究涉及的研究范围很广,如乡村用地问题、乡村劳动力就业问题、乡村环境问题、乡村社会保险问题、乡村妇女问题、乡村青少年问题、乡村老年人问题、农业技术进步问题等等。随着研究的发展,应用性调查研究越来越受到政府部门和企事业单位的重视,许多部门都设立了政策研究室,专门从事研究工作,以解决本部门的实际问题。

应用性研究的一个重要领域是乡村政策评估研究。它是对政府制定农村政策的效果或预期效果进行调查或预测的研究,它可以在乡村政策实施之前或之后进行。通过对乡村政策进行评估研究,可以综合评价一项政策方案的科学性、可行性及实施效果,其是政策决策的重要手段。

应当指出的是,在具体的乡村调查活动中,理论性研究与应用性研究很难截然分开。因为一项研究任务有可能是双重的。实际上,许多理论性研究本身就具有应用的目的。它们之间是相互促进、相互补充的关系。应用性研究能够为理论性研究提供大量的感性材料,而理论性研究的成果又有助于应用性研究,能为应用性研究指明方向。

(二) 按照调查研究数据收集的时间维度分类

1. 横向调研

横向调研,也叫横断调研、横剖调研或截面数据调研,是在同一时间(时期或时点)内选取不同的调查对象进行调查,从而对某一时期(时点)的调查对象有一个全面的认识或了解,进而推断乡村调查对象总体情况的调研方法。例如,在横向研究中,不同的年龄组的农民是我们的调查对象,这些不同的组恰恰是依据农民年龄进行划分的不同的截面。我们利用不同年龄组的农民截面数据特征可以推断某一农民群体中不同年龄组的农民所具有的特征。之所以能够应用这样的推理,主要依据的是农民个体在社会经济发展中所具有的某些特征是稳定的这一特征。

横向调研比较节省时间和经费,易于实施,调研结果具有很好的概括性和时效性。

2. 纵向调研

纵向调研,也叫纵贯调研或时间序列调研,是对调查对象在不同时期或时点的特征进行调查,从而对调查对象在未来的发展趋势进行判断、预测和分析。例如,在纵向研究中,农业产量预测、乡村实用人才预测等内容均较多地使用纵向调研的方法。如果我们对某一个省份过去30年来的农业产量进行调查,然后结合时间因素进行分析,就可以建立农业产量与时间要素之间的相关模型,从而进行未来5年甚至10年的农业产量预测。当然,除了时间因素外,在纵向调研中也可以加入气候、劳动力、土地、技术等其他相关性变量,从而进行相关分析并建立模型。

纵向调研涉及的时间跨度比较大,资料需要时间上的连续性。纵向调研方法在进行预测分析和相关分析中采用得比较多。

3. 混合调研

混合调研,又称为时间序列截面数据调研。通常来讲,横向调研和纵向调研所获取的数据都是一维的,而混合调研所获取的数据是二维的。从截面上看,混合数据包含了若干个截面个体的数据,从纵向上看,混合数据也包含了每个个体在时间层面上的数据。同时,依据在不同时间所观测到的截面个体(调查对象)是否相同,可以进一步将混合数据分为面板数据和混合截面数据两大类。

面板数据主要是对同一组截面个体的特征进行连续多年的观察而获取的数据。例如，收集我国 31 个省市自治区 1979—2008 年的地区生产总值数据，所获得的数据是 $31 \times 30 = 930$ 个地区生产总值。

混合截面数据主要是对不同组个体若干年某些指标或数据进行整理而获得的。例如，调研人员在 2008 年和 2009 年分别进行了两次返乡农民工创业方面的调查，试图对金融危机影响下的农民工创业问题进行分析。但是因为农民工流动性较大，在 2009 年进行调查时很难找到与 2008 年完全相同的调查对象，因此，两次调查的截面个体是不同的。为了能够更好地进行数据分析，建议采用混合截面数据的分析方法。

通过混合调研获取数据是未来对社会经济进行深入分析的更好的方法，相对于横向调研和纵向调研而言，混合调研获取资料的难度更大；就分析方法而言，混合调研的分析方法更为复杂。当然，随着社会经济的发展，各种混合数据越来越多，同时伴随着计算机技术、统计学、计量经济学的发展，人们采用混合数据进行研究的情况也越来越多。

（三）根据调查对象的范围不同分类

1. 普查

普查是对调查对象的全部单元逐一地、全面地进行调查，以达到了解调查对象总体情况的目的的调查方式。普查常用于政府部门的行政统计工作中，如全国人口普查、农业普查、经济普查等。

普查的主要目的是了解、把握某一社会现象的总体情况，从而得出具有普遍意义的结论。由于普查是无一缺失地全面调查，所以普查所获得的资料具有掌握基本国情、省情、市情、村情或者某一行业全面情况的性质，最能反映社会总体的特征，是各级政府部门制定政策、计划的重要依据。

根据调查对象涉及范围的大小，我们一般可以将普查分为宏观、中观和微观等不同层面的调查。一般意义上的普查指宏观调查，调查对象的范围涉及全国、全省、全市（县）或者是某一行业系统的全部调查对象。较小范围内的普查对象可以是一个村庄或工厂内全部的调查对象，这种小范围的调查虽然也涵盖了每个普查对象，但相对于一个较大范围的调查而言，这仅仅是其中的一个组成部分。因此，我们不将这种小范围的调查列入普查的范围，而是将这类调查作为抽样调查中的一个"样本"，或者典型调查中的一个"典型"来看待。

2. 抽样调查

抽样调查是指从所要调查的总体中，按一定方式抽取一部分个体作为样本，通过对样本进行调查得到的结果来推论总体状况的一种调查。

一般来说，对调查总体作普遍调查，所得到的结果应该是最全面、最准确的。但实际上，在社会研究中，由于客观条件的限制或者研究目的的要求，往往无法或没有必要作普遍调查，而常常采用抽样调查。在一定意义上，严格采用科学方法进行的抽样调查可以起到与普遍调查相同的作用。

在调查研究中,往往根据研究的目的和内容,决定是否采用抽样调查的方法,一般在以下几种情况下,常常采用抽样调查。

(1)对于要了解其全面情况但又无法进行普遍调查的社会事物或现象,常使用抽样调查。比如:检验某批产品的质量,不可能逐一地进行测试,这种情况下,就需要采用抽样调查。

(2)对于某些社会现象虽然可以进行普遍调查,但如果使用抽样调查也能取得同样的效果,就没有必要采用普遍调查而只采用抽样调查即可。就好比想要知道一杯溶液的成分,只需化验其中取出的一滴溶液的成分就能取得与化验整杯溶液同样的结果,对于具有较高同质性的社会事物或现象,也同样可以用抽样调查代替普遍调查。

(3)在对普遍调查进行质量检验或补充修正时,常采用抽样调查。比如,全国人口普查之后,一般都要抽取5%~10%的人口进行某些重要指标的详细复查,以检验或修正普查的资料。

此外,在一些情况下,如为制定决策收集有关信息,在实施决策后收集反馈信息,或者了解特定社会背景下的民情民意等,也常常使用抽样调查的方法。

3. 典型调查

典型调查是一种非全面调查,是调查者根据调查目的和要求,在对调查对象具有初步了解的基础上,有意识地从调查对象的总体中,选择具有代表性的一个或几个单位,进行全面深入细致的调查,借以认识同类社会现象发展变化的规律和本质特征的一种调查方式。

典型调查的主要目的在于通过少量典型来真实、迅速地了解同类社会现象的情况。因此,典型调查要求选择的典型必须具有一定的代表性,这是保证典型调查科学性的关键。为了选好典型,调查者必须对调查对象的总体情况有所了解,在此基础上才能选择出能够代表同类总体的典型。在乡村调查的实际工作中对于典型对象的选取可以广泛汲取村委员、村民的意见与建议。

4. 个案调查

个案调查,是指为了解决某一具体问题而对特定的个别对象进行的调查。它的主要目的不是由个体推论总体,而是要深入、细致地描述一个具体单位的全貌和某项活动的具体社会过程。

个案调查不要求调查对象具有代表性或典型性,它也不试图以少量单位来概括或反映总体的状况。例如,调研人员可以从村庄、农户、农民等单位中选取一个或几个调查对象作为个案,详细、深入地了解每一个调查对象的社会生产方式、生活模式、家庭收入来源、教育子女观念、人际交往情况等等。

二、乡村调查的程序

乡村调查是人们认识乡村的一种过程,它的工作程序应该根据人的认识规律科学地制定。众所周知,人的认识是以实践—认识—再实践—再认识这种形式循环往复不断前进的。乡村调查也应该按照调查—研究—再调查—再研究这种形式不断发展。每一次乡村调查都是一种系统的、科学的认知活动。乡村调查有比较固定的程序,这种固定的程序可以说是乡村调查自身所具有的内在逻辑结构的一种体现。从大的方面看,我们可以将乡村调查的程序分为五个阶段,即选题阶段、准备阶段、实施阶段、研究阶段和总结阶段,下面对每个阶段进行详细的说明。

(一)选题阶段

从程序上看,选题是乡村调查活动的起点,是整个乡村调查工作的第一步。乡村调查选题一旦确定,整个乡村调查活动的目标和方向也就随之确定。但选择一个合适的乡村调查问题并不是一件十分简单的事情。乡村调查问题选择科学与否,在一定程度上决定着整个调查工作的成败以及乡村调查成果的优劣。因此,应当对选题阶段的工作给予高度的重视。

选题阶段的主要任务包括两个方面:一是从乡村大量的现象、问题和焦点中恰当地选择出一个有价值的、有创新的和有可行性的调查问题;二是将比较含糊、笼统、宽泛的调查问题具体化和精确化,明确调查问题的范围,理清调查工作的思路。

选题的任务是要寻找一个既值得做,同时也可以做的调查题目。乡村调查题目往往涉及乡村存在的问题或现象,这是它们相关的原因;但乡村调查的题目常常比乡村问题或现象更为具体、更为集中,也更为明确,这是它们之间的不同之处。

(二)准备阶段

如果说选择调查问题的意义在于确定调查的目标,那么准备阶段的全部工作就可以理解成为实现调查目标而进行的调查设计和工具准备。

所谓调查设计,是指为达到调查目标而进行的方案设计,它包括从思路、策略到方式、方法和具体技术的各个方面。要保证一项乡村调查工作的顺利进行,保证调查目标的完满实现,必须进行周密的调查设计。所谓的工具准备,则主要是指调查所依赖的测量工具或信息收集工具——问卷的准备,当然,同时还包括调查信息的来源——调查对象的选取工作。

准备阶段是乡村调查的决策阶段,是乡村调查真正的起点,乡村调查的组织者必须舍得花大力气做好这个阶段的工作。如了解农村人居环境治理村民满意度调查,需要提前准备的工作包括有针对性地设计调查问卷、选取访问方式、明确访问对象等。这些准备工作往往需要大量的时间,有的需要几个月甚至几年时间,而实施现场调查的时间却少得多。有些调查活动之所以失败或者没有得出正确的结论,其重要的原因之一就是没有认真做好调查前的准备工作。

(三)调查阶段

调查阶段也称作收集资料阶段或调查方案的实施阶段。这个阶段的主要任务就是具体贯彻调查设计中所确定的思路和策略,按照调查设计中所确定的方式、方法和技术进行资料的收集工作。在这个阶段,调查者往往要深入实地,接触被调查者,调查工作中所投入的人力最多,遇到的实际问题也最多,因此,需要很好地进行组织和管理。另外需要注意的是,由于调查现象的复杂性,或者由于现实条件的变化,我们事先所考虑的调查设计往往会在某方面与现实之间存在一定的距离或偏差,这就需要我们根据实际情况进行修正或弥补。要顺利完成调查任务,必须自始至终做好外部协调工作,发挥研究者的灵活性和主动性。

调查阶段是调查人员分散调查的阶段。要保证调查人员按照统一要求完成调查任务,就必须加强调查队伍内部的指导工作。乡村调查的类型和方法不同,内部指导工作也就不相同。一般来说,在调查阶段的初期,应注重调查人员的实战训练和质量控制,着重帮助调查人员尽快打开工作局面;在调查阶段中期,应注意总结交流调查工作经验,及时发现和解决调查中出现的新情况、新问题,并采取得力措施改进薄弱环节,促进调查工作平衡发展;在调查阶段后期,要狠抓调查扫尾工作,同时要严格检查和初步整理调查资料,以便及时发现问题,就地补充调查和解决问题。

(四) 研究阶段

研究阶段的主要任务是对实地调查所收集到的原始资料进行系统审核、资料整理、统计分析和思维加工。从实地调查中所得到的众多信息和第一手资料,也要经过调查研究者的多种"加工"和"处理",才能最终变成调查研究的结论。这里既有对原始资料的清理、转换和录入到计算机中等工作,也有用各种统计方法对资料进行分析的工作。需要特别指出的是,由现代乡村调查的特定方式、方法以及所收集的资料的性质所决定,这种加工和处理的方式及手段主要是计算机软件辅助下的定量的统计分析。

研究阶段是乡村调查的深化、提高阶段,是从感性认识向理性认识飞跃的阶段。在这一阶段,动脑、动手的事大大地增加,工作任务将更为紧张和繁重。乡村调查能否出成果,以及成果质量的高低、作用的大小,很大程度取决于这个阶段的工作。

(五) 总结阶段

总结阶段的任务主要是:撰写调查报告,进行工作总结,应用成果。调查报告是一种以文字和图表将整个调查工作所得到的结果系统地、集中地、规范地反映出来的形式,它是乡村调查成果的集中体现。撰写调查报告也可以说是对整个乡村调查工作进行全面的总结,从调查的目的、方式,到资料的收集、分析,再到调查得出的结论、调查成果的质量,都要在调查报告中得到总结和反映。同时,研究者还要将乡村调查的成果以不同的形式应用到乡村建设实践中去,真正发挥乡村调查在认识乡村现象、探索乡村发展规律中的巨大作用。

在这一阶段,既要广泛应用已有的乡村调查成果,又要认真总结调查研究工作的经验和教训,寻找改进调查工作的途径和方法,为今后更好地进行乡村调查打下良好的基础。

在实际的调查工作中,上述五个阶段是相互连接的,有时还是相互交错的,它们共同构成社会调查的完整过程。

表 1-1　乡村调查的五个阶段

阶段	工作内容	地位和作用
选题阶段	确定调查选题	选择问题或现象
准备阶段	调查设计	调查工作的基础、规划。在整个调查工作中占有非常重要的地位,事关调查工作的成败,需要投入足够多的时间,以保障后续工作的顺利开展。需要扎实的专业知识和经验
准备阶段	工具准备	调查工作的基础、规划。在整个调查工作中占有非常重要的地位,事关调查工作的成败,需要投入足够多的时间,以保障后续工作的顺利开展。需要扎实的专业知识和经验
调查阶段	内部指导	准确、及时、全面地获得第一手资料,工作量大,情况复杂,变化迅速,力求以最小的人力、最短的时间、最好的质量完成现场调查任务,为研究阶段工作做准备
调查阶段	外部协调	准确、及时、全面地获得第一手资料,工作量大,情况复杂,变化迅速,力求以最小的人力、最短的时间、最好的质量完成现场调查任务,为研究阶段工作做准备
研究阶段	整理资料	从零散到系统、从个体到整体、从抽象到直观的变化过程,需要科学的分析和处理方法,对专业要求较高
研究阶段	统计分析	从零散到系统、从个体到整体、从抽象到直观的变化过程,需要科学的分析和处理方法,对专业要求较高
研究阶段	思维加工	从零散到系统、从个体到整体、从抽象到直观的变化过程,需要科学的分析和处理方法,对专业要求较高
总结阶段	撰写报告	最终成果的集中体现,全面总结经验和不足,将调查成果服务于社会
总结阶段	成果应用	最终成果的集中体现,全面总结经验和不足,将调查成果服务于社会
总结阶段	工作总结	最终成果的集中体现,全面总结经验和不足,将调查成果服务于社会

课后练习

1. 乡村调查与社会调查的联系和区别是什么?
2. 简述乡村调查的功能和目的。
3. 乡村振兴背景下开展乡村调查的意义是什么?
4. 简述乡村调查对象的特殊性。
5. 乡村调查的一般程序是什么?

第二章　乡村调查的选题与调查设计

第一节　选题的重要性与选题的标准

一、选题的重要性

俗话说,好的开始是成功的一半,选好了问题也就解决了问题的一半。在科学发展的道路上,提出一个问题往往比解决一个问题更重要,因为提出新的问题代表新的可能,用新的角度去看旧问题也代表着创新。乡村调查也不例外,要想充分发挥乡村调查在实践中的作用,离不开提出问题,甚至可以说选择确定一个调查的课题,是整个乡村调查研究的关键环节,其重要意义主要表现在以下几方面。

(一) 决定调查的方向

当我们打算动手做一项乡村调查时,调查题目的选择就是我们首先面临的任务。乡村调查作为人们了解乡村现象、探索乡村发展规律的一种认识途径,不是笼统的、含糊的,也不是盲目的、盲从的,而是具体的、明确的、有针对性的。现实生活中的每一项乡村调查,都是针对某一乡村领域中的特殊现象或热点问题的。不同的调查课题涉及的调查内容不同,针对的现象或问题也不同。比如,一项有关乡村老年人社会保障问题的调查课题,涉及的是社会生活中社会保障这一领域,针对的是乡村老年人的老有所养、老有所医,以及生活质量等问题;一项关于乡村婚姻状况的调查课题,涉及的是乡村婚嫁现状、婚嫁习俗、婚嫁风气等乡村婚姻现象和问题,针对的是乡村地区所有的家庭;而一项关于乡村年轻人初婚现象的调查课题,虽然涉及的同样是婚姻、家庭领域,但调查针对的却是年轻人(而非其他人)初婚这一特定的现象(而非其他现象)。

乡村生活包括众多的层次和方面,构成众多不同的领域,在每个方面和领域中,都有许多值得做的调查课题。因而,对于一项具体的调查来说,它只能在众多的可能性面前进行选择。一项调查所要达到的主要目的或要完成的主要任务,就是调查者和研究者所要达到的目标。在某种意义上,我们可以说调查课题就是目标,而选择课题就如同确定我们所要达到的目标,目标一旦确定,方向也就确定了,整个乡村调查的基本道路也就随之确定。打个通俗的比喻:从事一项乡村调查,犹如进行一次旅行,从同一个地点出发,可以走向不同的目的地,选择调查课题正是一项乡村调查活动的出发点,从这一点出发,可以通向不同的调查领域,到达不同的目的地。究竟朝哪儿走,到哪儿去,正是由调查课题的性质和内容所决定的。所以说,确定了乡村调查的课题,就确定了整个调查活动的基本方向。

(二) 体现调查的水平

乡村调查作为一种社会认识活动,当然会有层次深浅、质量高低等差别。这也就是说,有的乡村调查能够在比较深的层次上揭示社会现象的内在联系,而有的则只能在比较浅显的层次上一般地描述社会现象的表面特征;有的乡村调查能够在比较高的层次上概括乡村现象的整体状况、发展变化规律,而有的则只能在比较低的层次上简单列举乡村现象的个别状况和具体表现;有的乡村调查能够及时回答人们在乡村发展中新遇到的、普遍关心的焦点问题,而有的则只能再次重复人们早已明了的事实、状况和结论。所有这些差别的形成,虽然有着多方面的原因,但是,课题选择的恰当与否,往往是其中最重要的原因。可以说,课题选择上的"差之毫厘",常常会造成调查水平和质量上的"失之千里"。之所以说课题的选择能体现调查的水平,这主要是因为,在选择和确定调查课题的过程中,既需要用到研究者所掌握的专业理论知识、调查研究方法知识和各种操作技术,又需要研究者具有比较开阔的视野、比较敏锐的洞察力、比较强的判断能力,还需要研究者具有一定的生活经验。一项具体的调查课题从开始选择到最终确立,正是上述几方面共同作用的结果,研究者在上述任何一个方面的欠缺或不足,都会在所选择的课题上留下"痕迹",都会直接影响到所选课题的水平和质量。

如果研究者缺乏专业理论知识,所选择的课题在内涵上就可能不够深入,课题的立意也可能缺少理论依据。如果研究者缺乏比较开阔的视野,看不到某一课题领域的基本概况和总体趋势,不解这一领域已有的研究成果和存在的不足,那么,所选择的课题也许只具有个别性,而无普遍性,或者,所选课题只是在很低的层次上对已有研究的简单重复。如果研究者缺乏比较敏锐的观察力,常常会对乡村中的许多重要现象"视而不见",错过许多值得研究的课题。如果研究者缺乏比较强的判断能力,就无法对课题的实际价值进行准确的判断,从而迷失调查研究的方向。

(三) 制约调查的过程

在现实生活中,一旦出发地和目的地都确定下来,那么剩下的问题就是交通工具的选择和交通线路的确定,可以粗略地理解为确定行程。对于乡村调查来说,调查课题的确立,也就意味着调查目标的确立和调查方向的选定,而这种目标和方向的确定,又同时意味着调查过程的确定。不同的调查课题,有不同的调查要求,这种不同的要求,主要体现在乡村调查过程中的对象选择、内容选择、方法选择、规模确定、方案设计等方面。乡村调查的选题一旦确立,调查的目标和方向也就随之确定,调查的过程也就被确定下来了。例如,下面四个不同的乡村调查课题,如何达成研究目标与其具体的研究道路和研究方法有关,四者之间存在较大的区别。

课题一:当前我国乡村居民的生活状况调查。对于这个调查题目,经过分析得到如下内容:该调查的调查对象是我国所有的乡村居民,总体非常大、分布非常广,要求的抽样程序也比较复杂,样本的规模也相当大,同时生活状况所涉及的内容比较含糊,表述并不清晰,调查问卷将会较为复杂,所采用的资料收集方法也会较多,调查的历时也会较长,因此,进行这一调查课题所需要的经费、人员、时间等成本将难以估算,属于任务繁重、调查规模大、调查内容多、资金人力时间成本高的课题。

课题二：某某村返乡农民工再就业状况调查。从这个调查题目中可以看出，它涉及的对象范围不大、分布不广，只是某某村的返乡再就业农民，所以，该项调查在抽样方面，不一定需要很大的样本数量，抽样的程序也相对简单。在内容方面，由于再就业状况的涵盖面不大、抽象层次也不算高，因此涉及的内容不太多；在资料收集方式方面，可能只需要采用自填问卷即可。因此调查所需要的经费和人员少，所花费的时间不多，在短期内就能完成，管理任务也不重，是一个可行度较高的调查课题。

课题三：某某市农村居民的幸福感调查。从这个调查题目上看，该项调查无论在规模、范围、内容复杂程度等方面都介于前面两个调查课题之间，它所要求的具体方式方法也与前两者有较大的区别。由于调查对象是农村地区的居民，受农村居民自身特点的影响，他们的文化程度、阅读能力参差不齐，因此，在调查时既要采用自填问卷的方法，还要采用访谈法，根据不同的人群调整调查方法。但这一调查需要比较专业的调查人员、相对较长的调查时间和相对较高的调查经费。

课题四：某某村民俗文化创意旅游发展调查。这个调查题目和课题三有相似的地方，它们都是在一定范围内进行的调查，但两者也有明显差距。从调查规模、调查范围等方面来看，本课题小于课题三，但从调查难度看却高于课题三。民俗文化旅游的发展属于乡村产业发展的一种，调查的对象主要集中在村委会、文化传承人、文化活动创意人、文化活动参与人、相关文化企业等方面，资料收集所采用的方法主要为访谈法，几乎不涉及问卷调查，调查所需要的时间较长，对资料的整理分析难度较大，因此对研究者或调查者的专业素养要求更高。该调查虽然有一定难度，但与新时代乡村旅游发展紧密结合，是个较好的选题。

（四）影响调查的质量

在现实生活中，一些乡村调查质量较差的原因是多方面的，其中除了调查课题本身的层次比较低，调查人员的素质、技能比较差，或者调查工作进行得比较粗糙等因素外，研究者所选择的调查课题本身就不恰当、不可行，也往往是一个十分重要的原因。而一些质量比较高的乡村调查，其成功的重要原因就是它们的调查课题对于研究者来说十分恰当、十分合适。这是因为调查过程或道路的确定，从客观上决定了课题所应该具备的各种条件，如果这些条件不能满足，调查课题的进行必然会遇到较大的障碍，调查成果的质量自然就得不到保证。调查课题影响调查质量的一个很重要的方面，就是调查课题对于从事这一课题的研究者来说是否合适、是否可行。一个在校的大学生选择诸如"某某区乡村居民离婚率情况调查"这个题目，其调查结果的质量往往比他选择做一个"某某县乡村教师队伍建设的困境调查"方面的调查的质量要差。因为他对婚姻生活、对乡村居民的人生经历的熟悉程度、对这一课题有关的背景知识，以及他从事这一课题研究所具有的和可利用的资源、条件等等，都不如后一课题。同样，一个只有很少研究经费的研究者，如果在选择乡村调查课题时，研究范围的规模过大，如"我国乡村……调查""某某省乡村……调查"等，即使该调查能够做下来，也往往不如做一个研究范围较小的调查（如"某某市乡村……调查""某某村……调查"等）的质量好。不合适、不可行的调查课题,从一开始就包含着调查成果质量不高的内在因素,也包含着研究者难以克服的一些困难和障碍。因此,要提高乡村调查成果的质量,首先就要慎重选择调查课题。

二、选题的标准

选择调查课题既然有着如此重要的意义,我们就应该高度重视选题的工作。为了选好题、选准题,必须明确进行选题时应该依据的标准。在实践中,人们通常采用下列几条标准来作为选择调查课题的依据,分别是:重要性、创造性、可行性和合适性。

(一) 重要性

重要性是指调查课题所具有的意义或价值。通俗地说,就是指一项调查课题所具有的用途。我们所从事的任何一项调查课题,首先必须具有某种意义或价值,或者说,首先必须是"值得去做"的。当然,对于不同的调查课题来说,这种意义或价值会有大有小。同时,这种意义既可以是理论方面的,也可以是实践方面的,或者是理论与实际兼具的。

理论方面的意义或价值,主要体现在调查课题对一门学科的发展、对某种理论的形成或检验、对社会规律的认识、对社会现象的解释等所能做出的贡献;实践方面的意义或价值,则主要体现在调查课题对现实社会生活所提出的各种具体问题能否进行科学的回答和能否提供合理的解决办法上。例如,调查课题"乡村发展转型与村民职业融入的调查研究",其关注点主要在于探讨乡村发展转型过程中,乡村居民与新的乡村产业之间能否建立良性的共进共生关系,是否能促进乡村"三生空间"和谐发展和乡村的全面振兴,因而具有明显的理论意义和实践意义。

在众多可供选择的调查课题面前,要思考或评价一项乡村调查课题是否具有重要性,首先要问问自己:做这项调查有没有用处?有什么用处?有多大的用处?无论是在提高人们对乡村现象、乡村发展的认识和理解方面,还是在促进解决乡村问题、改善乡村环境、提出乡村治理政策等方面,越有用处的课题越是好课题,用处越多的课题越是好课题,也是越值得去做的课题。

(二) 创造性

创造性也可以称作创新性或独特性,它指的是调查课题应该具有某种新的东西,具有某种与众不同的地方,具有自己独特的特点。作为一种科学的认知活动,每一项具体的调查必须能够在某些方面增加人们对现实世界的认识,能够为人们了解和理解现实乡村生活中的各种现象、各种问题、各种规律提供新的思路,而不能总是在同一领域、同一范围、同一层次上重复别人的研究,重提已有的结论。

最具创造性的课题当然是那种全新的、前人从没有做过的课题,即填补空白的课题,但在当前完全无人涉足的现象或问题几乎是不存在的,学术领域中已基本没有那种"尚未开垦的原始地块"。所以,对于大多数研究者来说,一项课题具有创造性,更多是指该课题在研究的思路或者研究角度、理论依据、调查对象、研究方法、调查内容等方面或某几方面,与前人的调查有所不同,有自己独到的、新颖的地方。

例如,一个对青年人的婚姻家庭问题感兴趣的研究者,在他看到前人做过"大城市青年结婚消费问题调查"的课题后,选择做一项"乡村地区结婚消费问题调查"的课题,或者选择做一项"农村青年结婚消费问题调查"的课题,这就在调查的对象上有了创新性;如果他选择做一项"大城市青年结婚仪式选择调查"的课题,或者"大城市青年恋爱结识方式调查"的课题,这就在调查的内容上有了创新性。如果前人的课题所调查的是某一特定时期的现象或问题,比如"20世纪80年代青年人的生育观念调查",那么,我们可以选择同一主题、同一内容、同一对象但不同时期的这一现象或问题进行调查,即可以选择"当代青年人的生育观念调查",以反映这一现象的变迁。当然,选择课题时的这种"与众不同"要有明确的目的,要根据理论上或实践上的价值和需要,而不能单纯地为不同而不同。

(三) 可行性

可行性指的是研究者是否具备进行或完成某一调查课题的主、客观条件。换句话说,就是指研究者在现有的主、客观条件下去从事这项调查课题行不行得通。在许多情况下,越是具有重要价值和创新性的调查课题,它所受到的主、客观限制往往也越多,这也就是说,它的可行性往往也越差。要进行或完成这样的课题常常是十分困难的,有时甚至是完全不可能进行的。

主观限制是指研究者自身条件方面的限制。它包括调查者在生活经历、知识结构、研究经验、组织能力、操作技术等方面的限制,甚至还包括调查者的性别、年龄、语言、体力等纯粹个体因素方面的限制。例如,一个年轻的男性大学生研究者如果选择"乡村离婚妇女的心理冲突与调适研究"这样的调查课题,那么,从可行性方面来考察,我们就会发现,这一课题对于大学生研究者来说是不太可行的。因为无论是从他的年龄、性别、社会生活经历等个体因素来看,还是从他对这一领域的相关背景知识的熟悉程度来看,都与这一调查课题的特点和要求相差较大,他往往很难圆满地完成这一课题。同样的道理,一个不懂民族语言和风俗习惯的研究者,如果选择以少数民族村落为调查对象的调查课题,显然也是不太可行的。

客观限制条件是指进行一项调查课题时受到的外在环境或条件限制。如调查时间不够,调查经费不足,有关文献资料不能取得,所涉及的对象、单位和部门不能给予必要的支持和合作,调查课题违反国家有关政策法令,或者违反社会伦理道德,或者与被调查者的生活习俗、宗教信仰相违背等等,都是导致一项调查课题无法进行的客观障碍。比如,"农企利益价值共进机制研究"这一调查课题无论从重要性,还是从独特性来看,都是值得去做的课题。然而,如果研究者无法取得当地政府与相关企业的支持,就无法从企业、政府获得具有研究意义的真实经济数据,课题就难以进行。再比如,要进行"私营企业劳资关系状况调查研究"的课题,如果得不到有关的私营企业主的支持与配合,恐怕研究者连私营企业的厂门都进不了,收集资料就更不用谈了。

因此,选择调查课题时,仅考虑前面两条标准是远远不够的,我们还必须把可行性这条标准放到非常重要的地位。一项不具备可行性的调查课题，无论其多么有价值，多么有新意，最多也只能是一个"伟大的空想"。

(四) 合适性

合适性指的是所选择的调查课题是否最适合研究者的个人特点。这种个人特点主要包括研究者对该调查课题的兴趣，研究者对与调查课题相关的领域的熟悉程度，研究者与所调查的对象之间的相似程度，以及研究者所具有的各种资源、条件与该课题的要求相符合的程度等等。

合适性与可行性不同，可行性所解决的是进行课题调查的"可能性"问题，而合适性所涉及的则是进行课题调查的"最佳性"问题。这也就是说，可行性是关于这项调查课题"能不能做"的问题，而合适性则是关于这项调查课题对于研究者来说"是不是最好"的问题。具有可行性的课题也许有很多，但对于某个具体的研究者来说，最适合他的课题则往往只有几个。也可以说，可行的课题不一定是合适的课题，而合适的课题首先必须是可行的课题。个人兴趣虽然不应该是影响课题选择的决定因素，但我们却可以说它是帮助和促使研究者做好课题的一个重要因素。在其他条件相同的情况下，研究者应该首先选择自己最感兴趣的课题。同样，研究者对与可行的课题相关的社会生活领域的熟悉程度，也是影响到调查课题能否顺利进行的一个重要因素。在可能的条件下，研究者应该尽量选择与自己所熟悉的社会生活领域相关的调查课题，而不要选择自己比较陌生的领域中的课题。对于调查者与调查对象的相似性（或同质性）问题，虽然不同学者有不同的看法，但是，在大多数情况下，二者之间的相似程度越高，越利于调查的进行，也利于调查者对调查资料的分析和理解。比如，同样是研究青年人的婚姻恋爱问题，作为大学生研究者来说，选择"目前大学生的婚姻观"这样的课题，可能比选择"目前青年工人的婚姻观"或"目前青年军人的婚姻观"等课题更为合适。

以上我们介绍了选择调查课题时人们通常采用的四条标准，需要进一步指出的是，这四条标准之间存在着某种层次上的联系：重要性是最基本的标准，创造性则是在它的基础上提出的新的标准，可行性在某种意义上可以说是课题选择中的决定性标准，合适性则是在前三条标准的基础上提出的更进一步的标准。

第二节　选题的来源、途径与明确化

一、选题的来源

在社会学和其他社会科学中，在现实社会生活中，都存在着大量的尚未解决的一般问题，例如各类人群、邻里关系、民俗传统、乡村景观、经济业态、心理需求、生态环境、空间格局等方面的问题，它们彼此之间相互交织，表现形式丰富多样，可供选择的调查题目也相对较多。然而要从中选择出一个有着迫切研究需要和较大研究价值的特定问题，也并不是一件容易的事情。正如美国政治学者齐斯克所说，依靠丰富的想象创立并发展一个可行的研究课题是研究工作中最为困难的一部分。特别是对于刚开始独立开展乡村调查的人来说，常常会觉得要找到一个合适的调查课题似乎比实际去做这个课题还要困难。尽管要选择一个合适的调查课题并没有普遍适用的方法，对于每个调查者来说，确定调查的主题都是一个综合考量的过程，但多数乡村调查的选题都可以从下面几种具体途径或来源进行考虑。

（一）社会生活

现实社会是一个复杂而庞大的系统，是一个不断变化的有机体。在这个庞大而变化着的社会里，社会现象丰富多彩，社会关系盘根错节，遇到的矛盾和产生的问题层出不穷，无时不有，无处不在。旧的问题和矛盾解决了，新的问题和矛盾又会出现。因此，在很大程度上我们可以说，现实社会为我们认识社会、改造社会提供了取之不尽、用之不竭的调查课题。例如，20世纪80年代，费孝通从农民致富渠道不畅的弊病中发现了必须重视小城镇建设的课题。他说，由于落实了正确的政策，农村的农业、副业和工业都出现了新的起点。可是我们发现农村的富裕不那么稳固。如江村农民的养兔副业，就随着海外兔毛市场的涨落而波动，一时间家家户户都养起了长毛兔，没过多久又纷纷杀兔吃肉。看来农村地区没有一个相当稳定的经济中心，农民的命运就只能操纵在别人手中，这就提出了小城镇建设的问题。由此可见，乡村调查的题目，从根本上说是来自社会实践的发展。

现实社会是调查课题最丰富、最普遍的来源。从改革开放到现在，我国一直处于社会转型时期，因此存在着许多需要调查研究的乡村问题。我们每个调查者始终生活在现实社会中，关键是我们要善于观察、勤于思考。在日常生活中，我们要养成对各种社会现象、社会行为、社会心理、社会问题经常问"为什么"的习惯，并思考这些现象、行为、心理问题是否也存在于乡村？它们是否能成为乡村调查的课题来源？这样做往往使我们从纷繁复杂的生活大潮中、从变化无穷的社会现象中，抽取出值得研究和探讨的调查课题来。

千姿百态、丰富多彩的现实社会中，各种可以作为调查课题的社会现象、社会行为、社会问题实际上始终客观地存在于我们的周围，例如社会治安、城市交通、邻里关系、医疗保障、大学生就业、子女教育等等，其实这些问题大多数也存在于乡村地域中，毕竟乡村社会也是整个社会中的一部分。这些问题只是在表现形式上、复杂程度上、研究角度上与城市地域有较大区别。当我们从认识和研究社会问题这一目的出发，向自己提出一些"为什么"时，就会从这种熟悉的、随处可见的社会现象、社会行为、社会问题中，抽取出一些值得探讨的乡村调查研究问题来。比如，对于生活在城市社区的人来说，居住在单元楼房，安防盗门，出入锁门，邻里之间很少串门等，都是大家熟悉的现象。然而，当我们从认识和理解城市居民生活方式以及城市社区邻里关系这一目的出发，自己提出一些"为什么"引发思考时，就会从中找到诸如"城乡社会邻里关系比较研究"等调查课题。从现实社会生活中发现调查课题，关键是要善于观察、勤于思考，养成对各种社会现象、社会行为、社会问题、社会事件打个问号的习惯。千姿百态、形形色色的乡村现实社会，也是乡村调查选题最主要、最丰富、最常见的来源。乡村中存在各种各样的乡村问题、乡村现象,现实社会生活中产生的热点问题,都可以成为乡村调查的选题来源。只要观察生活,就能从现实社会中发现可以调查和研究的问题。当然,要学会观察生活,必须热爱生活,要关心周围发生的事情,并保持高度的敏感性和好奇心,才能发现很多可以探讨的问题。

(二) 个人经历

我们每一个人总是生活在社会的某个特定的角落,所走过的也往往是一条特定的人生道路。不同的人们对现实社会的认识不同,对社会生活的具体感受也不同。一种现象在有些人看来也许是理所当然、司空见惯,但在另一些人看来也许会大惑不解、十分新奇。这是因为,每个人特定的人生经历为他观察现实世界、观察社会生活提供了一种特定的视角,人们从这种特定的视角里所看到的世界并不完全一样。因此,我们自己在社会生活中的各种经历、各种体验、各种观察、各种感受,常常是众多合适的调查课题的最初来源。许多有价值的、有创造的,并且切实可行的调查课题,正是从研究者个人的经历和经验中,特别是从个人特定的生活环境、特定的生活感受中发现和发展起来的。

比如,一对中年夫妇离婚了,一个完整的家庭破碎了。对于与之关系不密切的一般人来说,他们可能会无动于衷,或者只是作为一种闲聊的话题。但是,如果这件事发生在一个研究人员的周围环境中,比如说他的邻居,或他的好朋友,或他的姐姐、姐夫离婚了,他也许会从另一个角度来看待这种现象,也许会从身边发生的具体现象入手,去问一些"是什么""如何""什么样"或"为什么"的问题,如"当前社会中的哪些人最容易产生离婚的行为""为什么城市中年知识分子离婚的比较多""有哪些主要的原因会导致人们选择离婚""中年人离婚所带来的主要后果是什么"等等,从而导致他选择一项"城市中年知识分子离婚的特点、原因和后果研究"的调查课题。对于调查研究人员来说,他身边所发生的一件事情、他与朋友进行的一次交谈、他所参加的一次活动,都有可能成为导致一个调查课题产生的最初的火花。从某种意义上说这种从个人自身经历中寻找课题的方式,是一种十分简单实用的方法。静静地思考个人的经历、经验、观察和体会,常常可以帮助我们找到既十分有趣又值得探讨的调查课题。

乡村调查的选题也可以来自研究者自身的生活经历,这些经历可以是调查者本身的乡村生活经历,也可以是调查者的其他社会经历,或者是调查研究人员通过观察、感受而获得的发现,这种经历会引发调查者的兴趣进而促进调查的实施,也可以激发调查者创新。在现实生活中,每个人的经历不同,对乡村的认识和感受也不一样,从而形成了个体观察乡村现象的基本视角和出发点。这种不同的经历、体验、观察、感受,常常是乡村调查课题的最初来源,许多有价值、有创造性、切实可行的课题,最初都源自于研究者某种特定的人生体验。

(三) 查阅文献

人们在阅读相关的学术著作、教科书、报刊文章等文献的时候,会遇到一些感兴趣的内容,可以激发人们研究某种问题的灵感。与乡村有关的研究跨社会学、经济学、地理学、人口学等诸多学科，相关学科的众多专业期刊又集结了大量的研究成果，阅读这些刊物，甚至仅仅是浏览相关研究的题目，都可以给我们提供可挖掘的、有价值的乡村调查课题。

查阅文献与乡村调查课题的选择密切相关。在调查开始阶段，查阅文献可以为研究人员提供调查课题的历史、现状、当前争论的焦点及发展趋势的信息资料，能够帮助研究人员了解本领域的全面情况，从而选定有意义、有价值的调查课题。通常情况下，查阅文献与选择课题二者之间往往有着如下交互作用和过程：研究者感兴趣的现象或者问题会促使研究者查阅大量相关的文献，大量的文献阅读会使研究者从众多相关问题中初步拟定自己将要研究的课题，初步拟定的课题会让研究者筛选出最密切的文献再次进行查阅，精准的文献查阅会帮助研究者进一步明确研究的课题。这一过程表明，熟悉同一研究领域的现状和主要研究成果，与调查课题的选择、调查课题的明确化密切相关，同时它也是进行一项乡村调查的基本前提之一。

需要注意的是，阅读现有文献，一是要始终带着审视、提问、评论的眼光，不要盲目地接受专家们所说的一切。个人生活经历、社会阅历、关注问题的不同，也必然使审视问题的视角不同，对同样的文献、同样的内容、同样的材料的看法就有所不同，从而产生一些新的疑问、新的思索，迸发出新的火花，找到有价值的调查课题。二是要进行广泛的联想，从纵向与横向、形式与内容、对象与方法、时间与空间等不同角度、不同侧面，对所阅读的文献展开广泛的联想，由此及彼，往往也能产生一些新的疑问、新的看法，并在此基础上进一步提炼出一些新的调查课题。比如，当我们在文献中读到有关体育产业促进经济发展的文章时，我们可以结合社会热点，例如贵州"村BA"，或者自己的生活经历，提出"乡村体育赛事对乡村发展影响"方面的调查研究。

查阅文献除了对选题有较大帮助外，其在整个调查研究中还有其他重要的功能，主要表现在以下几个方面：

1. 帮助研究者熟悉和了解本领域中已有的研究成果

绝大多数调查课题都或多或少有人涉及过，因此当研究者在选择调查课题的时候，必须了解在这个领域中前人已做过哪些研究。通过系统地查阅文献，我们将会比较全面地了解本领域中的研究状况，特别是已取得的研究成果，弄清楚它们对现实状况的解释或说明中存在哪些不足，以及是否存在理论或方法上的缺陷。这种了解对于帮助我们选择和确定自己的调查课题具有十分重要的作用。它将我们自己的研究放到现有研究的背景中去，便于我们确立自己的研究在该领域中的位置，认识到自己的工作对增加人们的认识，对学科理论的发展，或对实际问题的解决所具有的意义和贡献。

2. 为研究者提供一些可供参考的研究思路和研究方法

通过查阅文献，我们可以了解到以前的研究者在探索同领域时所选择的各种不同的研究角度、不同的研究策略，以及所采取的各种具体的研究方法。这些角度、策略和方法为我们在自己的研究中进行研究设计、资料收集和分析提供了一种借鉴和参考的具体框架。查阅文献的结果，既可以使我们在一种与先前研究稍微不同的框架中重新安排自己的研究，也可以帮助我们去探讨这一问题的新的方面。此外，查阅文献还可以帮助研究者发现和利用现有研究中对某些关键变量的操作方法和测量指标。

3. 为解释研究结果提供背景资料

查阅文献在客观上给我们提供了一种与该研究领域有关的背景资料,这种背景资料既是研究者在选择调查课题时的参考框架,同时也是研究者在对自己的研究结果和研究发现进行解释时所依据的一种参考框架。任何一项乡村调查都可能会产生一些未曾预料的结果,或者是与研究者所期望的结果不同甚至相反的结果。而要正确地理解这些结果,合理地解释这些结果,都将离不开查阅文献所给予我们的这种背景资料。

(四) 现实需要

乡村地区为了生存与发展在不断地进行社会实践,社会实践是人们在社会中进行的一切自觉自我的行为,是人们参与社会生活的一种记录,在长期的实践过程中,人们会产生各种需要,这种需要包括研究需要、工作需要、社会发展需要和心理需要等诸多类型,根据这些需要在实践基础上提出的现实需求,我们可以进行选择、提炼、明确,形成高质量的乡村调查题目,这也是乡村调查题目的重要来源。

二、选择课题的途径

俗话说"万事开头难",选题作为乡村调查的起点也是如此。对某位特定研究者来说,社会生活、现实需要、个人经验、现有文献虽然能为其在选择乡村调查课题时提供丰富的来源,但并不意味着有了这些来源,他就一定能够做好调查。事实上,很多人在选题的时候常常会有无从下手的感觉。该如何才能选择一个高质量的乡村调查课题呢?其途径和方法其实并没有一个固定的模式,但我们可以依据课题的几个主要来源,找到一些有迹可循的途径、方法。

(一) 借鉴专业理论

现实科学中的各个学科都有十分丰富的理论成果,它们可以帮助研究者来确立自己的调查题目。一个学生在选择调查课题时,可以回顾、借鉴自己已经学习过的专业理论知识。例如,社会现象是一种强制力,是在社会团体中普遍出现的、不依赖于个人而独立存在的任何行为方式,社会现象具有外在性、强制性、普遍性和独立性的特征,要区分个别现象和社会现象,并以社会现象来解释社会现象。这一理论可以提示学生应该选择相对较为普遍的社会性现象,而非较为特殊的个体性现象来作为乡村调查的课题。再如,米尔斯提出了"社会学想象力",即认识到个人经历与广阔社会之间的联系,也就是说,个人只有将他们自己的经历放入社会中,才能更清楚地认识到自己的机遇,才能更好地把握住自己的命运。这一理论提示学生,有些现象虽然看似十分特殊,但实际上它有其产生的深刻社会背景,是值得去研究的,同时,在选题过程中,应该更好地区分什么是局部环境下的个人困扰、什么是社会环节中的公众问题。"社会现象"和"社会学想象力"都可以为学生提供思考问题的方法。

以专业理论为指导,人们就可能在选题的来源中寻找到适合自己的、有价值的题目。例如,大学生在自习教室上自习的时候,可能会有这样的一种情绪体验:如果自习教室非常空,而这时来了一个你不认识的人,选择在你旁边的位置坐下,那么你可能会感觉很不舒服,因为在这样的情况下,绝大多数人都会选择距离陌生人更远的座位。对于这个现象,一般人可能觉得没什么值得研究的,而社会学专业的学生就可以凭借专业的理论敏感度捕捉到其中的信息,从而选择出与"社会交往距离"相关的调查课题。

(二) 强化问题意识

现实中,选题的来源十分丰富,但有价值的课题又难以被人直接发现。形形色色的乡村现象、乡村问题、社会事件等每天都存在于我们的周围,之所以难以被发现,主要是由于我们缺乏问题意识这双"慧眼"。例如,在很多大城市中,人们生活在住宅楼中,关门闭户,邻居彼此之间的交流十分有限,如果我们带有问题意识去观察和思考这个问题,多问几个为什么,可能就能得到类似"城市居民社区交往方式调查"的课题了。造成人们对生活中很多现象熟视无睹的原因,有一部分是这些现象本身就是常见的,是人们习以为常的风俗或习惯。但这些见怪不怪的现象,是不是就不值得我们去做调查了?我们来看看下面这个案例。

在第二次世界大战期间,社会科学家斯托弗在美军中组织了一个研究小组,进行了一连串关于战争后勤的研究,其中很多研究是关于军人士气的。斯托弗及其同事发现,关于军队士气的基础,有很多众人皆知的常识,而研究主要侧重于测试这些不言自明的事。例如,长久以来人们认为晋升会影响军中士气,当有人获得晋升而且晋升制度看起来也公平时,军中士气就会上升。而且,获得晋升的人通常会认为晋升制度是公平的,但是和晋升擦肩而过的人,则会认为制度不太公平。由此拓展,现役军人如果晋升速度缓慢,就会认为制度不公平;而那些晋升迅速的人,则比较容易认为制度公平。但是事实果真如此吗?斯托弗及其同事们的研究集中在两个单位:一是宪兵,美军中晋升缓慢的单位;另一个是空军特种部队,美军中晋升最迅速的单位。根据一般人的想法,宪兵应该认为晋升制度不公平,而空军特种部队成员应该认为晋升制度公平。不过,斯托弗等人通过研究却得到了相反的答案。斯托弗试图寻求原因并最终获得了解释,他主要通过默顿的参照群体理论来进行说明,一般人评判自己生活的好坏,并不是根据客观的条件,而是和周围的人相比较,周围的人就构成所谓的参照群体。斯托弗把这个理论运用到他所研究的军人身上。如果某个宪兵很久都没有晋升,那么,他所认识的、比他差的宪兵也不可能比他晋升得更快。换句话说,在宪兵当中,没有任何人获得晋升。如果是在空军特种部队,即使他已经在短时间内获得多次晋升,但是,他很可能随便就能找到一个比他差的反而晋升得更快的人。宪兵的参照群体是宪兵,空军特种部队的成员则和其队友相互比较。

这件事告诉我们,许多不言自明的现象也是值得作为我们调查的课题的。为了在生活中更好地观察和发现有价值的课题,有必要培养和加强问题意识,多怀疑、多思考。当然,这种怀疑和思考,应该是建立在科学理论基础之上的怀疑和思考,而不是无端怀疑或滥加怀疑,这样才能够更加理性地提出问题。

(三) 进行广泛联想

在从现实生活、个人经历和文献中寻找调查课题的时候,还有一种方法可以帮助我们,即联想的方法。例如,我们在刊物上读到一篇文章,写的是当前的市场经济对大学生的择偶观念产生了很大影响,那么我们就可以针对这个现象进一步展开广泛的联想:既然市场经济对大学生的择偶观产生了影响,那么对大学生的学习观念、消费观念、消费行为、就业观念、价值观念等是不是也产生了影响?影响力的大小如何呢?或者也可以作这样的联想:既然市场经济对大学生的择偶观有影响,那么对其他人群呢?它对乡村地区是不是也产生了影响?这种影响都表现在了哪些方面?都有哪些特征?这些影响推动乡村生活发生了什么变化?通过进行广泛的联想,我们可以从中选择和确定一个有价值的调查课题。

因此,在选择调查课题的过程中,我们可以进行广泛的联想,在纵向与横向、形式与内容、对象与方法、时间与空间等方面,从不同的角度、不同的侧面、不同的层次对某一现象展开广泛的联想,由此及彼、由表及里、由内到外。换个角度和立场,也许就可以发现一些新的内容和问题,从而开启一些新的思路,并在这个基础上进一步提炼出有价值的调查课题。

三、选题的明确化

所谓选题的明确化,就是指通过对调查课题进行某种界定,给予明确的陈述,将最初比较含糊的想法变成清楚明确的调查主题,将最初比较笼统、比较宽泛的研究范围或领域变成特定领域中的特定现象或特定问题。

在实际选择一项调查课题时,初学者或缺乏经验的研究者经常会犯的一个错误,就是选择一个比较宽泛的或者是比较笼统的课题领域,甚至是某一类社会现象或社会问题,而不是一个明确的、具体的调查课题。例如以下四个选题:

学生甲所选择的调查课题是乡村短视频发展的调查研究;

学生乙所选择的调查课题是当前农民工的困境问题调查研究;

学生丙所选择的调查课题是乡村留守儿童问题调查研究;

学生丁所选择的调查课题是乡村新青年的价值观调查研究。

结合本章前面所讲的内容,对这四个调查课题进行分析,可以发现这四个学生的选题都具有理论意义或实际意义,但同时也都存在很大的问题,即他们选择的调查课题的复杂度很高而课题的可行性很低。造成这种情况的一个重要原因,在于他们所选择的题目在内涵上、范围上过于一般和广泛,无论是乡村短视频发展、农民工的困境、乡村留守儿童,还是乡村新青年的价值观,都包含许多具体的方面和内容,这也就导致调查很难执行。就学生甲的选题而言,乡村短视频实践的主体、乡村短视频的推广模式、村民短视频的应用能力、乡村短视频的传播路径、乡村短视频传播的价值等内容都属于乡村短视频发展的研究范畴,调查的课题不够明确、焦点不够集中,因此,从学生角度而言,很难在一次调查中把这些问题都了解透彻。再比如学生乙,应该进一步仔细想想,究竟是想了解农民工的家庭结构问题、子女教育问题、工资拖欠问题,还是社会融入问题?究竟是想了解我们国家农民工的问题,还是仅想考察某一地区农民工的问题?在多问几个为什么之后,才能使最初比较宽泛的调查主题或调查范围明确化。

所谓调查课题的明确化,是指通过对调查课题进行某种界定,给予明确的陈述,以达到将最初头脑中比较含糊的想法,变成某一领域的调查主题,然后将这种比较笼统、比较宽泛的调查主题,变成特定领域、特定现象中的特定问题的目的。从这个意义上讲,调查课题的明确化是从一个宽泛、笼统的调查主题到一个具体、明确的调查课题的过程,是一个逐渐"收敛"的过程。

要使调查课题明确化,可以采取将宽泛的问题转化为狭窄的问题,将一般性问题转化为特定问题的做法,同时最好能用变量的语言来对调查课题进行陈述。比如学生丙的课题,留守儿童问题是一个十分宽泛的问题,其内涵并不是某一个具体的乡村调查所能包含得下的。一项具体的乡村调查,通常只能选择其中的一个方面进行研究。我们可以通过限制和缩小课题的内容范围,并用变量的语言进行陈述,将其转化为诸如留守儿童问题的成因、留守儿童问题的对策、留守儿童与家庭教育方式的转变等类似调查课题。又如,学生丁所选择的调查课题乡村新青年的价值观调查研究,内容也十分宽泛。我们可以用相同的方法,将其转化为诸如乡村新青年的婚姻观、乡村新青年的择业观、大众传媒与乡村新青年的消费观等这样一些比较具体、比较确切的调查课题。

在将宽泛的问题转化为狭窄的问题的过程中,文献评论往往具有十分重要的作用。比如,我们打算开展与"乡村短视频发展"有关的调查,通过阅读有关文献,进行文献评论,发现已有一些研究专门探讨了乡村短视频的使用主体、乡村短视频传播的价值等。但是,很少有开展有关"村民为什么创作短视频"的研究。这时,我们就可以专注于这一特定因素,选择一个类似于"村民创作短视频的原因或动力"的调查课题。

我们应该认识到,从前文所讨论的几种来源中产生的各种兴趣、想法、思路和问题,通常还不是我们所说的调查课题。要把这种最初的、粗略的一般性问题,转变成为焦点集中的、切实可行的调查课题,必须使调查课题明确化。在清楚、明确地定义调查课题之前,就匆匆忙忙地去调查,所收集的资料往往有许多是无用的,或者是错误的,或者是残缺的,甚至会导致前后调查的资料、数据无法统一编译,这往往会导致事倍功半。因此,每一个调查研究人员在具体从事一项乡村调查课题时,都应该养成首先将课题内涵明确化的好习惯。当我们运用上述知识,选择到一个有价值、有新意、切实可行、自己也很感兴趣的调查课题,且这一调查课题又经过了明确的界定和清楚的表述,那么,这项乡村调查的质量和水平,以及整个乡村调查过程的顺利进行,从一开始就有了基本的保障。

第三节 调查设计

调查课题的确立实际上是对整个调查研究工作提出所要达到的目标。然而如何达到这一目标,则是调查设计及实施这一环节所要完成的任务。就像任何一项生产建设工程在正式动工之前必须先进行严格的、周密的、切实可行的设计一样,在乡村调查中,当课题确定后,接下来的工作并不是马上深入到乡村生活实际中去收集资料,而是要为顺利完成调查课题所确立的目标进行认真、周密的规划和设计工作。对于一项调查课题来说,研究者在这一阶段所需要思考的问题最多。这一阶段的工作对整个调查的结果及其质量影响也非常大,所以研究者应非常重视这一阶段的工作。

调查设计就是根据调查目标,对整个调查研究工作的内容、方法等进行规划,包括制定探讨和回答调查问题的策略,确定调查的最佳途径,选择恰当的资料收集与分析方法,以及制订具体的操作步骤和实施方案等。具体来说,调查设计主要包括以下五个方面的工作:明确调查目的、确定分析单位、设计抽样方案、设计收集资料的工具与方法、制订实施方案。

一、明确调查目的

研究者在对各种特定现象进行调查时,会有着各不相同的目的,可以说,社会中有多少种调查,就会有多少种具体的调查目的,但无论是什么调查,其目的要么是用来"描述",要么是用来"解释"。当调查的目的不同时,整个乡村调查就会在设计的要求、调查对象和调查方法的选择,以及在具体操作程序上都有所不同。这也是调查设计中必须认真考虑调查目的的主要原因。需要说明的是,对调查目的所做的这种划分并不是绝对的,而是相对的,在现实社会中的多数乡村调查,也只是侧重于某一种目的,并不绝对隶属于每一个目的。

(一)描述性调查

了解和描述社会现象的状况,是人们深入认识这一现象的基础。因此,乡村调查最常被用于对某个总体或某种现象进行描述。这种描述性调查通常是要发现总体在某些特征上的分布状况。描述性调查所关注的焦点通常在于回答总体的各种结构和分布是怎样的,即它回答的主要是人们的特征、行为或态度"是什么",或者研究现象的特点、分布以及趋势"是什么"的问题,而不在于回答为什么会存在这样的结构或分布。

比如,研究者开展一项对当前中学生课余生活特别是他们在课余生活中接触和利用大众传媒的状况的调查,就是这种描述性调查的一个例子。研究者在调查中所关注的是中学生在这方面的基本状况和特征,比如中学生接触和利用的最多的大众传媒是什么,他们在课余生活中接触这些大众传媒的频率如何,从各种不同的大众传媒中他们所选择和利用的媒介内容有什么不同,男生和女生、高中生与初中生在上述这些方面又表现出什么样的特点和差别等等。正是通过这样的描述性调查,我们能够很好地从总体上认识和了解中学生与媒介接触的整体状况,为广大教师、家长以及相关部门有针对性地开展有利于中学生成长的活动和教育提供很好的参考依据。

再比如,要深入了解农旅融合对村民生计的影响,就必须首先了解什么是农旅融合,农旅融合都表现在哪些方面,农旅融合给当地村庄带来了什么变化,村民都了解了哪些与乡村旅游有关的知识,提高了哪些技能,村民都提供了哪些资源,村民在劳动力支出方面都发生了什么变化,村民都参与了哪些事情,村民是否因为乡村旅游提高了资金抗风险能力等等。通过该项乡村调查,我们可以比较清晰地描述出农旅融合下村民在技能、知识、职业、资金支出等方面的变化,才能清楚地表达出村民在哪些方面的组织参与能力较强,哪些个人资源能被乡村旅游所利用,甚至能对各主体之间的权益分配、利益冲突等事件有准确的描述。这种客观的、精确的并且是多方面综合的描述,能为我们进一步从多种因素、多种现象的相互关系中,找出最主要的原因打下良好的基础。

描述性调查在方法上要求做到系统性和全面性。描述性调查不仅需要采取随机抽样方法来选择调查对象,并且调查样本的规模往往要求比较大,这是因为其调查所得到的众多结果都需要推论到所调查的总体,即要用来自样本的资料去描绘总体的面貌。

对乡村现象或社会现象的描述应当注意两个方面:一是描述的准确性,二是描述的概括性。准确性要求指的是对社会现象的分布状况、基本特征等都要做出定量的和精确的描述与说明。概括性的要求则是指调查结果所描述的不应当是个别的或片面的现象,而应当是能反映出总体及各个组成部分一般状况的普遍现象,或者说,根据样本调查的结果,应能够反映出总体的水平和趋势。总之,描述性调查可以说是一种对现象全面的"清查"和系统的反映,是有关这一现象的"谱系照片"。

(二) 解释性调查

人们对事物和现象的认识不会只停留在全面了解其状况的层次上。在认识到现象"是什么"以及其状况"怎么样"的基础上,人们还需要明白事物和现象"为什么"会是这样。比如,在调查大学生的择业倾向时,我们除了想知道目前的大学生在选择职业时是怎样考虑的,以及他们的择业倾向表现出什么样的特点以外,常常还希望知道他们为什么会表现出这样的择业倾向。因此,社会调查同样常常被用于回答社会生活中许多的"为什么",常常用来说明社会调查现象发生的原因,常常用来解释社会现象之间的关系。这样一类社会调查我们称为解释性调查。

由于解释性调查的目标是回答"为什么",是解释原因,是说明关系,因而它的理论色彩往往更强。它通常是从理论假设出发,经过实地调查,收集经验材料,并通过对资料的分析来检验假设,最后达到对社会现象进行理论解释的目的。也正因为如此,解释性调查在调查方案的设计上,除了与描述性调查一样具有系统性和周密性以外,它还比描述性调查显得更为严谨,针对性也更强。它更接近于社会研究方法中的实验设计。解释性调查在内容上不要求具有广泛性,不要求面面俱到,但是,它特别注重调查内容的适用性和针对性,它往往要求调查内容必须紧紧围绕所要验证的理论假设。

在分析方法上,解释性调查往往要求进行双变量和多变量的统计分析。比如,农旅融合对村民生计的影响,就可以通过个人基本特征、家庭资源、思想意识、学习能力等变量或因素来分析乡村旅游是如何改变村民的生存技能的,村民生计变化不一致的原因是什么,为什么一些村民参与了某项活动而另一些村民没有参与等问题。

二、确定分析单位

分析单位是研究方法论中的基本概念,我们在开展乡村调查时,把研究的对象称为分析单位。分析单位是研究对象的具体界定,而研究对象是研究关注点的载体,在统计分析中称为案例。分析单位是用来考察和总结同类事物特征,解释其中差异的单位,在社会科学研究中,对分析单位没有限制。

在理解分析单位时,需要将其与调查对象和研究内容或主题进行区分。分析单位是乡村调查中所研究的对象;调查对象则是研究者收集资料时所直接询问的对象;研究的内容或主题则是分析单位所具有的属性或特征。例如,我们做一项农村家庭代际关系问题的乡村调查,我们的分析单位是"农村家庭",研究的内容或主题是"代际关系",而我们的调查对象则是每一个家庭中的"户主"或家庭成员。此时分析单位与调查对象并不一致。需要说明的是,分析单位与调查对象有时可能会一致,这种情况比较多地发生在以个人作为分析单位的调查中,比如开展乡村新青年消费价值观的调查研究,分析单位和调查对象都是乡村新青年。

无论是哪一种类型的分析单位,都具有以下两个特点:首先,调查所收集的资料直接描述分析单位中的每一个个体。比如,如果分析单位是个人,则调查资料直接描述每一个人的年龄、性别、职业、文化程度、行为方式以及对某些现象的看法等等;如果分析单位是家庭,则调查资料直接描述每一个家庭的规模、结构、人均收入等;其次,将这些对个体的描述聚合起来,可以描述由这些个体所组成的群体(调查的样本),以及由这一群体所代表的更大的群体(总体),或者用这种描述的聚合去解释某种社会现象。

例如,在一项有关顾客对不同品牌彩电的购买倾向的调查中,顾客就是我们的分析单位,调查资料首先会直接描述这一个顾客(比如描述他们每一个人的年龄、性别,职业、收入,他们每人对不同品牌的彩电的价格、质量、外观、功能等方面的看法,等等),然后,这些对每个顾客的描述被以平均数、百分比等形式聚合起来,用以描述所调查的顾客样本及这一样本所代表的顾客总体的有关特征和对不同品牌彩电的购买倾向。

分析单位的选择和确定,也是调查设计中的一项重要内容。在乡村调查中,主要有以下几种类型的分析单位:个人、群体、组织、社区、产品。下面我们对乡村调查中的各类分析单位逐一进行介绍。

(一) 个人

对于乡村调查来说,也许没有哪一种分析单位的类型比个人这种分析单位类型用得更多。乡村调查方法自身的性质和特征,在很大程度上决定了它最常用的分析单位就是个人。这种个人在具体的调查中可能是农民工、村干部、村民、个体经营者、文化传承人、留守儿童、学生、乡村游客等等。正是通过对个人进行描述,并将这些描述进行聚合和处理,我们才能够描述和解释由个人所组成的各种群体,以及由个人的行为和态度所构成的丰富多彩的乡村生产生活现象。

比如,在一项有关某镇农村劳动力就业问题的乡村调查中,该镇中的每一个合格的劳动力(假设为年龄在18～60岁的健康村民)就是我们的分析单位。我们可以用在业、待业、失业等来描述他们中每一个人的状况,用年龄、性别、文化程度等来描述他们每个人的特征。然后,将这些对单个劳动力就业状况的描述聚合成"就业率""待业率"或"失业率",去描述该镇农村劳动力总体的就业状况;用待业者的平均年龄、男女比例、文化程度分布等,去描述该市劳动力总体的结构特征,并可以去分析和解释与这种就业状况和特征相关的各种原因和结果。以个人作为分析单位的描述性研究一般旨在描述由那些个人所组成的总体,而那些以个人为分析单位的解释性研究则是为了发现存在于该总体中的社会动力。作为分析单位的个人可以用他(她)所隶属的社会群体来指示其特征。因此,一个人可以被描述为"受过高等教育"或者"受过中等教育"。我们也可以在乡村调查中,考察受过高等教育的人是否比只受过中等教育的人更具有择业的优势。在这两种情形中,分析单位始终都是个人,而不是家庭出身或者受教育程度。

(二) 群体

由若干个人所组成的各种社会群体本身,也可以成为社会调查中的分析单位。比如,由若干个有着姻缘关系或血缘关系的村民所组成的家庭、由若干个居住在一起的村民家庭组成的邻里,有共同需求的村民互助养老群体等等,都可以成为乡村调查中的分析单位。

以各种社会群体为分析单位的调查与那些以个人为分析单位的调查,在描述的对象有所不同。当以社会群体作为分析单位时,它们的特征有时与群体中个人的特征有关,比如家庭的收入就与个人的收入有关。有时群体的特征可以从其成员的特征中抽取,比如我们可以用家长的收入、职业或文化程度来描述家庭的特征(经济条件好的家庭、社会地位低的家庭、教育条件好的家庭等等)。但在更多的情况下,这种群体的特征则不同于个人的特征。例如以家庭做分析单位时,我们可以用家庭的规模、结构、代际关系、高档家电拥有量等特征来描述家庭,但却不能用同样的特征去描述家庭中的个人。应当记住的是,当我们以社会群体做分析单位时,我们的研究和分析就不能下滑到群体层次之下,即不能下滑到个人的层次,我们所研究的群体就是资料集合中的最小单位。

(三) 组织

各种正式的社会组织,比如村办企业、村合作社、村集体经济组织、个体经营公司、村委会等等,同样可以成为乡村调查中的分析单位。由于组织与群体一样,都是由若干个个人组成的,因而作为分析单位的组织所具有的某些特征,往往也在一定程度上与组成它的个人有关。因此,把组织作为分析单位时,我们同样可以通过组织成员来获得组织的特征。如家庭是最基本的初级组织,我们可以用家长的职业、收入、受教育程度等来描述一个家庭的社会属性,从而研究得出,不同家庭子女平均受教育年限不同,这时分析单位是家庭。如果我们的问题是,哪类孩子平均受教育年限长,假设得出,家庭收入高的长,家庭收入低的短,这时研究的分析单位就是个体,家庭社会属性只是一个影响因素而已。组织与群体一样,都是由若干个个人组成的,因而作为分析单位的组织所具有的某些特征,在一定程度上与组织成员的个人特征有关,但是组织的特征和个体的特征还是不同的。组织是一个层次更高的分析单位,因而在具体研究时可以采用个人、群体作为分析单位,但是在比较的基础上得出结论时,仍然要以组织作为分析单位,否则就有可能把分析单位降为群体或个体。例如,研究结论如果是"存在一些非正式团体的组织要比只有正式团体的组织更具有工作效率",此时分析单位是"组织";但如果说"组织中的非正式团体对工作效率有积极影响",此时的结论实际上是以"群体"作为分析单位的,它要研究的问题是"非正式团体对工作效率的影响"。

(四) 社区

社区作为一定地域中人们的生活共同体,也可以作为调查中的分析单位。无论是乡村、城市,还是街道、集镇,我们都可以用社区的人口规模、社区异质性程度、社区习俗特点、社区的空间范围等特征对它们进行描述,也可以通过分析社区不同特征之间的关系来解释和说明某些社会现象。比如,我们可以探讨乡村社区空间要素和空间结构,或者乡村社区更新及其机制等等。在这样的乡村调查中,乡村社区就是我们的分析单位。如同以个人为分析单位的乡村调查中的个人那样,从每一个具体的乡村社区中所收集的资料,既用来描述和反映这一社区自身的具体特征,又作为若干个乡村社区的集合中的一个个案,参与到描述整个区域内乡村社区的集合的特征以及解释某些特定的社区现象的过程中。

(五) 产品

乡村产品即乡村居民点行为或行为的产物,或者说是社会事实,比如,仪式、民俗、工艺品、特产、制度等。一切行为方式,不论它是固定的还是不固定的,凡是能从外部给予个人以约束的,或者换一句话说,普遍存在于该社会各处并固定存在的,不管其在个人身上的表现如何,都叫做社会事实。比如,我们可以考察不同时期的乡村的口号标语的内容,来描述和解释口号标语内涵的变化过程;也可以对某一民俗工艺进行调查,了解其发展的历程、现在的发展动力、创新的来源等。

三、层次谬误

层次谬误又称为区群谬误、生态谬误或体系错误,它是一种与分析单位有关的错误。它指的是在社会调查中,研究者用一种比较大的集群分析单位做研究,而用另一种比较小的或非集群分析单位做结论的现象。或者说,研究者在一个比较大的集群的分析单位上收集资料,而在一个比较小的或非集群的分析单位上来得出结论的现象。比如,当一个研究者所收集的是有关某种大的集群(例如城市、公司或工厂)的资料,然后从这些资料中抽出有关个人行为的结论时,他就犯了层次谬误。例如,研究者在两个规模相当的行政村做调查,发现甲村高收入村民家庭的比例大大高于乙村的比例,同时还发现甲村中村民家庭拥有摩托车的比例也大大高于乙村中的比例。如果在这些资料的基础上,研究者得出"收入高的村民家庭拥有摩托车的比例更高"或者"村民家庭收入与拥有摩托车之间存在正相关"的结论,他就同样犯了层次谬误。因为我们并不知道这两个村中的哪些村民家庭收入较高,也不知道哪些村民家庭拥有摩托车,我们所知道的只是对于村总体来说的收入分布和摩托车拥有量,也许是甲村中高收入的村民家庭都买轿车,那些中等收入和低收入的村民家庭才购买摩托车。所以,要想做出有关村民家庭收入水平与村民家庭拥有摩托车之间关系的结论,研究者就必须以村民家庭而不是以行政村作为分析单位收集有关的资料。类似的例子还有很多,比如,当调查发现越穷的村庄生育率越高时,我们不能立即认为越穷的农民生的孩子越多。因为可能是穷村中较富裕的农民生的孩子多,才使得整个村庄的生育率提高。

四、制定实施方案

调查设计的最终成果往往是一份详尽的调查实施方案,更一般的说法,即一份研究计划书。它是以文字的形式将调查研究设计的各种考虑和细节安排有条理地总结出来。这种研究计划书有两种功能:一是作为研究者开展调查研究的行动指南和整个调查研究过程的备忘录;二是向他人说明调查研究的目标、内容以及研究的方法及其可行性。实际上,高等院校里本科生、研究生的毕业论文开题报告,还有实际研究者向各种研究基金会提交的课题申请书,都属于这种研究计划书的性质。

一份规范的调查研究计划书通常包括哪些内容呢?大体上,它既包含带有目标性、策略性、思路性的内容,也包括相对具体一些的方面,比如整个调查工作的步骤、手段、方法、工具、对象、经费、时间等等。研究计划书的内容应该涉及从确定调查题目开始,直到资料收集、分析、报告撰写为止的整个调查研究过程。正是依靠这样一份完整的、周密的、切实可行的研究计划书,社会调查的工作才会处于一种有序的状态,社会调查的目标也才能圆满实现。具体地说,研究计划书的大致内容包括下述几个方面。

(一) 说明调查课题的目的和意义

在研究计划书中应说明为什么要进行这项调查研究,从事这项调查研究在理论上或在实践上有什么样的价值。当然,要对这些方面进行清楚说明的前提条件是,调查研究者必须首先对自己的调查课题有一个清楚明确的认识。这种认识既包括对调查课题本身含义的理解,即该调查究竟要探讨和回答什么问题,也包括对调查课题在人们认识社会、改造社会过程中所具有的作用的理解。

这种在调查方案设计中对调查课题的目的和意义的说明,表面上看起来与实际调查中的操作过程并不相关,但事实上,它既是对调查者选择这一课题的动机、意图、方向、价值等是否明确的一种检验,同时也能进一步帮助调查者强化和突出这一课题的总目标,以加强这一目标对整个调查研究过程的影响。如果调查者本人对调查课题的目标和意义都说不清楚,那么,这一课题是否值得去做,以及是否能够真正做好,显然是值得怀疑的。

(二) 说明调查的内容

调查内容是对调查目的的具体分解和细化。在调查设计中,详细说明调查的内容,是落实调查目标的十分重要的一环。如前所述,调查课题的确定只是指出了我们所研究现象的大致范围或基本方向,至于在这个题目下究竟应该调查研究哪些具体现象,则是在调查设计中所要解决的问题和所应完成的工作任务。比如,假设我们所确定的调查课题是"某某市区交通状况及存在的问题",那么,在调查方案设计中,就可以将城区的交通状况分解为交通车辆状况、道路建设状况、交通管理状况及人员流量状况等几个大的方面,然后再在每一个大的方面中,根据课题目标的要求和现有的条件,对调查内容进一步细化。比如,将交通车辆状况细化为机动车与非机动车、客车与货车、大车与小车等更为具体的调查内容。这样就可以为调查问卷的设计、调查指标的选择等打下较好的基础。

(三) 说明调查范围、调查对象和分析单位

说清调查范围,有助于明确调查结果所推论的总体。确定调查对象,有助于选择合适的调查方法和测量工具。指明调查课题的分析单位,则可以帮助研究者有针对性地收集所需的资料,同时也可以使研究者避免犯层次谬误。

(四) 说明调查的理论假设

尽管不是每一类调查都必须有理论假设,但对于那些必须有理论假设的解释性调查来说,则应该在调查方案中对理论假设进行一番陈述和说明。一般来说,描述性调查主要目的是全面描述某种乡村现象的状况和特点,为进一步分析和探讨不同现象之间的联系打下基础,因此,它一般不需要建立明确的理论假设。只有在解释性调查中,才必需事先建立起明确的理论假设。所以在解释性调查的具体方案中,不能缺少对理论假设的陈述和说明。

(五) 说明调查方案

这一部分主要用来说明乡村调查过程中所面临的具体技术问题。它包括调查对象的抽取(即总体与抽样方法)、变量测量(从概念操作化到问卷设计)、资料收集方法以及资料分析方法等几个大的方面。在方案中需要对这些方面逐一进行简明扼要的说明。比如,在调查对象抽取方面,需要说明调查的总体是什么,研究者将采用什么样的抽样方法和程序,样本规模如何确定及其依据等。同样的,对于调查研究中的基本变量要进行界定和操作化的说明,对所使用的资料收集方法、实施步骤以及资料分析技术也都要做出既符合研究目标同时也符合研究者所拥有的条件的说明。

(六) 说明调查人员的组成、组织结构及培训安排

要完成一项较大规模的调查课题,往往需要很多研究者的共同努力,同时还会涉及挑选、培训调查员的问题。因此,在调查方案设计中,必须对调查课题的组成人员及其在调查中所承担的任务进行全盘考虑,明确分工,制定相应的组织管理办法。对调查员的挑选、培训工作也要事先进行规划,要制订出切实可行的培训方案,以保证调查工作的顺利进行。

(七) 确定调查的时间进度和经费使用计划

一项乡村调查从定下题目到完成报告,往往有时间上的限定或要求。为了在规定的时间范围内保质保量地完成调查任务,顺利达到预定的调查目标,研究者应该在课题研究开始之前,对整个调查工作的时间分配和进度进行安排。每一阶段所分配的时间

要合适，还要留有一点余地。特别注意要给调查研究的设计和准备阶段多安排一些时间，不要匆匆忙忙开始收集资料。此外，对于调查课题的经费使用，也应有一个大致的考虑和合适的分配，以保证调查的各个阶段工作都能顺利进行。

课后练习

1. 影响乡村调查质量的因素有哪些？
2. 请结合实际乡村问题，列举几个你感兴趣的乡村调查选题。
3. 乡村调查设计主要包括几个方面的工作？
4. 乡村调查中主要有哪几种分析单位？
5. 规范的乡村调查实施方案通常包括哪些内容？

第三章 乡村调查的方法

本章主要介绍乡村调查资料收集的各种方法，包括文献法、抽样法、问卷法、访谈法、观察法和网络法。本章讲解了各种乡村调查方法的特点及适用条件，及在调查过程中使用这些方法的基本技巧，通过实例和案例的训练，使学生能够熟练运用这些方法开展乡村调查。

第一节 文献法

一、文献法的含义和特点

文献是指人们用一定技术手段建立起来的储存与传递信息的载体，是人们从事各种活动的记录。文献具有三个基本要素：①有一定的知识内容或信息；②有一定的物质载体；③有一定的记录手段。

文献法又称间接调查法、历史文献法或资料分析法，即通过采用科学的方法搜集、鉴别、整理、分析多种历史和现实的动态文献资料，从而形成对事实的科学认识的一种研究方法。乡村调查的方法很多，有抽样法、问卷法、访谈法、观察法、网络等。根据调查的实践经验，文献法是一般乡村调查的基础和前导。

随着社会的进步，文献的内涵也发生着变化。人们把一切记录人类知识的文字图像、数字、符号、声频、视频等资料统称为文献。文献调查，就是对第二手资料的收集、整理、加工、分析，而不是对原始资料的搜集。

文献法有三个特点。分别为：①文献调查不是对现实情况的调查，而是对过去发生过的事情、已经获得的知识、文献所进行的调查。②文献调查的调查对象不是历史事件的当事人，而是各种历史文献资料，包括以文字、图像、符号、声频、视频等形式负载的各种信息。③文献调查所收集的资料包括动态和静态两个方面，但以动态资料为主，来收集各种反映乡村变化的历史资料。

二、文献法的作用

文献法在调查研究中有特殊的作用，主要包括以下几点：

（一）了解与调查课题有关的已有调研成果

任何调研课题都应该以前人和他人的调研成果为基础。通过文献调查，了解前人已经取得的调研成果，有助于确立调查方向，对于正确选择调查课题具有重要参考价值，所以应避免盲目和重复研究。采用文献法可以独立完成某些课题从搜集资料到分析研究的全过程。

（二）了解与调查课题有关的理论和方法

通过文献调查，充分了解与调查课题有关的各种理论观点和调研方法，正在发展着的社会环境，调查工作面临的主客观条件，以及与课题研究有关的政策与法规，可为提出研究假设、设计调查方案、确定调查方法、安排调研工作等提供必要的参考。

（三）了解调查对象的历史和现状

通过查阅档案、登记表和其他文献，了解调查对象的基本情况和有关问题，以及它们所处环境的历史、地理、政治、经济、文化、社会、风俗习惯等相关资料，对于顺利开展调研工作具有重要的作用。文献法可为研究农村社会现象提供必要依据，可作为农村发展研究工作的重要手段。那些旨在再现或分析历史现象的课题，以及时间跨度大的纵贯性课题，也只能是主要依靠文献法来完成。

总之，文献法是最基础和用途最广泛的搜集资料的方法。搞好文献调查，意味着我们的起点就在巨人的肩膀上。它是一般乡村调查的基础和前导，贯穿于乡村调查全过程。在准备阶段，文献调查是选择调查课题、确定和探索研究以及方案设计的必要前提，它能使调查目的更为明确和有意义，使调查内容更为系统、全面和新颖。在调查阶段要顺利开展调查工作，在研究阶段要深入进行理论探讨，在总结阶段要撰写具有创新性的调查报告并科学评估调查成果，这些都离不开文献调查。利用文献法可以收集到其他方法难以收集到或者没必要用其他方法收集的资料。

三、文献的类别与来源

（一）按编辑出版的不同形式分类

文献可以分为图书、期刊、报纸、科研报告、会议文件、学位论文、政府出版物、档案、统计资料、内部资料。

（二）按文献性质、内容加工程度、用途的不同分类

1. 零次文献

目击描述或实况记录，是未经发表或有意识处理的最原始的资料。

2. 一次文献

也称原始文献，是指直接记录事件经过、研究成果、新知识和新技术的专著、论文、调查报告等文献。

3. 二次文献

又称检索性文献，是指对一次文献进行加工整理后形成的有序化和浓缩化的文献，包括目录、文献、索引等。

4. 三次文献

是指在一、二次文献的基础上，经过分析、综合而编写的文献，如综述报告、年鉴、词典、百科全书等。

(三) 按文献载体形式的不同分类

1. 纸张型文献

纸张型文献是以手写、打印、印刷等形式为记录手段，将信息记载在纸张上而形成的文献。它是传统的文献形式，便于阅读和流传，但存贮密度小、体积大，不便于管理和长期保存。

2. 缩微文献

缩微文献是一种以缩微胶片或平片为载体，以缩微摄影技术为记录手段而产生的信息形式。一张全息胶片可存储 20 万页文献。其优点是体积小、存储密度高、保存期长、便于收藏和管理，缺点是必须借助缩微阅读机才能阅读。

3. 电子型文献

电子型文献是指以磁性或光学材料为载体，且需借助计算机读取的图书。换言之，电子型图书是指以数字代码方式将图、文、声、像等信息存储在磁、光、电介质上，通过计算机或类似设备使用的大众传播媒体。

4. 音响型文献

音响型文献是采用录音、录像、摄影、摄像等手段，将声音、图像等多媒体信息记录在光学材料、磁性材料上形成的文献。

四、文献法的基本要求

(一) 有用性

有用性即应紧密围绕调查课题搜集有用的文献资料，来得到有参考价值的信息。这是搜集文献第一位的、最基本的要求。

(二) 全面性

搜集文献的内容应尽可能全面周详。一般说来，既要有历史资料，又要有最新资料；既要有国内文献，又要有国外文献；既要有本学科专业文献，又要有相关专业文献。总之，从内容上看，搜集文献种类越全面越好。

(三) 代表性

代表性主要是指作者的代表性和文献的代表性。只有努力选择各类有代表性的作者、各类有代表性的文献，才能全面、准确地反映当时的情况。

(四) 连续性

连续性即围绕调查课题搜集的文献，在时序上要有连续性和累积性，尽可能不要中断。否则,搜集的资料就可能残缺不全,无法反映调查对象发展过程的全貌。

(五) 时效性

对于与调查课题有关的各种新资料、新信息,要及时了解、及时搜集、及时研究、及时利用,以提高调查研究的时效性和调查成果的实用价值。

总之,文献搜集工作只有满足了上述基本要求,才能为后续的摘取信息工作提供丰富、完整的文献资料。

五、文献法的基本方法

要搜集文献,必须先查找文献。现代社会,除私人文献外,绝大部分文献都集中在图书馆和互联网上。查找文献的方法主要有以下两种。

(一) 参考文献查找法

参考文献查找法也叫追溯查找法。即利用有关著作、论文的末尾所开列的参考文献目录,或者是文中所提到的某些文献资料,以它们为线索追踪查找有关文献资料的方法。采用这种方法查找的文献比较集中,查找效率较高,往往还能及时捕捉到一些最新的调研成果。

(二) 检索工具查找法

检索工具查找法是指利用已有的检索工具查找文献资料的方法。按照检索工具的不同,检索方法主要有手工检索和计算机检索两种。

1. 手工检索

进行手工检索的前提,是要有检索工具。因收录范围不同、著录形式不同、出版形式不同,检索工具的种类也多种多样。以著录方式来分类的主要检索工具有三种:一是目录,是根据信息资料的提名进行编制的,常见的目录有产品目录、企业目录、行业目录等;二是索引,是将图书、报刊资料中具有检索意义的信息,如词语、人名、刊名、篇名、主题等分别摘录或加以注释,记明出处页码,按字的顺序或分类排列,附在书后或单独编辑成册;三是文摘,是对资料主要内容所做的一种简要介绍,可使人们以较少的时间获取较多的信息。

2. 计算机检索

与手工检索相比,计算机检索不仅具有检索速度快、效率高、内容新、范围广、数量大等优点,而且可以打破获取信息资料的地理障碍和时间约束,能向各类用户提供全面、完善、可靠的信息。随着社会调查信息化程度的不断提高,计算机检索将是今后的主要发展方向。

例如:用户需要进入知网首页,在首页的检索栏中输入论文标题,或者点击检索栏右边的高级检索按钮,根据自己的需求设置对应的搜索条件,点击检索后即可查找到相关的论文资料。知网的检索栏可以通过主题、关键词、摘要、全文等进行文献检索,且检索栏中可以同时输入多个主题词或关键词,通过并、或、否等连词表示各个搜索词之间的关系,为更加精确的检索所需文献提供帮助。

计算机检索的主要操作步骤分为两步,首先是检索文献标题,即在首页搜索框中输入文献的标题,点击搜索;然后选择合适的查看方式,即点击进入文献详情页,即可在线查看内容。

六、文献法的优点与局限

(一) 文献调查法的优点

1. 文献调查省时、省钱,效率高

文献调查法可以用比较少的人力、经费和时间,获得比其他调查方法更多的信息。因而它是一种高效率的调查方法。

2. 文献调查可以超越时空条件的限制

利用文献调查法可收集古今中外有关的文献资料,了解到广泛的情报信息。

3. 文献调查不受调查人员和被调查者主观因素的干扰

因为文献资料大多是文字形式的,既不会对调查者的主观好恶做出任何反映,也不会出现实地调查中经常发生的因被调查者心理因素的变化而引起的调查误差。

随着计算机、网络等技术的发展,网络信息越来越丰富,文献调查法的上述种种优点也越来越突出。

(二) 文献调查法的局限

1. 时效性差

文献调查所获取的主要是历史资料,过时资料比较多,社会经济生活正在发生的新问题、新现象往往难以得到及时反映,经常出现资料落后于现实的情况。

2. 资料缺乏具体性、生动性

因文献调查获取的主要是书面信息,是纸上的东西,即使内容真实、可靠,也会让人觉得"纸上得来终觉浅"。

3. 文献的客观性和真实性往往难以保证

因为任何文献都是一定时代、一定社会条件下的产物,都会受到撰写者个人种种因素的影响和制约。所以,文献内容与客观真实情况之间总会存在一定的差异。

第二节　抽样法

最理想的调查是对调查范围内的每个调查对象均实施调查的调查,这种调查所获得的数据资料是覆盖度最广、最具普遍性、最能反映调查对象总体特征的一手资料。但乡村调查中有很多调查所面对的调查对象数量都较为庞大,例如村民人均(或家里)年收入调查、村民职业构成状况调查、乡村普通话使用情况调查等,如果选择对所有村民均实施调查,那必将导致调查难以实施,因为村民流动性较强,仅仅是找到所有的在册村民都很难实现。同时,在实践中我们会发现,乡村调查在很多时候并不要求对所有调查对象均实施调查,对调查的精确度要求并不高,只要求调查能真实反映乡村的客观情况即可,因此多数情况下乡村调查对数据的精度要求不会像宅基地权属调查要求那样高。因此,如果依然采用全面的、对所有调查对象个体无一例外的高精度调查,所需的人力、时间、经济成本都会非常巨大。此时就需要用抽样调查的方式代替,例如粮食产量调查、乡村游客消费行为调查等等,都只需要实施抽样后对样本开展调查即可。所谓抽样调查是从一个规模很大的调查对象集合中,抽取出一部分调查对象作为个体样本进行调查,通过个体样本的调查观测结果,对所关心的指标或特征做出统计推断。其中每一个具体的调查对象被称为样本或元素,全体调查对象被称为总体。

一、抽样调查的术语

(一) 总体

总体是指包含全部调查目标个体对象的集合,这个集合通常与目标总体是一致的,是一个特定的集合体。例如,开展村民初婚年龄调查和研究时,村内所有已婚村民就是调查的总体。又如,对某种农作物的播种面积进行调查时,该类作物的所有播种面积就构成了调查的总体。抽样调查的第一项工作即为确定总体,如果不能很好地确定总体,将总体的范围算大或者算小,就会增加抽样的误差,接下来的调查无论做得多么仔细、多么认真,结果都不会令人满意。通常抽样调查的总体是指调查人员或研究者所界定的群体,涉及被调查对象的单位、地理位置和时空界限。例如对村民婚姻状况开展调查,如果未加限定,村民就是较为模糊的集合体,时空范围非常广泛,只有界定了研究范围,例如将村民界定为"某某村 1995 年以后出生的村民"后,抽样调查的总体才能被准确确定。

(二) 样本

样本是指从总体中按一定方式抽取出来的,需要进行调查分析的,用来得到整个总体信息特征的一部分个体所组成的集合。通常样本的数量要小于总体的数量,是总体的微缩形态,因此在确定样本时应符合抽样的逻辑要求,要能代表总体的特征。例如在对乡村村民幸福感的调查中,可以按照某种抽样方式抽取 800 位村民进行调查,这 800 位村民就构成了该总体的一个样本。

(三) 抽样单位

抽样单位是指在抽样各个阶段中考虑选取的某个元素或者某组元素。抽样单位可以是一个元素,也可以是一组元素,可以是一个人,也可以是一个家庭、一个群体或组织,如公司、学校等。例如,从郊县中按一定方式抽取 3 000 名村民进行调查,单个村民就是调查者从总体中一次直接抽取 3 000 名村民的样本时所用的抽样单位。但是,如果调查者先从县里选出若干乡,又从某乡中选出若干村,最后再从村里选出若干户作为样本(总数也是 3 000 人),抽样单位就变成了县、乡、村、户四种,分别为初级抽样单位

(县)、次级抽样单位(乡、村)以及最终抽样单位(户)。

(四) 抽样框

抽样框又称抽样构架、抽样结构,是抽取样本的编号或名单。例如,要调查某大学学生上网的情况,抽样框就是该校全体大学生的花名册。如果从这所大学的所有班级中抽取部分班级的学生作为调查的样本,那么此时的抽样框就不再是全校学生的名单,而是全校所有班级的名单,因为此时的抽样单位已不再是单个的学生,而是单个的班级。在抽样时,抽样框的数目是与抽样单位的层次是相对应的。若有 3 个层次的抽样单位,如乡、村、户,则抽样框也应有 3 个,分别为全乡的名单、乡样本中所有村的名单、村样本中所有户的名单。

(五) 总体参数

描述总体特性的指标称为总体参数,简称参数,又称总体值。总体参数是关于总体中某一变量取值的综合描述,即根据总体中各单位的已知量计算出来的关于总体的统计指标。总体的均值、方差等都是总体参数。例如某地区村民年平均收入、某种作物单位地块的平均产量等。需要说明的是,总体值只有通过对总体中的每个元素都进行调查或测量才能得到。

(六) 抽样误差

抽样误差是指在用样本的统计值去推算总体参数值时出现的偏差,即抽样样本与其所代表的总体样本之间的偏差。抽样的随机原则决定了抽样不可能为总体参数提供一个绝对精准的评估值,所以用样本统计量去推断总体参数时,误差总是不可避免的。科学设计抽样的目的就在于尽可能地减少这种误差。一般来说,抽样误差主要受样本规模,总体的差异性程度以及抽样方法影响,这种误差的大小是可以在样本设计中事先进行控制的。一般来说,样本所含个体越多,代表性就越高,抽样误差就越小;反之,则代表性越低,抽样误差就越大。但人为所导致的错误,例如抽样中误抄、误算等,以及其他一些违反随机原则而产生的错误,则不是抽样误差。

(七) 置信水平和置信区间

置信水平是指总体参数值落在样本统计值某一区间的概率,用于反映样本统计量估计总体参数的可靠性(可信度)。置信区间是指在一定置信水平下,样本统计量与总体参数偏差的最大允许范围,即最大误差范围,比如某仪器测量温度的误差为±0.5 ℃。置信区间能反映抽样的精确程度。

二、抽样的分类

抽样调查按抽样的方法不同又可以分为随机抽样调查和非随机抽样调查。

(一)随机抽样调查

随机抽样是按照随机原则,利用随机数,从总体中抽取样本的方法。为了使所抽取的样本最大限度地与总体相像,可让总体中每一个体以相同的可能性入样,或让同一类中的个体以相同的机会入样,这种"随机会而定"的抽样方法称为随机抽样。由于在总体中或同一类中每一个体入样的机会均等,总体中或同类中各种特征属性所占比例便会自然地反映到样本中。因此,随机抽样具有严密的科学性。随机抽样一般有如下几种方法:

1. 简单随机抽样法

简单随机抽样法也叫单纯随机抽样。指从总体中完全随机地抽取调查样本,不加任何分组、划类、排队等。由于其根本特点是各组样本被抽到的可能性相等,故而是随机抽样的基础。这种抽样方法适用于总体数量较小的情况。其具体做法是对总体内的各个单位先行编号,然后根据样本大小的需要,用抽签法或随机号码表法抽取样本。

2. 等距随机抽样法

等距随机抽样法也叫机械抽样法。它是将总体内所有个体按某种标志排列,用随机方法确定第 1 个个体,然后按相同取样间隔抽取所需样本。取样间隔由总体规模和样本规模之比决定,即取样间隔=总体规模÷样本规模。假如总体为 1 000,样本为100,取样间隔就等于 10,即每间隔 10 个单位选出 1 个个体。取样间隔的倒数为取样比,即样本占总体的比例。

3. 分层随机抽样法

分层随机抽样法也叫分类抽样法。它是将总体中的所有个体按差异程度或某种特征分成若干类型、组或者层,然后在各类型中用简单随机抽样的方法抽取样本。分类抽样法可以避免简单随机抽样出现样本集中于某一类型或忽视某一特征导致样本覆盖面不足的现象,该方法更适用于总体中各类之间差异较大,而各类内部差异较小的情况。

4. 整群随机抽样法

整群随机抽样法又称分群随机抽样法。它是先按照时间、空间或其他特征把总体分为若干个群体,然后以群为单位进行随机抽取,并对所抽到的群逐一实行普查的过程。例如,对某农产品抽取 5% 的抽样检查,每隔 20 小时抽出 1 小时的产量组成样本,然后对这些抽出来的样本进行质量检查并推断出总体的质量情况。

(二)非随机抽样法

非随机抽样法即根据调研人员的主观看法抽取样本的方法。具体又可分为三种。

1. 判断抽样法

判断抽样法根据专家或调查人员对总体的主观判断而选择有代表性的个体作为样本。采用这种抽样方法要求抽样人员对总体的情况有深入的了解,选样时应极力避免挑选极端的类型,而多选中间型、平均型的样本,以达到通过典型样本了解全体情况的目的。

2. 任意抽样法

按任意抽样法抽取的样本完全根据调查人员的方便而定。其基本假定是母体中的每个个体基本相似。这种方法简单易行，可及时地获得信息，但由于其代表性差，往往用于探测性调研。

3. 配额抽样法

配额抽样法也称定额抽样法，是指调查人员将总体按一定标志分类或分层，并确定各类（层）的样本数额，在配额内任意抽选样本的抽样方式。

三、抽样的主要作用

抽样调查在社会经济生活和科学研究中都有着广泛应用，也是各国政府统计部门经常采用的一种调查方式。其作用主要有以下三方面：

（一）是研究社会经济现象和统计科研的有力工具

对于总体过大或不能进行全面调查的事物，抽样调查可以从总体中抽取部分样本，依据概率对总体总量或均值做出可靠估计。例如，农产品农药残留物检查就是典型的抽样调查，也可以叫做抽样检验。再比如，农作物产量调查，首先抽选调查网点，通常采用多阶段抽样方法确定，即省抽县、县抽乡、乡抽村、村抽地块、地块抽取样本，随后对地块进行丈量，计算抽样距离并核实面积系数，在调查地块内割取样本作物，进行脱粒，称量，最后逐级向上推算产量。

（二）是及时准确地反映社会经济变化的有效方法

例如由政府主导的周期性普查，可取得一定时点或时期社会经济发展的基础信息和基准数据，并构建成满足抽样设计的抽样框。在普查的间隔年份，常规统计工作就主要采用抽样调查的方法，通过对抽样信息进行调查，在有质量保证的前提下，能快速有效地对总体的情况做出精确推断。

（三）是进行普查、常规统计调查数据质量评估的必要手段

通常在普查的数据采集结束后要进行抽查，据此对普查数据质量（漏报、多报情况等）做出评价。一般常规调查活动中也会抽取一定数量的样本，用以对统计调查的数据质量进行评价。

四、抽样调查的优势

抽样调查作为一种从部分到总体、从个别到一般的认识方法，与整体普查相比，它具有下列优势：①可以减少调查的整体工作量，调查内容可以求多、求全或求专，可以保证调查对象的完整性；②可以从数量上以部分推算总体，利用概率论和数理统计原理，以一定的概率保证推算结果的可靠程度，起到全面调查认识总体的功能，可以保证调查

的精度;③可以大大减少调查费用,提高调查效率;④收集、整理数据的速度快,可保证调查的时效性。

五、抽样的操作流程

(一) 建立课题,明确调查的目的

调查人员首先要就调查目标的整体状况、背景和存在问题作初步的分析,并进行非正式探测性调查来明确问题所在,以确定调查目的。然后,调查人员对调查本身进行可行性研究,确定合适的调查范围和调查顺序,以及可能的调查人员、时间和费用,分析调查可能达到的效果或与预期目标的差异。这样,可避免在实际操作中调查工作走弯路和不必要的浪费,保证调查结果的准确性和时效性。

(二) 调查的准备阶段

1. 确定总体及目标量

在调查的准备阶段,首先要明确调查的目的,确定所要估计的目标量。目标量是指具有某种特定特征的个体总数,目标量的变动将引起抽样方案的改动。例如,农户家庭收支情况调查、农村小学生家庭教育调查等等,往往都是以户为单位的。而村民对规划工作的意愿调查、针对乡村发展某产业的态度调查,则是以个人为单位进行的。

2. 明确抽样框

抽样框应该包含抽样单位的编号,抽样单位和总体、个体单元的联系以及一些有用的辅助信息。这些辅助信息可用于抽样方案的设计和数据处理,有利于提高调查的质量。

3. 抽样设计

抽样设计即设计抽样方案。抽样方案的设计者要利用抽样框的辅助信息,综合多种抽样方法,并考虑人力、物力、调查精度、现场调查工作的可行性等因素,决定从抽样框抽出哪些单位进行调查,调查中出现意外时的应急补救措施,调查数据处理选用的模型公式等。另外,设计抽样方案时,还需考虑收集数据时的环境、人力、物力、时间等因素。

4. 问卷设计

调查问卷的问题应该简单明确,没有歧义和引导性,同时问题设计要考虑被访者的心理,使回答没有障碍,并且问卷不宜冗长。有关问卷设计的具体要求将在后续章节中详细讲解。

(三) 人员组织及实施调查阶段

在该阶段要对调查人员进行培训,使他们了解调查的目的,收集资料或实施调查的技巧与注意事项等。

(四) 数据处理阶段

该阶段的任务主要包括两项:一是数据整理和检验,即对获得的数据、资料进行数字化处理,同时再次审核所得数据的真实性与科学性,并剔除有明显错误的数据;二是评估和分析,即按抽样设计时选定的模型公式对数据资料开展分析研究工作,如发现评估值和预期值相差太大,则应进行必要的调整,如更换计算公式或模型。

(五) 撰写报告、得出结论

撰写报告时要根据调查数据反映出的问题提出相应的建议,对本次调查的收获和不足作出总结。

六、抽样示例

以国家统计局现行农产量抽样调查为例,整个抽样调查的工作流程如下。

1. 构建地域抽样框

通常抽样框的构建以行政村为样本单元,依据全国农业普查取得的农作物种植区的地块面积、主要品种农作物种植面积等辅助信息,获得村一级数据,用于初级抽样单元(行政村)抽样框的构建。

2. 抽选调查样本

农产量调查常采用分层两阶段抽样方法抽选调查样本。对于农作物播种面积调查样本,通常按照农作物种植的区域特点或种植强度对抽样框中的行政村按地域(如各县)进行分层,第一阶段抽选样本村,第二阶段在抽选出的样本村中抽取耕地地块。主要农作物品种的单产调查,则是在播种面积调查样本中再通过二次抽样,在已确定的作物耕地单位区中抽取部分耕地地块,并布放若干实测的小样本,用于单产的实测调查。此方法既满足了抽样设计的要求,又适当减少了调查样本量。

3. 实地调查取得样本调查数据

农作物播种面积实地调查要在已抽选出的样本耕地单位区内进行分品种播种面积的数据采集;主要品种的单产调查则是在抽选出的单产调查样本中开展实割实测调查,取得样本地块的单产数据及测定含水率和杂质率,并测算割、拉、打过程的损失量。

4. 播种面积和单产推算

在对抽中耕地单位区分品种农作物面积的基础上,原则上按照每个样本对应的总权数(两阶段入样概率倒数的乘积)进行加权求和,对总体分品种的农作物播种面积做出估计。在实际统计调查过程中,往往会遇到无法取得调查数据,即调查对象无回答的情况,这就需要对无回答情况做出权数调整,然后再推算总体的农作物播种面积。另外,在有可靠外部信息的情况下,如具有抽样总体的农业普查数据,就可以用外部辅助信息进一步校准权数,进而通过校准权数对农作物播种面积做出估计。对于主要品种农作物,由于实割实测用的样本通常采用自加权的抽样设计,因而采用对所有实测样本进行简单平均的方式计算单产。

5. 给出估计量的方差估计

对于统计推断的估计结果,还需要给出估计量,即农作物播种面积和单产的方差估计,用于衡量估计结果的精度。

第三节　问卷法

一、问卷的构成

问卷法作为用于收集人们的行为、态度、特征等信息的工具,已经成为乡村调查的重要方法,该方法能利用统一的问卷,从不同的对象那里获得具有同样形式的数据,因此更利于软件处理。在实际调查中,问卷质量的高低将直接影响调查所得数据的科学性与有效性,因此,了解问卷的结构并掌握问卷设计的技巧是问卷调查过程中十分关键的环节。一份完整的问卷通常包括标题、封面信、指导语、问题及答案、编码和其他资料。

(一) 标题

问卷标题要能反映问卷调查的基本内容,即用一句话简明扼要地概括需要调查的对象和调查内容。问卷标题要一目了然、表达清晰,要使受访者在第一时间知道调查的主题,提升应答率,增强应答的兴趣和责任感。例如"农村收入调查"这一标题,表述就太笼统、不清晰,没有说明调查对象是村集体、驻村企业还是村民个人,也没有说明是家庭收入还是人均收入,因此在调查过程中必然会使受访者产生很多误解。

(二) 封面信

问卷的封面信就是一封写给受访者的短信,由于它常常放在问卷的封面上,所以被称为封面信,也称为卷首语。在开展乡村调查时,获取受访者的信任和支持是非常重要的,质量高的封面信可以更有效地调动受访者的积极性,使其参与到调查中来,并让他们如实地填写问卷,最终取得事半功倍的效果。低质量的封面信则会使受访者产生排斥感,降低其参与性,并影响问卷的有效性。所以,封面信也是影响到整个调查能否成功的关键点之一。问卷封面信一方面用于介绍调查单位或调查者的身份,让受访者了解调查者的基本情况,放松对调查者的戒备心理,取得受访者的信任,让受访者愿意配合调查;另一方面用于介绍和说明调查的主题、目的、受访者选取的方法、调查数据的用途和保密措施等,让受访者了解课题的基本信息和被调查的原因,同时让受访者有一定的心理认知,以便顺利进入调查。封面信的篇幅不能太长,要通俗易懂,文字要简洁、准确,语气要谦虚、诚恳,要让受访者既能看明白问卷的基本情况,又能明白自身回答对整个调查的重要性。一般来说,封面信包括以下内容:

1. 介绍调查者的身份

也就是说明"我是谁"。例如"我们是某某师范学院某某系的学生,我们正在进行一项村民子女幼儿教育方面的调查",如果能附上研究者单位的地址、电话号码、联系人等信息,则更能体现研究者的诚意,体现调查的正式性和有组织性,这样做往往能给受访者留下良好的印象,有利于得到他们的信任。也可以通过落款来说明自己的身份,如落款署名为"某某师范学院某某系村民子女幼儿教育调查组"等。以落款的方式作自我介绍时,一定要有明确的单位名称,否则受访者会因不清楚调查员的具体身份,内心产生疑虑。

2. 介绍调查的主要内容

说明此次问卷调查准备"调查什么",对调查内容的说明,要做到篇幅适中,通常用一两句话概括地指出本次调查的大致内容或主题即可。如"我们正在进行一项有关农民返乡创业方面的问卷调查"或者"我们本次调查是有关农民返乡创业的"等。

3. 说明调查的目的

即为什么开展这项调查。在介绍调查目的时,文字叙述要得当,要让受访者认为本次调查是非常有价值的,有较高的实际意义,从而调动受访者的责任心和积极性。反之,如果表述不清,容易让受访者觉得调查没有实际意义,产生蔑视的心里反应,在回答问题时也会敷衍了事,并影响调查数据的真实性。

4. 说明调查对象的选取办法及保密措施

通常情况下,受访者会对陌生的研究者产生疑惑和戒备心理,为了消除受访者的这种疑虑和戒备,我们通常需要在封面信中做简明扼要的说明:①调查对象是如何选取的,说明是根据什么标准或采取什么方法来选择调查对象的,突出选择受访者的客观性;②承诺对调查结果进行保密,表明调查为匿名调查,不会泄露受访者的个人隐私,阐明调查行为的非商业性。如果调查人员在问卷的封面信中对填答问卷的匿名性、抽取样本的随机性、所得资料的保密性未做说明,那么受访者往往会从自身利益出发,为确保隐私安全或避免潜在的麻烦,在完成问卷调查时,提供或填写虚假的资料。比如,对于收入问题,大多数人往往会选择较少的选项,其本质原因就是确保隐私安全。

封面信样例如下所示:

尊敬的先生/女士:

您好!为了解某市乡村旅游的满意度,提升该市乡村旅游的服务质量,我们在此开展乡村旅游满意度调查。本次调查完全匿名,不涉及个人隐私,不会泄露您的个人信息。您的回答将仅用于研究该市乡村中的不足和相关政策的制定,答案没有对错之分,请根据实际情况填写。能了解到您的内心想法,我们感到十分荣幸。

问卷大约会耽误您 10 分钟的时间,感谢您的支持与合作!

陕西某某学院地理与城乡规划系
乡村旅游满意度调查组
2023 年 4 月 5 日

负责人:地理与城乡规划系某某同学　联系电话:189×××××××××　E-mail:×××××@×××.com

总体而言,封面信主要包含六个要素:我是谁、调查什么、为什么调查、为什么找你调查、保密承诺和感谢语。

（三）指导语

指导语是用来告诉受访者填答的要求、方法和注意事项等内容的。指导语的作用类似设备仪器的使用说明书。有些简单的问卷，指导语会很少，常常只在封面信中用一两句话说明。指导语的内容常见于以下两种类型：

1. 限定回答的范围

问卷中既有可能设计开放式问题，也可能设计封闭性问题。在封闭性问题中，既会有单项选择题也会有多项选择题，因此，不同形式的问题其填答方法是不同的。研究者必须在问卷中注明各类题型的填写要求。如"本次问卷如果没有特别说明，每道题限选一种答案，多项选择题我们会在题目中明确说明"。

2. 指导回答方法

由于不同的问题，如排序问题、重要程度问题、关联式问题等，其难度和要求不同，因此调查人员必须意识到，受访者可能面临不清楚、不理解、不明白、有疑问等困惑，这些困惑不仅需要调查人员不断解释，增加他们的工作量，还会降低受访者的答题效率，甚至会影响问卷数据的准确性。因此，指导受访者按要求回答问卷，让受访者了解调查的想法或意图，能有效提升调查的质量，降低后期数据处理的难度。如告诉受访者"如果您选择的是'否'，请跳过11～14题，直接从15题作答""请您选出最接近您想法的三项，按照接近程度由高到低排序""如果选项中没有您满意的答案，请在_____处填写上您认为合适的内容"等。指导语的常见形式是在封面信的下面专门设计出填表说明，例如："填表说明：凡符合您的情况和想法的项目，请在答案前面的方框'□'中打'√'，或在_____处填写。"还有些指导语分散在某些较为复杂的调查问题后面，可用括号括起来，其作用也是告知受访者填答要求、方式和方法，例如："（家庭人口数量只包括长期居住在一起的人数，不包括已成家且居住在城市里的子女。）"

（四）问题和答案

问题和答案是问卷的主题部分，也是问卷设计的主要内容，是问卷的核心，是具体的测量工具。问卷的问题主要涉及受访者的行为、心理、态度、情感、体验、个人背景等方面，可以分为开放式问题和封闭式问题两类。

开放式问题就是不为回答者提供具体的备选答案，而由回答者根据自己的情况自由填答的问题。例如，"您对村里的外墙彩绘有什么看法？""您喜欢什么样的外墙彩绘？"等。开放式问题的主要优点是它允许受访者按照自己的理解、方式，充分自由、不受任何限制地对问题发表看法或提出意见，这种开放性的回答能够最自然地反映受访者的特征、行为和态度。由开放式问题所得到的资料往往比封闭式问题更为丰富，且常常可以得到一些调查者事先未曾接触到、未曾估计到的资料。但是，开放式问题也存在较大的不足，例如，由于受访者的知识水平参差不齐，对问题的理解千差万别，因此所答内容会出现偏题、跑题等现象，导致所得资料低价值或无价值；也会因为作答消耗的时间和精力较多，降低问卷的回收率和有效率；同时，受访者的文字表达差异较大、标准化程度低，会给后期资料编码和统计分析工作制造较多麻烦。

封闭式问题,是问卷中较为常见的问题,类似于考试的选择题,受访者的回答被限制在被选答案中,即在设计问题的同时,设计出若干备选的答案,让受访者根据自己的实际情况,从备选答案中选择自己认同的答案。比如,请问您的文化程度是:①小学及以下;②初中;③高中/技校/职高/中专;④大专及以上。封闭式问题的答案一定要符合穷尽性和互斥性两个基本要求,即答案包括所有可能的情况,且答案之间没有交叉重叠或相互包含关系。封闭式问题的优点也很明显:首先,对受访者来说,封闭式问题形式规范,填写方便,省时省力,受访者只需按照要求阅读、打钩、画圈就行了;其次,对调查者来说,封闭式问题的答案大多可通过编码转变为数字信息,所得的资料非常便于统计和定量分析。但封闭性问题限制了受访者的回答范围和回答方式,尤其对于态度、看法、意见等较为复杂的主观性问题来说,其效果没有开放式问题好。

正是由于开放式问题与封闭式问题具有各不相同的优缺点,所以在调查中调查人员往往会扬长避短,针对不同目的、不同形式、不同规模和不同的课题选择不同形式的问题。一般来说,有关人们的态度、看法等的主观性问题可设置为开放性问题,或者当研究者对某方面的情况不太熟悉时,也可用开放式问题来搜集信息。而有关人们的性别、政治面貌、文化水平、职业等的客观性问题可设置为封闭性问题,当研究者对研究的内容比较熟悉时,也可以用封闭式问题来进行调查。

(五) 编码

所谓编码,就是给每个问题及其答案赋予一个数字作为它的代码。在较大规模的问卷调查中,调查人员大多采用以封闭式问题为主的问卷。为了方便将信息资料输入计算机开展定量分析,调查人员需要将受访者的答案转换成数字,这就需要在调查之前对问题和答案进行编码。除此之外,调查人员也可以做其他的编码,例如,对受访者的地址、类别编码,为调查开始时间、结束时间编码等。编码是对问卷处理和分类的依据,在实际调查中,调查人员大多会在实际调查前就完成编码的设计,也有在调查工作结束后编码的情况,前者称为预编码,后者称为后编码。

编码过程必须遵循一定的原则和要求:①编码必须具有完全包容性,每个答案都应有自己的唯一编码;②编码必须具有单一性,即一个编码只能替代一个答案,而不能代替不同的答案;③编码必须具有直观性、简单性和逻辑性。同时,编码要符合人们的思维逻辑和计算机程序的处理逻辑。另外,编码必须考虑拒绝回答的情况,必须对无答案的情况给予特殊编码,否则整理数据时就会出现无数据的情况或空白区,这会给后期的数据分析带来不必要的麻烦。

编码举例:

A1. 您的性别:

①男　　　　　　　②女

A2. 您的年龄:

①18岁以下　　　②18～39岁　　　③40～50岁　　　④50岁以上

A3. 您的政治面貌:

①中共党员　　　②共青团员　　　③民主党派　　　④普通群众

二、问卷设计的程序

问卷设计对整个问卷调查的效果有着至关重要的影响,问卷如果没有设计好,调查就有可能偏离初衷,从而影响所得数据资料的实用性,导致调查失效。因此进行问卷设计必须细心准备、反复推敲,必须按照一定的原则和要求,遵循设计的步骤,才能达到使问卷严密可行、准确可信的目的。

(一) 问卷设计的要求

1. 问卷设计要从受访者的角度出发

受访者是问卷的直接填写者,是资料收集的直接对象,因此,如果问卷设计脱离了受访者的实际情况,那么所设计出来的问卷往往会存在很多不妥的地方。例如,问卷内容过多、语言表述烦琐、文字表达太过专业、问卷排版过于密集、开放式问题过多等。有的研究者甚至会对受访者答卷提出一定的要求,要求其进行复杂数据的计算、查看手机地图或相册、回忆较久远的事情等。这些要求往往会导致受访者放弃答卷,或者导致受访者填答不完整、失去耐心、产生应付态度等,使得问卷资料的真实性受到影响。因此,在设计问卷时,研究者不仅应该把注意力放在编制什么样的问题上,更需要认识到受访者的核心作用,要多从受访者的角度出发,多为回答者着想,尽可能地为回答者创造方便,减少他们填答问卷的困难和麻烦,减少他们填答问卷所需要的时间和精力,使问卷的设计迎合受访者心理上和思想上的需要。

另外,不同受访者在身份特征、社会背景、心理特征、经济状况、文化程度、生活方式、价值观念等多方面一般都存在着差别,其自身的能力和条件可能也有较大区别,因此对问题的理解程度也可能会有所不同,这些差别既会从受访者对问卷调查的态度上体现出来,也会从其完成问卷时的能力上反映出来。因此,要使问卷具备更好的通用性,需要在设计问卷时将被访者的各种因素都考虑进去。同时,研究人员或者问卷设计者还应该了解不同调查群体、不同层次以及具有不同价值观念的人对于调查内容的反应。问卷设计与被访者的特质越相近,问卷调查的效果就会越好。在设计问卷时,调查者必须考虑到不同调查对象可能出现的困难和遇到的障碍,考虑到不同群体特征可能出现的填写限制,只有这样,才有可能设计出最合适的问卷,保证调查的高质量和高回收率。例如,以大学生为样本的问卷与以村民为样本的问卷,其形式和设计要求是不相同的。以村民为样本的问卷需要更通俗、更简单和更口语化的表达,问题数量也应当少一些,开放式问题要尽量少用或不用。以大学生为样本的问卷,语言可以书面化一些,问题的形式也可以复杂一些,数量也可以多一些,甚至可适当多用开放式问题等等。

因此,研究者在设计问卷时,应该特别注意问卷内容不能脱离受访者的生活实际,或者所用语言不能与受访者的社会文化背景相背离,要充分考虑到各种身份、各种群体的人所可能产生的各种心理反应。

2. 问卷设计要围绕调查的目的与内容

对于任何一项问卷调查工作来说,调查目的是调查活动的根本,也决定了问卷应该选择什么样的内容和采取什么样的形式。如果调查者的目的是了解和描述调查对象的一般状况和特征,那么问卷设计的标准就应该是能够最大限度地收集受访者各方面的信息。如果调查者的调查目的是解释说明某种社会现象发生的原因,以及各种现象之间的关系及发展变化规律,那么问卷设计就应该围绕研究课题或研究假设编制调查问题。当受访者对调查内容比较熟悉、比较感兴趣时,问卷可以设计得相对详细深入一些,问题数量可以多一些,让受访者自由回答的题目也可适当增加。反之,问卷可以设计得相对简单些,问题数量可以少些,让其自由回答的题目也可适当减少。

(二) 问卷设计的步骤

1. 开展探索性工作

在开始设计调查问卷之前,通常需要围绕即将开展的调查工作实施摸底探索,其目的是先了解和熟悉与调查主题相关的社会面基本信息,以便对问卷中可能涉及的问题的提法和受访者可能给予的回答有初步的认识。探索性工作包括文献阅读研究和实地观察走访两部分,阅读相关文献开展定性研究是为了熟悉调查选题,学习他人问卷设计的思路和问题设置的技巧,初步形成研究思路和问卷逻辑结构。实地观察走访主要在调查区域针对调查对象开展,通常的做法是研究者或问卷设计者亲自深入到调查对象当中,针对要调查的问题与不同类型的受访者进行交流,或者亲自深入调查区域,将已有的思路、设想和问题在广泛的交谈和体验中进行比较和提升,并从中获得问题的种类、可能的答案、可接受的回答程度等第一手资料。

2. 设计问卷初稿

在探索性工作的基础上,研究者可以进行问卷的初稿设计工作。研究者要将与调查课题相关的调查点具体化、逻辑化,编制出各种问题和答案,寻找问题与答案的有效形式,并对不同的问题进行组合排列,最终形成问卷的初稿。根据组合问题和形成问卷的思路,可以利用卡片法和框图法设计问卷初稿。

1) 卡片法

卡片法是根据先有具体问题、后有问卷结构的形式形成问卷初稿的方法。用卡片法形成问卷初稿要遵循一定的步骤:①根据探索性工作所得到的信息和认识,把每个问题写在一张卡片上;②根据卡片上的问题将卡片分类,把相同或类似问题的卡片放在一起形成一组;③对于每组卡片,按合适的询问顺序将卡片排序;④根据问卷整体的逻辑结构排出各组的前后顺序,使卡片联成一个整体;⑤从回答者阅读和填答问题是否方便、是否会形成心理压力等角度出发,反复检查问题的前后顺序及其连贯性,对不当之处逐一调整和补充;⑥将卡片上的问题按调整好的逻辑顺序依次写在纸上,形成问卷初稿。

2) 框图法

框图法是先有问卷结构,后有具体问题的一种问卷初稿设计方法。首先,根据研究假设或研究主题,将探索性工作的收获和已有资料有机组织起来,形成问卷的基本逻辑关系,同时绘制出问卷主体各个部分的主题顺序框架图,并按照回答者思维的逻辑性和连贯性,不断对问卷各个部分之间的顺序进行调整。其次,写出每个部分将要询问的问题及答案,并调整好这些问题之间的相互关系与前后顺序,比较问题和答案的最佳形式。再次,根据受访者阅读和填写问卷的方便程度,对所有问题进行检查、调整和补充。最后,依照调整的结果形成问卷初稿。

从思维的逻辑性上看,卡片法和框图法正好相反:一个是归纳,一个是演绎;一个从具体问题到整体结构,一个从整体结构到具体问题。通常情况下,初学者或者初次进行问卷设计的调查人员,大多选用的是卡片法,因为卡片法从具体和感性认识开始,比较容易着手,但卡片法缺乏整体视角,因此容易出现遗漏某些问题的现象。相对于卡片法,框图法对调查者的能力要求较高,要求问卷设计者对调查主题的具体内容比较熟悉,能准确写出调查问卷的结构,并依据结构衍生出调查的问题,采用框图法一般不会出现大的遗漏,但调查者个人的主观认识和客观局限往往会决定或限制问卷的内容,而且问卷结构一旦设计出来,受其限制,不宜对具体问题进行调整或增减。

多数情况下,调查者可以将两种方式结合起来使用,这样可以集两者的长处,避两者的不足。调查者可以先根据调查内容的结构,总结出问卷的各个主要部分,并将各部分按一定的关系排列成序;再将每一部分的内容编成若干个具体的问题,并将其写在一张张小卡片上;最后,调整卡片之间的顺序,并按顺序将问题打印出来,形成问卷初稿。

3. 试调与修改

问卷初稿设计完成以后不能直接用于调查,必须先进行实验性调查和修改,以减少不必要的错误,使问卷更符合实际的工作需求。问卷试调的方法有两种:一种是客观检验法,另一种是主观评价法。在实际操作中,这两种方法往往同时使用。

客观检验法的具体做法是:用问卷初稿对一定数量的样本实施实验性调查,样本数量可多可少,只要能达到实验效果即可。回收问卷后,认真检查和分析试调查的结果,从中发现问卷初稿存在的问题和缺陷并进行修改。检查和分析的内容包括回收率、有效回收率、填答错误和填答不完全情形四个方面。

1) 回收率

回收率是指调查人员回收的已填好的问卷占问卷总发放量的比例。回收率在一定程度上是对问卷调查的总体评价,也是对问卷设计的总体评价。回收率如果太低,就要认真考虑问卷设计中是否存在较大问题,问卷是否需要进行较大程度的修改。

2) 有效回收率

有效回收率是指所回收的问卷中能够进行统计分析的合格问卷的比例,即扣除各种废卷后的回收率。有效回收率更能反映问卷初稿的质量和问卷本身的质量。因为收回的废卷越多,说明填答完整的问卷就越少,问卷初稿中存在的问题就可能较多。

3) 填答错误

对填答错误的分析有助于对问卷设计进行改进。常见的填写错误是填答内容的错误,即答非所问,这是受访者对问题含义不理解或误解造成的。产生这种情况的原因可能是问卷的语句不够准确清晰、表达不够通俗易懂、含义不够正确具体。另一类填答错误是填答方式的错误。造成这种错误的原因可能是问题形式过于复杂,指导语不明确等。

4) 填答不完全

填答不完全的情形主要也有两类:一是问卷中某几个问题普遍未回答;二是从某个

问题开始,后面的问题都未回答。对于前一种情况,要仔细检查这几个问题,分析受访者未回答的原因,然后加以改进;对于后一种情况,则要仔细检查中断部分的问题,分析回答者中断的原因,然后再对问卷进行修改。

主观评价法,即将设计好的问卷打印出来,送给相关领域的专家学者、行业人士和典型的受访者等,让他们根据自己经验和认识,从不同的角度对问卷进行评价,给出正面和负面的评语,尤其是详细指出问卷设计的不足与错误,然后将这些专家的意见和建议收集汇总,逐条检查,对问卷进行修改。

4. 定稿并打印问卷

即将修改后定稿的问卷进行打印。但在打印的过程中,要对版式、格式、序号、文字、符号、数字等内容进行形式审查,避免出现低级错误。只有经过反复校样检查,才能将问卷送去打印,并用于正式调查之中。

三、问题设计的方法

(一) 问题的类型

1. 填空式

填空式问题就是让受访者依据自身的实际情况,在问题后面的横线上或括号内直接填写答案的问题形式。例如:请问您家有几口人?_____口。填空式问题一般用于容易回答又容易填写的问题,通常只需要受访者填写数字,如被调查者的年龄、家庭人口数、子女数目、收入等。

2. 二项选择式

二项选择式问题的答案只有是和不是(或其他肯定形式和否定形式)两种。受访者根据自己的情况选择其一。这种形式的问题有两种不同的情形:一是问题所能列举的答案本身就只有两种可能的类别,如在询问人们的性别时,答案只可能是男或者女;另一种是在询问人们的态度或看法时所进行的两极区分,如询问某人是否赞成某种制度,答案只有"赞成"和"不赞成"两种。例如:您是否赞成将本村的垃圾处理点设置在此处?

二项选择式问题在民意测验、市场调查中用得较多。其特点是答案简单明确,可以严格地把回答者分成两类不同的群体,便于集中、明确地从总体上了解被调查者的看法。但它的缺点也比较明显:一方面,对于态度问题它所能提供的信息量太少,不利于了解和分析受访者态度差异的层次性;另一方面,这种问题形式会使得原本处于中立的受访者出现被迫的态度偏差,进而给出错误的答案。因此二项选择式问题在某种程度上带有强迫选择的特征。

3. 多项单选式

多项单选式问题就是给出的参考答案至少在两种以上,受访者根据自己的情况选择其中之一作为回答,这是各种社会调查问卷中采用得最多的一种问题形式。多项单选式答案特别适合于进行频率统计和交互分析。在设计上,这种问题类型的关键之处是要保证答案的穷尽性和互斥性。例如,您的婚姻状况是(请在合适答案前打"√"):①未婚;②已婚;③离婚;④丧偶。

4. 多项多选式

与多项单选式有所不同,多项多选式问题要求回答者在问题所给出的全部答案中,根据自己的情况选择若干个符合实际的答案。根据是否限选,可分为任选题和限选题。无论是任选题还是限选题,具体的答题规则都需要在指导语或者问题后面进行专门说明,比如:以下哪些情况是您认为最不该发生的?(限选三项)

对于有些问题,多项多选式比多项单选式更能反映受访者的实际情况,因为在很多方面人们实际上是存在着不止一种情形的,这种方式能给受访者更多充分表达自己的机会。

5. 多项排序式

如果调查人员既希望了解受访者所选择的答案,同时还希望了解他们对这些项目的看重程度,那么就可以采用多项排序式。这种方式是多项多选式和排序式的一种结合,一方面,它要求受访者在所给出的多个答案中,选择多个可能的答案;另一方面,它又要求受访者对他所选择的这些答案按某种标准进行排序。比如:是什么原因吸引您来本村旅游?请从以下答案中,依次选择出对您吸引力最大的三个:_____、_____、_____。①自然景色　②乡村风貌　③农家饮食　④农耕文化　⑤田园景观　⑥采摘活动　⑦新鲜空气　⑧游乐设施　⑨露营烧烤

6. 表格式

表格式是将同一类型的若干问题集中在一起,构成一个问题的表述形式。例如:
你如何评价下面列出的乡村社会问题?请在适当的□内打"√"。

序号	问　题	非常严重	比较严重	不在意	不太严重	根本不存在
(1)	乡村治安问题	□	□	□	□	□
(2)	乡村老龄化问题	□	□	□	□	□
(3)	乡村环境卫生问题	□	□	□	□	□
(4)	贫富差距问题	□	□	□	□	□

表格式问题的优点是节省问卷的篇幅,使问卷显得紧凑,同时由于同一类问题集中在一起,回答方式也相同,因此也节省了受访者阅读和填写的时间。虽然表格式具有简明、集中的优点,但易给人单板单调的感觉,因此在同一份问卷中,表格式的问题不宜过多。

7. 关联式问题

有时候问卷中的某些问题并不是针对所有人设置的,而是只针对某一部分受访者,比如,我们问及"您会每天把孩子送到幼儿园吗?"很显然,这个问题只针对有子女且子女年龄在3~7岁之间的受访者,那些没有结婚生子,或者子女未到或超过该年龄段的人显然是不需要回答此类问题的。当要针对一个议题准备一系列的问题,并知道该议题只与部分受访者有关的时候,关联式问题就会发生。关联式问题是指一系列相互衔接的问题。受访者是否需要回答后一问题,常常要依据他对前面某一问题的回答结果而定,后面的问题被称为相倚问题,而前面的那个问题叫做筛选问题或过滤问题。一个

回答者是否应该回答相倚问题,要看他对前面的筛选或过滤问题的回答结果而定。适当地使用关联式问题,可以帮助受访者迅速地完成问卷,因为他们不需要回答和他们不相干的问题。

设置关联式问题时可以通过方框将其和其他问题完全隔开,同时运用带有箭头的线条把答案和相关的子问题连接起来。例如:

如果关联的问题过多,无法像上例那样通过方框进行分割设置,可以在第一个问题的每个答案后面用括号注释,指引受访者接下来该跳过或回答哪些问题,例如:您家里现在是否还有耕地？①有(请回答 10~18 题),②没有(请跳过 10~18 题,从 19 题继续回答)。

(二) 问题的语言及提问的方式

语言是问卷设计的基本材料,要设计出意思准确、简单易懂的问题,必须注意问题的语言以及提问的方式。问题设置的基本原则是简短、明确、通俗、易懂。在设置问题时还需要注意以下几个方面:

1. 语言词汇要易懂

无论是设计问题还是设计答案,所用语言应该要尽可能简单明了、通俗易懂,为了让受访者能看懂,看明白,在用词上可以多使用口语,多使用生活中的词汇,要避免使用专业性较强的词汇、较为抽象的笼统的概念。

2. 问题陈述要简短

问题越长,受访者越容易排斥,同时其阅读问题所消耗的时间就越长,也越容易产生理解错误。因此问题设置要尽可能清晰、简短,以便于受访者阅读、思考。

3. 要避免一句多问

一句多问是指在一个问题中,同时询问了两件(或几件)不同的事情,或在一句问话中同时询问了两个(或几个)问题。设置问题时,每个问题都应只涉及一种事实行为,要避免问题内容的多维性。例如:"您是否经常和邻里在广场聊天娱乐？"该问题实际上包含了频率(是否经常)、地点(广场)、活动(聊天或娱乐)三个方面的问题,容易给受访者造成误解。

4. 问题不能有倾向性

问题的提法和语言不能带有倾向性,应保持中立、客观,否则受访者可能会受到问题措辞所表现出来的倾向性影响,导致答案失去真实性。

5. 问题的语言要准确

表述问题的语言要准确,不要使用模棱两可、含糊不清或容易产生歧义的语言或概念。例如应避免使用"也许""好像""可能"这些模棱两可的语言。如果确实需要使用,必须要对这些词汇进行说明,比如"经常""有时""偶尔"这些词语,必须要有明确的频次说明,即何为经常、何为有时、何为偶尔。同理对于有歧义的词汇也要有明确的定义说明。

6. 不要询问超越受访者能力的问题

所设问题不得超出受访者的能力,包括识别文字和理解问题的能力、知识范围和水平等,否则,受访者是很难作出回答的。比如,研究者如果向乡村居民提问:"您对目前我市美丽乡村规划的实施如何评价?"那么,可能大部分受访者将无法回答,因为他们中很多人并不了解相应的规划,也可能不清楚该规划的实施情况。如果一定要询问类似的问题,必须先设一个过滤性问题,比如,"您听说过我市的美丽乡村规划吗?"然后仅对那些回答"听说过"的受访者提出上面的问题。

7. 不要用否定形式提问

在日常生活中,除了某些特殊情况外,人们往往习惯于肯定陈述的提问,而不习惯于否定陈述的提问。例如,习惯于问"你是否赞成进行外墙绘画",而不习惯于问"你是否赞成不进行外墙绘画"。当以否定形式提问时,由于人们不习惯,受访者常常容易漏掉"不"字,并在错误的理解上进行回答,这样做获得的结果恰恰与他们的意愿相反,而这种误答在问卷结果中又常常难以发现,因此在问卷设计中不要用否定形式提问。

8. 不要询问敏感的问题

当问及某些个人隐私或对管理层的看法等时,人们往往会产生自我防范心理,这样直接提问,会引起很高的拒答率。因此,对这些问题最好采取间接询问的形式,并且语言要委婉。

(三) 问题的数量与排序

1. 问题的数量

问卷的长短与问题的多少主要由调查目的、调查内容、样本的性质、分析的方法,以及人、财、物等多方面的因素决定,因此问卷不同问题的数量和长短也会有很大差异。但不管是什么调查,问卷设计的问题都不宜太多,问卷也不宜太长,通常以回答者在20分钟以内完成为宜,最多也不要超过30分钟。因为问卷太长往往会引起回答者的厌倦情绪或排斥情绪,进而影响填答的质量和问卷回收率。

2. 问题排序的原则

问题拟定以后,就要将问题按一定的顺序排列起来,组合在问卷之中。问卷设计时,问题的排序十分重要,它不仅会直接影响问卷的填答,还间接影响问卷的回收率,一般应遵循以下几个原则。

(1) 先易后难。先易后难即把那些容易回答的问题放在问卷的开始部分,而将那些较难回答的问题安排在问卷中间或卷末。要避免填写问卷有一个所谓"开头难"的现象,因此,问卷开头部分宜安排较为容易的问题,这样可以给受访者轻松、方便、易答的感觉,便于其完成问卷。

(2) 同类集中。同类集中即把相同主题的问题排列组合在一起,这样会使被调查者思路连续。如果把相同主题的问题分散在问卷各个部分,容易打断受访者的思路,且会使受访者感到混乱与重复。

（3）先次后主。在多数调查中个人与家庭基本情况是背景问题，即次要问题，一般安排在问卷的开头部分。个人背景资料通常都是社会调查中最常用、最主要的自变量，只要调查的内容不涉及比较敏感的问题，并在封面信中做出较好的说明和解释，这一部分问题就可以放在问卷的开头。与调查课题密切相关的问题是主要问题，适合安排在问卷的中间与后面。

（4）先一般后特殊。一般性问题是不容易引起被调查者情绪反应的问题，特殊问题是容易引起被调查者情绪反应的问题（如敏感性问题与威胁性问题）。一般性问题适合安排在问卷开头，特殊问题则适合安排在问卷中间或卷末。如果开头的一批问题能够吸引被调查者的注意力，引起他们填答问卷的兴趣，那么调查便有可能比较顺利地进行。相反，如果开头部分的问题比较敏感，一开始就直接触及人们的心灵深处，触及有关伦理、道德、政治态度、个人私生活等方面，那么很容易导致被调查者产生强烈的自我防范心理。回答者的这种自我防范心理会使他们对问题调查产生反感，不利于调查合作，会阻碍调查的顺利进行。

（5）先封闭后开放。封闭型问题回答起来比较简便，只需在若干答案中选择；开放型问题回答起来比较复杂，需要动手写出答案，因此，开放型问题一般安排在问卷的结尾处。开放型问题如果置于前面，会使受访者感觉到回答问卷需要很长时间，从而拒绝接受调查。

（6）先客观后主观。在问卷中，应该把反映行为方面的客观问题放在前面，把涉及个人的态度、意见、看法方面的主观问题放在后面。这是因为行为方面的问题涉及的只是客观的、具体的事实，因此往往比较容易回答；而态度、意见、看法方面的问题则涉及回答者的主观因素，多为回答者思想上的东西和内心深处的东西，更是不易在陌生人面前表露的东西。如果一开始就问这方面的问题，常常会引起被调查者的戒备情绪和反感情绪，因此就会出现较高的问卷拒答率。

四、答案的设计要求

答案的设计应遵循以下要求。

（一）遵循穷尽性与互斥性原则

穷尽性是指问题的答案选项必须包括所有可能的情况，不能有遗漏，即对于任何一个受访者，都应该有一个答案是符合他的情况的，或者说每个受访者都有答案可选。如果调查人员无法将答案做到穷尽，或者说答案有所遗漏，就需要另设一个"其他"选项以穷尽问卷中未尽的答案。但如果选择"其他"选项的受访者较多，就说明调查人员所设计的答案还不恰当或与实际情况相差较大，此时就需要调查人员进一步了解人们对这一问题的回答情况，重新设计出合适的答案。

互斥性是指答案相互之间不能交叉重叠，也不能相互包含，不是互斥的答案会让受访者很难作出选择，也会降低调查结果的有效性和科学性。

(二) 答案与问题要紧密相连

调查人员为每一个问题所提供的答案必须与该问题紧密相连,不能出现所提供的答案"答非所问"的情况。这需要调查人员十分清楚所设计问题涉及的内容和范围,并能很好地把握住这一范围中最基本、最主要、最有代表性的方面,恰当地给出问题的答案。

(三) 要根据需要来确定变量的测量层次

不同测量层次的变量具有不同的性质,高层次的变量可以转化为低层次的变量来使用。因此,我们在设计问题的答案时,先要看问题所测量的变量是哪个层次的,然后再根据研究的要求和变量的层次来确定答案所应具备的特征,并根据这种特征来决定答案的形式。例如,如果要调查"每人每月的工资收入"这一变量,因为其可以用于多种形式的测量,例如收入等级、收入差异等,因此可以确定它为高层次的变量。如果我们希望了解每一个受访者之间的差别,就可以采用填空形式,如"您每月的工资收入是多少?_____元",以得到测量结果;如果只想了解受访人群的工资收入处于哪种等级,就可以把这一变量转化为定序变量来进行测量,即"您每月的工资收入处在下列哪个范围中?"答案给出若干范围即可;如果只想了解受访者的工资收入与该地区平均收入水平的差异,那么可以把月工资收入转化为定类变量来测定,在答案选项中就可设置高于某数字或低于某数字的答案。

第四节 访谈法

访谈法又称访问法、谈话法,是指调查人员通过有计划地与访问对象进行交谈,收集所需资料,了解有关社会实际情况的方法。访谈法有很强的计划性、目的性和针对性,谈话过程紧紧围绕调研主题展开,是一种调研性的交流,可以是两个人也可以是多个人之间的谈话。访谈的目的是获得相关信息。调查者通过询问,引导受访对象回答相应的问题,以了解受访对象的行为态度和所知道的信息,最终达到调查目的。

一、访谈法的类型

根据不同的标准,可以把访谈法划分为不同的类型。划分访谈法最常用的标准有以下三种。

(一) 以调查者对访谈的控制程度为标准

按照调查者对访谈的控制程度的不同,可以将访谈法划分为结构性访谈、非结构性访谈和半结构性访谈。

1. 结构性访谈

结构性访谈又叫标准化访谈,是指按照统一设计的、有一定结构的调查表或问卷所进行的访谈。调查者依据设计好的调查表或问卷,逐项向受访者询问,并将受访者的回答填入调查表中或问卷上。在访谈中,由于调查表是由调查者当场填写的,因此回答率和回收率都比较高。但是,这种调查方法会受到调查表的限制,调查者难以临场发挥,受访者的回答也缺乏弹性,难以灵活地反映复杂多变的社会现象,因此难以对问题做深入的探讨。这种调查形式适合在调查者对受访者一般特点已有一定了解的情况下使用。

2. 非结构性访谈

非结构性访谈又叫非标准化访谈、自由式访谈。与结构性访谈正好相反,这种访谈事先不需要制定统一的调查表或调查问卷,而是按照一个提纲或一个题目,由调查者与受访者在这个范围内进行交谈。这种访谈法不受预先规定的约束,可以比较灵活地变换提问的顺序和方式,受访者可以自由地回答问题,对受访者回答时出现的新线索,调查人员可以加以追问,交谈常常会较为深入。这种访谈法富有弹性,有利于调查者与受访者之间形成一种轻松和谐的谈话气氛,有利于充分发挥调查者与受访者的主动性和创造性,有利于对问题进行深入了解和研究。但是,这种访谈法对调查者的要求比较高,要求调查者能够控制整个访谈的节奏,把握谈话的方向和进度,同时要拥有较高的谈话技巧。采用这种访谈方法提问的内容和方式比较灵活,调查的范围比较广泛,但耗时相对较长,访谈的结果也难以进行定量分析。

3. 半结构性访谈

半结构性访谈是一种介于结构性访谈和非结构性访谈之间的访谈形式。半结构性访谈虽然有调查表或问卷,且与结构性访谈类似,拥有严谨的和标准化的题目,但调查过程中,允许调查者根据访谈的进程或受访者回答的内容,随时对访谈结构或访谈内容进行调整;调查者对访问结构有一定的控制,同时也给受访者留有较大空间用以表达自己观点和意见。因此,半结构性访谈兼有结构性访谈和非结构性访谈的优点,它既可以避免结构性访谈缺乏灵活性、难以对问题做深入探讨的局限,也可以避免非结构性访谈费时、费力,难以做定量分析的缺陷。

在实际调查中,调查初期往往采用非结构性访谈进行探索性的研究,以了解受访者关注的问题和态度。随着调查的深入,逐渐开始采用半结构性访谈,对以前访谈中的重要问题和疑问做进一步的提问,以了解更为复杂精细的细节问题。

(二) 以调查者和受访者的接触情况为标准

按照调查者和受访者的接触情况,可以将访谈分为直接访谈和间接访谈。

1. 直接访谈

直接访谈又叫面对面访谈,即调查者和受访者面对面进行交流的访谈。它包括入户访谈、拦截访谈等形式。

1) 入户访谈

入户访谈是指访谈者或调查人员按照调查项目规定的抽样原则,到受访者的家中或工作单位,找到符合条件的受访者,直接与受访者进行面对面的交流,获取一手资料与信息的调查方法。

2）拦截访谈

拦截访谈是指在固定场所(如商业区、社区、医院、公园等)按一定抽样要求,拦截符合条件的访谈对象,而寻求交谈机会,收集相关信息的访谈方法。拦截访谈具有访谈效率高、节省时间和经费等优点。但是,无论采用何种抽样方法,无论怎样控制样本及访谈的质量,受访问地的限制,访谈样本在代表性上都有一定的局限性,且街头拦截访谈的拒访比例较高,并有一定概率使人反感或厌恶,这是拦截访谈的最大不足。

2. 间接访谈

间接访谈是指调查人员通过电话、网络、书面问卷等中介工具对受访者进行访谈,它包括邮件访谈、电话访谈、网络访谈等形式。

1）邮件访谈

邮件访谈是指将问卷以邮件的形式寄给访谈对象,访谈对象完成问卷之后将问卷寄回给调查者的一种调查方法。一个典型的邮件访谈包裹包括信封、封面信、问卷、回邮信封等部分,通常为了感谢受访者,会附赠小礼品。邮件访谈存在很多不足,如回收率偏低、调查对象的代表性不强、问卷有效性不高、调查结果出现偏差的可能性较大等,因此该方法已逐渐不被调查者使用。

2）电话访谈

电话访谈是指调查人员通过拨打电话对受访者进行的访谈。电话访谈具有信息反馈快、费用低、辐射范围广、调查质量高、省时省力、简便易行等优点,但同时也存在调查内容的深度不够、样本特征单一、不能使用视觉帮助、存在抽样误差、容易被拒绝等不足。

3）网络访谈

网络访谈是随着互联网的不断发展壮大而出现的一种新型调查方法,目前已经成为一种被广泛使用的调查手段,该部分内容会在后续章节中详细讲解。

(三) 以访谈对象的数量为标准

按照访谈对象的数量不同,可以将访谈分为个别访谈和集体访谈。

1. 个别访谈

个别访谈是指调查人员对每个受访者逐一进行单独访问。在个别访谈中,调查人员和受访者有更多的交流机会,访谈内容更易深入,受访者安全感较强,能感受到被重视,利于其详细、真实地表达思想。个别访谈是访谈法中最常见的形式。

2. 集体访谈

集体访谈又叫团体访谈、群体座谈,是指由一名或数名调查人员召集一些访谈对象,就需要调查的内容征求意见的一种调查方式。集体访谈法是对若干访谈对象同时进行调查,因此省时、省力、省钱,而且由于受访者之间的相互启发和补充,使收集到的资料更加广泛、完整和准确。但集体访谈也容易产生负面效应,例如有些受访者会因隐私或个人安全等原因不发表个人真实意见,仅对大众意见表示顺从,因此,对于较为敏感性的问题,不适合采用这种方法。要想使集体访谈取得成功,不仅要组织好调查人员与受访者之间的互动,还要组织好受访者之间的互动,这就要求调查人员有熟练的访谈技巧及会议组织能力。

二、访谈法的实施

(一) 访谈准备

1. 准备访谈的提纲

访谈提纲是指访谈时所要提问的题目,其是保证访谈成功的关键。访谈提纲应根据调查的目的和理论假设进行制定,其所罗列的问题要能够涵盖调查的所有主题,问题设置要有一定的层次性,语言文字、提问方式、问题涉及的范围要与调查人员的知识水平、语言习惯相适应,其表述要通俗易懂,利于调查人员提问。

2. 选择受访者

访谈对象的选择要服从访谈内容的需要,不同的访谈对象熟悉的领域可能不同,因此要根据访谈内容寻找相应的访谈对象,让合适的受访者回答合适的问题。因此,访谈前应尽可能地收集受访者的相关材料,对其经历、个性、地位、职业、专长、兴趣等情况要有所了解,调查得越清楚,所提问题便越有针对性,访谈时就越能取得受访者的信任,所获取的信息材料也越有价值。

3. 培训调查人员

调查人员即实施访谈的人员,他们是访谈成败的关键,为了能够达到良好的调查结果,使收集到的数据可靠可信,在每项调查开始前一般都要对调查人员进行培训。首先,由调查组织者介绍本次调查活动研究的目的、意义、调查范围、调查对象的数量、调查的步骤、每人的工作量、工作时间等。其次,组织调查人员认真学习工作指导手册或访谈指南,以及其他与该调查有关的材料,使调查人员明确访谈项目的内容、如何实施记录、每阶段访谈的工作步骤等。培训期间可以组织调查人员开展模拟访谈,也可开展实验性初访,让每个调查人员实际访谈一遍,调查指导者在旁边观察与协作,并严格检查访谈结果。模拟访谈的目的是发现和解决在实际访谈中可能出现的问题,帮助访谈者熟悉访谈内容、提高访谈技巧。

4. 确定访谈的行程

访谈调查开始前应根据调查的目的和计划选择适当的访谈方法。在确定访谈的具体方法之后,就要安排访谈行程,适当安排调查人员、受访者、访谈日期及时间。调查人员应与受访者提前取得联系,和受访者约定访谈的时间和地点。访谈最好安排在受访者相对空闲,并且心情比较舒畅的时间进行。访谈地点以受访者方便为出发点,要有利于受访者准确地回答问题,有利于形成畅所欲言的访谈气氛。一般来说,有关个人或家庭的问题,以在家里访谈为宜,有关工作方面的问题,以在工作地点访问为宜,当然也可尊重受访者愿意选择其他合适的场所。

5. 准备访谈所需的材料与工具

访谈前要对访谈内容所涉及的相关知识进行充分了解,对有关材料做充分准备,如访谈记录表、相关证明材料、证件、录音笔、摄像机等。

（二）访谈过程控制

访谈的成败在很大程度上取决于调查人员与受访者之间是否形成了一种良性互动关系，访谈者只有在互动中与受访者建立互相信任、互相理解的关系，才能使受访者积极提供调查人员所需的各种信息材料。访谈不仅是一种调查方法，也可以说是一门艺术，调查人员只有熟练运用各种访谈，有效地控制访谈过程，才能调动受访者的积极性，最终获得成功。控制访谈过程的技巧大致包括接近受访者、提出问题、听取问题、追问和非语言信息的使用等，本书将在后续内容中对此做详细介绍。

（三）记录访谈内容

访谈资料主要来自调查者记录。结构式访谈记录起来相对比较容易，只需要按照预先规定的记录要求，将受访者的回答记在事先设计好的表格、问卷上即可。非结构式访谈内容较为灵活，记录行为较为复杂，需要消耗调查者大量精力，因此会降低访谈的效率和进度。

1. 访谈记录的类别

根据记录的时间分，访谈记录可以分为现场记录和访后补录两种，其中现场记录需要征得受访者同意；根据手段分，访谈记录可分为笔录和辅助记录两种。

1) 现场笔录

现场笔录不易落下关键信息，调查人员可随时将有效信息记录在纸上，而且可以很容易地对所收集的资料进行最初的分类、整理和分析，通常需要选择两个调查者共同开展访谈工作，其中一人负责谈话，另一人负责记录，必要时也可进行提问补充。访谈现场的记录主要是记录受访者所说的内容，有时也可以记录调查人员在访谈过程中观察的东西，如访谈的环境和受访者的行为、神情、反应等，也可记录调查者自己在访谈现场的感受和体会，以及由事实所得出的简易评论。

2) 访后补录

访后补录是在访谈结束之后靠回忆将访谈信息记录下来的方式。这种方式一般是受访者不接受现场记录，或者当场记录会影响受访者回答的情绪情况下的后续补救措施。这种方式会因调查人员记忆错乱或缺失而影响资料的完整性与准确性，所以一般需要其他手段来辅助。

3) 辅助记录

辅助记录主要以录音或录像的方式进行，是最完整的访谈记录方式，但这种记录必须征得受访者同意。虽然录音、录像是一种比较理想的访谈记录方式，但它可能让受访者感到紧张，使其不太愿意透露隐秘信息，同时，在后期将录音、录像资料整理成文时，需要消耗大量的时间。

2. 访谈结果记录的原则

访谈记录应遵循以下原则：

1) 记录要点

记录主要的事实、主要的过程、主要的观点、主要的意见等。应该尽量记录受访者的原话,不要对受访者的回答内容进行解释演绎,更不要添油加醋,要避免掺入个人主观成分。

2) 记录特点

记录有特色的事件、情景、具有个性的语言等。

3) 记录疑点

即将受访者在谈话过程中出现的新问题、新疑点记录下来,以便访谈后期询问。

4) 记录基本信息

记录受访者名字、组织全称、时间、地点及各种数据等,便于日后分析查考。

5) 记录自己的感受

记录调查人员在访谈时的思索和感受,包括自己的新看法、新思路等。但要注意的是,访谈记录中除了受访者的问答外,追问、评注、解释、访谈情境和特殊事件等部分的描述,要与受访者的原话有区别,可采用加括弧、加下划线、使用其他色彩的笔迹的方式进行区分。

(四) 结束访谈

结束访谈是访谈的一个十分重要的阶段和步骤,绝不是无足轻重的一个细节。

1. 掌握访谈结束的时机

一般情况下,受访者保持注意力的时间为:电话访谈 20 分钟左右,结构式访谈 45 分钟左右,团体访谈和无结构访谈不超过 2 小时。当然,每次访谈究竟要进行多长时间,则应根据访谈的实际情况灵活控制,以不妨碍受访者的正常工作和生活秩序为原则。有时,受访者十分健谈,很难以自然轻松的方式结束访谈,此时调查者可以给对方语言或行为的暗示,表示访谈即将结束。

2. 结束语

访谈结束时,一定要对受访者的支持与合作表示感谢,应该向受访者表示通过此次访谈获得了很多有价值的材料和信息,学到了很多知识。如果访谈还有未完成的任务,或者后续需要进一步交流,那么必须与受访者约定好时间和地点,最好还要简要说明再次访问的主要内容,让受访者有思想准备。

再次访谈通常有三个原因:一是需要补充、纠正第一次访谈,即进一步完成第一次访谈中没有完成的调查任务并弥补遗漏,或者纠正第一次访谈中的错误;二是需要再次深入访谈,即为了深入探讨某些问题,在第一次访谈后所做的第二次或多次访谈;三是需要进行追踪性访谈,即为了长期连续了解受访者的思想状态,在首次访谈结束后,间隔一段时间,再对原访谈对象进行的二次或多次访谈。一般来说,抽样调查和普查中的访谈可以一次完成,而典型调查和个案调查往往需要进行再次访谈或多次访谈。

三、访谈的技巧

(一) 访谈人员的素质要求

访谈人员即实施访谈工作的调查人员是访谈的中心,访谈的成败很大程度上取决于调查者的个人素质。优秀的访谈人员不但可以获得调查所需要的丰富、可信的资料，还能够从访谈中获得新思想，发现新问题。

1. 有端正的工作态度

主要体现在认真负责上，认真地研究访谈的主题，了解每个主题包含的具体问题及每个问题的具体含义，并遵循访谈工作细则，严格按照访谈的程序进行访谈。访谈调查是一件极其辛苦的工作，有时还有精神上的痛苦，如可能遭到受访者拒绝、冷遇等，无责任感、不能吃苦耐劳的访谈人员往往不能迎难而上，也无法完成访谈任务。

2. 能自觉储备知识

访谈工作涉及社会生活的各个方面、各个领域，访谈人员要想适应繁重、复杂、宽泛的访谈工作需要，就必须沉下心来学习，力求通过刻苦努力，扩充相关领域的知识，从而拓宽自身视野，建立学识广博的良好形象。

3. 能不断提高自身业务能力

要想成为高素质的访谈人员，应扎实苦练基本功，从点滴做起，不断提高自己的业务能力，并在访谈工作中融会贯通，运用自如。

4. 善于倾听和观察

访谈工作的主要对象是人和事，因此，倾听和观察的能力是访谈人员最基本的工作能力。敏锐的观察力是进行创造性工作的前提。

5. 有较好的逻辑思维能力

在访谈活动当中，运用理论思维和逻辑思维对已知情况进行归纳、提炼和总结，形成带有针对性的意见和建议，也是全部访谈活动的关键和核心。应当着重从提高理论思维能力、归纳演绎能力、分析综合能力、判断能力和预见能力入手，提高访谈人员的思维能力，以提升访谈的效果。

6. 有较高的语言表达能力

访谈人员应当练就过硬的口语表达能力和文字表达能力。在口语表达方面，要做到口齿清晰；在文字表达方面，要做到记录准确。

7. 有积极的创新精神

访谈人员对待工作要富有创新的热情和探索的精神，这样才能在创新过程中认准方向、驾驭有利条件、抓住关键、把握时机、获得成功。

(二) 访谈过程的控制

1. 如何接近受访者

访谈开始的第一个难点是如何接近受访者。访谈调查是否能顺利展开在很大程度上取决于访谈者在这一方面的表现。访谈人员表现得好，就会赢得受访者的信任；反之，受访者可能因不信任而搪塞、敷衍访谈人员，甚至拒绝访谈。接近受访者时应注意以下几个方面：

1) 注意礼貌用语

调查人员应该注意多使用恭敬的称谓，应该根据不同的场合给受访者一个恰当的称呼，如"经理""书记"或"大爷""大娘""先生""女士"等。在人称方面，不要直呼对方

"你",应该多用"您"或"贵单位"等。在谈话的过程中,要多使用感谢的语言,态度要真诚,只有这样,才能使整个访谈在和谐愉快的氛围中进行。

2)避用"调查"一词

"调查"一词在社会中相对比较敏感,往往会让受访者有被审核、审查的误解,因此在实际工作中建议用"了解""请教""探讨"等词语代替,以减少受访者的顾虑和误解。

3)激发受访者参与调查的动机

激发受访者参与调查的动机,就是要让受访者相信这个研究很重要,让他觉得花时间与调查人员谈话是值得的。为了激发受访者的参与动机,调查人员必须向受访者作如下说明:

(1)告诉受访者你是谁,你代表了谁。即说明调查人员的身份和调查项目的主持单位,必要时可以展示单位介绍信或自己的证件,同时还可以告知受访者自己单位的电话号码,便于受访者核实调查人员的身份和单位信息。

(2)详细说明调查的主要内容、意义和作用。

(3)说清楚如何选择受访者,即他是如何被选中的,强调受访者参与访谈的重要意义,同时承诺对受访者隐私的保护。

4)营造轻松的氛围

轻松融洽的谈话氛围更利于受访者吐露真情,通常可以从生活方面的话题聊天开始,也可以寻找共同话题,如天气、爱好、经历等,拉近调查人员和受访者间的距离。访谈开始时,要避免先问大而复杂的问题,应该从简单易答的问题开始逐渐演变到较为复杂的问题。

2. 提问的技巧

访谈调查的主要过程就是调查者提出问题,受访者进行回答的过程,因此,提问成功与否是访谈能否顺利进行的关键。结构式访谈必须使用统一的访谈问卷,对事先准备好的访谈问题依次提问,不得随意增删文字或更换题目顺序。此处主要对非结构式访谈的提问技巧进行讲解。

1)问题的类型

访谈过程中提出的问题可分为实质性问题和功能性问题两类。所谓实质性问题,是指为了掌握访谈调查所要了解的实际内容而提出的问题。它又分客观事实类问题(如询问姓名、性别、年龄等)、行为和行为趋向问题(如"您去过某某地吗?")、主观态度类问题(如"您是否愿意参与某某活动?")、建议性问题(如"您对某某事有何建议?")等。

所谓功能性问题,是指在访谈过程中,为了达到消除拘束感、创造有利的访谈气氛的目的,从一个话题转移到另一个话题而提出的问题。它分为三类:接触性问题、试探性问题和过渡性问题。功能性问题可以在实质性问题之间起到一个很好的衔接和过渡的作用,使访谈进行得更加流畅、自然。调查人员应该注意要在访谈过程中灵活地运用各种功能性问题。

2)提问方式

提问的方式很多,有开门见山式、投石问路式、顺水推舟式、顺藤摸瓜式、借题发挥式、循循善诱式等。采用何种提问方式,取决于以下三个方面的因素:

一是问题本身的性质和特点。一般来说,复杂和敏感的问题,应小心谨慎、委婉迂回地提出;简单、普遍的问题,可从正面直接提出。

二是调查对象的具体情况。一般来说,对性格孤僻、思想上顾虑大或理解能力较差的人,应耐心诱导、逐步深入地提出问题。对性格开朗、无顾虑或教育程度高、理解能力强的人,则可以开门见山、单刀直入地提出问题。

三是访谈者与受访者之间的关系。一般来说,在访谈者与受访者互不熟悉、尚未建立信任感的情况下,应耐心、慎重地提问。如果双方已较熟悉,则可直截了当地提问。

作为一种谈话艺术,提问的方式没有一成不变的模式,应在分析上述因素的基础上,根据实际情况选择恰当的提问方式,顺其自然,随机应变,这样才能收到良好的访谈效果。

3. 倾听的技巧

积极倾听是对受访者尊重的表现,调查者要自始至终做到积极倾听,倾听时应做到以下几点:

(1) 倾听时要聚精会神,思想不能开小差,要保持积极的精神状态,不能表现出困意或疲惫的表情,更不能在倾听时做其他事情,如看手机、扣手指等。

(2) 没有听懂的地方要虚心向受访者请教,不能因受访者的一些言语歧视、嘲笑、蔑视等,不能随意打断受访者的讲话。

(3) 交流过程中要有情感,调查人员要理解受访者的感情,对受访者的喜怒哀乐应该有共鸣。

(4) 调查人员在倾听时要及时地通过使用"嗯""对""听懂了""明白了""请继续"等表示接收到了信息,或者用点头、微笑、目光和手势等身体语言给予对方积极的反馈,鼓励对方继续说下去。

(三) 如何开好座谈会

1. 召开座谈会的准备工作

1) 确定好座谈会的题目

这是开好座谈会的关键。座谈会带有明显的目的性,要在有限的时间内达到预期目的,一定要抓住调查工作中的重点、难点、热点问题进行选题,特别要选择急需回答或带倾向性的问题,切不可贪大求全、面面俱到。另外还要注意围绕确定的主题,预测座谈中可能出现的棘手问题,做到心中有数。

2) 合理地选择参加座谈会的人员

要保证座谈会顺利进行,达到预期的目的,一定要选择好参加座谈会的受访者,尽量找不同类型、不同层次、有代表性并且有一定语言表达能力的人参加。如果参加座谈会的人员选择不当,就会流于形式,了解不到真实情况,失去座谈的意义。

3) 选好场所和时间

要明确座谈会的时间、地点,要选择适中方便的时间和较为安静的环境,要提前通知每个受访者,以便他们及时参会。

2. 开好座谈会的基本方法

1）主导式

采用主导式方法要求提前确定主持人，该人员要有开阔的思路，能引导大家尽快进入主题。

2）讨论式

讨论式方法是指调查人员提出座谈主题后，让参会的受访者大胆发表意见和见解，并允许受访者对不同观点进行讨论，但要注意避免重复发言或跑题的现象发生，组织者可以及时进行引导，做到既不放任，又不生硬。

3）引导式

引导式方法是指采用诱导启发的方式同参会人员交谈或进行发问。通常用如下两种问题发问：一种是开放式问题，另一种是闭合式问题。开放式问题的回答比较自由，可以讲多，也可以讲少，如"您对某某措施有什么想法"；对于闭合式问题，参会人员只能回答"赞成"或"不赞成"，不易回避，如"您是否赞成某某措施"。召开座谈会时，一般采用开放式问题，这有利于活跃气氛，使大家充分发表己见，但这容易使座谈会松散、空泛；闭合式问题一般较尖锐、紧凑，适于深挖某些事实和看法，但使用起来不容易，弄不好会破坏自然的氛围。因此，在实践中要将两者有机地结合起来，合理运用。

4）激发式

激发式方法就是采用"点将"的方法，要求参会受访者发言。采用这种方法时，要针对座谈的具体情况和条件，正确地选择好具体的方法和语言。运用激发式座谈时应该慎重，不要轻易地刺激受访者，以免影响座谈的气氛和效果。

3. 召开座谈会应注意的问题

1）善于把握规模

一是人员规模要合理，二是时间规模要适度，三是频次规模要实际。

2）收集所有的信息

开展座谈会时，调查人员要广泛征求和听取各方面的意见，集中收集所有参会人员的信息资料。

3）坚持实事求是

座谈会要坚持从实际出发，保证座谈内容的真实性和准确性。

四、访谈法的优缺点

（一）访谈法的优点

1. 适用范围广泛

与其他调查方法相比，访谈调查是适用范围最广泛的一种调查方法。访谈调查适用于所有有正常思维能力和口头表达能力的受访者，包括未接受过教育或受教育水平较低的人群。

2. 访谈方式灵活

访谈法有面对面访谈、电话访谈、网上访谈等多种方式，可以根据调查的需要运用不同的调查方式。调查方式灵活还表现在调查人员与受访者的交流过程中。虽然调查者事先设计了调查问题,但在实际交流中,调查人员可以根据受访者的反应,对调查问题做出调整,也可对受访者不理解或误解的问题,进行解释或引导。

3. 探讨问题深入

访谈者与受访者可进行反复交谈,通过访谈调查可以将问题一层一层地深入探讨下去,从而发现社会现象的因果联系和内在本质,了解深层次的东西。

4. 信息真实具体

访谈主要是面对面的语言交流,不会像问卷调查那样有过多的限制或顾虑,受访者可以生动具体地描述事件或现象,真实、自然地陈述自己的观点和看法。同时,由于调查人员可以解说、引导和追问,因此可以与受访者探讨较为复杂的问题,获取较深层次的信息。另外,访谈者还可以观察受访者的动作、表情等非言语行为,以此鉴别回答内容的真伪。

(二) 访谈法的缺点

1. 成本较高

与问卷调查相比,采用访谈法要付出更多的时间、人力和物力。访谈要一对一地进行,即使是召开座谈会,人数也要受到限制,因此一个调查人员一天访谈的人数较少,而且在调查中经常会遇到拒访或访谈无效的情形,这就会使调查的费用和时间大大增加。另外,如果要扩大访谈的规模,增加调查的代表性,常常需要训练一批访谈人员,这又会增加调查成本,因此访谈法往往只适宜在较小范围的调查中使用。

2. 匿名性差

由于是当面回答问题,受访者往往会感觉到缺乏隐秘性,顾虑重重,对于一些敏感性问题,往往会回避或不做真实回答。在不便当面询问或不能询问的情况下,使用该方法不能获取资料,所以只能靠问卷法或观察法解决这一问题。

3. 主观性强

访谈容易受到访谈者主观影响。由于访谈时双方是直接接触的,访谈者的性别、年龄、容貌、衣着、态度、语气、口音、价值观等都可能引起受访者的心理变化,从而影响回答的真实性。访谈调查要求访谈人员具备较宽广的知识面、较丰富的社会阅历和较熟练的交谈技巧,这样才能较好地控制访谈场面,把握问题的实质。

4. 记录与整理困难

访谈对象对问题的回答往往会受时间、地点和情境的影响,没有统一的模式和标准,谈话的内容往往也较丰富。由于受访者的回答标准化程度较低,因此很难对访谈所得资料做定量分析。

第五节 观察法

观察是日常生活中最普遍的感知活动,也可以说是一切科学研究的最基本的方法。自然科学工作者通过观察探索大自然的奥秘;文艺工作者通过观察刻画(描写)出栩栩如生的人物形象;公安工作者通过观察揭露犯罪的真相;思想教育工作者通过观察了解人的言行、情绪和心理过程,铸造人的灵魂;社会学工作者也通过观察了解(认识)各种社会现象,搜集社会信息,探讨社会发展的客观规律。因此,观察活动在人们的各个实践领域都具有重大的价值。在农村社会调查中,观察法也越来越受到社会科学工作者和农村实际工作者的重视。

一、观察法的概念

观察法是观察者有目的、有计划地通过自己的感官并借助工具去直接了解正在发生和发展的社会现象的一种研究方法。观察法作为一种重要的收集资料、获得直观认识的途径,早在社会学发展的初期阶段已被广泛应用。

社会科学工作者所进行的观察,不同于日常生活中观看各种比赛的观察,有其自身的特点。

(1) 它是观察者有目的、有计划的系统的考察活动,是在不影响被观察者思想情绪,不干涉被观察者行为的自然状态下进行的,并对所观察到的事实作出实质性和规律性解释的活动,这是观察方法不同于其他调查方法的特点。在观察前,观察者要有既定的研究目标和系统的设计,对观察的对象、观察的项目以及怎样进行观察都要有明确的安排,而且不向被观察者暴露所要了解的问题,只凭借眼睛、耳朵等直接观察被观察者的言行和活动,这就是我们平常所说的听其言观其行。这样获得的第一手原始资料,一般来说是比较切实、准确、生动的珍贵资料。

(2) 在社会调查研究中,观察者与观察对象之间有着不可分割的社会联系,观察者很容易受到观察对象的影响和制约,这与自然科学中的观察有着本质的不同。由于我们观察的对象是具有能动反应能力的客体,他的言行可能会引起观察者情感的变化,导致其对社会现象的感知和解释带有情感性质。观察者与被观察者的联系越紧密,观察结果的感情色彩也就越浓。这可能是歪曲观察资料的原因之一,在开展社会调查时,都不应忘记社会现象观察过程中的这一特点。

(3) 观察者对社会现象的观察会受到自身的立场和世界观的直接影响。如果观察者的立场、世界观以及道德标准、人生价值标准和思维方式不正确,他对社会现象的感知,对社会过程和发展趋势的理解以及对所观察现象的解释,就可能发生错误。这就要求观察者在观察时必须坚持客观性,避免掺杂个人情感,保证观察的结果不被歪曲。

(4) 在社会调查中进行重复观察具有复杂性,准确表述观察结果也较为困难。在社会调查中的观察不同于自然科学的观察,它不能像在实验室做自然科学研究实验那样可以控制影响因素或者随意重复要研究的现象,社会现象很少有完全相同的反复。因为它受各种因素的影响和制约,对社会现象的观察很难一蹴而就,只有经过多次观察才能确保资料的可靠性。社会现象出现的时间决定着观察时间,并非全部社会现象都能直接观察,这就造成了观察的客观困难。在表述观察结果时,受观察者主观因素的制约,观察的结果很容易被歪曲。

二、观察的类型

观察作为一种方法,也有许多类型和具体方式。按观察的手段、内容、方式以及观察者所处的地位的不同,大体可将观察分为下列几种类型。

(一)直接观察和间接观察

直接观察,也叫实地观察,是指观察者直接对现实的、正在发生的社会现象所作的观察。一般来说,在这种观察中观察者与观察对象是直接接触的,他们能感知对方对各种现象的观察,因此出现的偏误较少。而观察的真实性还取决于观察者的认知能力,且观察者的能力一般来说不可能超越其所处时代的文化发展水平,所以直接观察的结论时常会有时代的烙印,我们在观察中应当注意到并尽量避免这种局限性。间接观察是指观察者利用别人对已经发生过的社会现象的记录或利用一定的观察工具(录音、录像等),即物化了的社会现象,或其他手段去观察调查对象的方法。前人所写的历史资料,往往由于时代不同、作者认知的片面性而存在着差错,我们使用时应该反复核查,作者是谁,是在什么条件下写的,有没有差错?资料未审核之前,调查者不能轻易地相信。

(二)系统观察和随机观察

按照观察的进行是否有规律,可将观察分为系统观察和随机观察两种。所谓系统观察,是指有规律地记录一定时期内的行动、情形和过程,以查明事物发展变化的过程和规律的观察。这种观察可以每天、每周或每月进行一次。这适用于观察各个社会集团、单位、集体的某一社会现象的变化过程。所谓随机观察,是指对预先未计划到的现象、活动和社会情况的观察。这种观察通常不作为搜集初级资料的独立程序而列入计划,而只是对一些偶然社会现象的观察和记录。

(三)定性观察和定量观察

确定人和集体的性质与特点以及判断事件和现象之间是否有关系的观察,叫定性观察。确定人和集体活动的范围、程度、规模等数量方面的观察,叫定量观察。定性观察多用于个人和集体的性质(先进还是落后)、特征(个性品质、作风)等方面的区别与比较;定量观察多用于个人和集体的各种活动数量指标的记录与描述。二者有着不可分割的联系,定性观察是定量观察的基础,定量观察是定性观察的数量化、精确化。

(四)主题观察和转向观察

自始至终围绕着既定目的或计划进行的观察,叫主题观察。这种观察多用于比较熟悉的人和集体以及经常发生的事件。在进行主题观察的过程中,如果发现了与原来主题无关,或干扰原来主题的具有重要价值的新情况,使观察的目的发生转向,转向了新的主题,那么对这种新主题的观察叫转向观察。转向观察多用于偶然发生事件或不大了解的人和集体,如用于观察掩盖过失、嫁祸于人的事件或欺骗组织、骗取荣誉利益的情况等,也用于对现实中出现的新情况、新问题的研究和探索。

(五)描述性观察和分析性观察

对观察对象的外部特征和形象进行描述的观察,叫描述性观察。这种观察多用于对人和集体的知识性了解,如了解人的形象、风度、特长等,了解集体的风气和集体内部的关系状况等。分析性观察是对观察对象作实质的探索观察,这种观察更多地运用了逻辑思维方法,多用于观察错综复杂的社会现象。

(六)有结构观察和无结构观察

有结构观察又称为有控制的观察。它在对所要研究的现象和事物有相当的了解之后,根据调查的目的和任务,对观察的对象和项目、观察的进程、步骤和技术等作出详细的规定和计划,然后根据计划具体实施观察,使调查结果达到标准化的程度。无结构观察一般用于对所要研究的现象和事物的情况不大了解的情况下,它对观察的对象、内容、进程和步骤等只能作出粗略的设想。实施观察时,方式可以灵活变化。

无结构观察又可分为参与观察和非参与观察两种。所谓参与观察,就是调查者置身于他要研究的环境和活动之中,就如同其中的一员,与调查对象直接接触,亲自观察,以取得第一手材料。如农村社会调查中的"三同"活动,即与农民同吃、同住、同劳动,在直接参与农民活动的过程中进行观察。这种方法有助于深入、细致、准确地了解所调查的现象或事物发生和变化发展的全过程,观察结果的可信度比较高。非参与观察是指观察者置身于他所要研究的对象的环境和活动之外,以旁观者的姿态出现,从侧面了解情况,进行观察。

以上对观察的类型的划分,只是一种大致的划分。在实际调查过程中,常常不只运用一种观察方式,需要综合运用多种方式,才能对复杂的社会现象进行深入的了解。

三、观察的程序和方法

人的观察活动是一个始终受到思维支配的能动过程。思维指导观察,观察启发思维。我们必须在正确思维的指导下,开展有程序的观察活动。

观察是一种工作量很大的程序。根据不同社会调查对观察提出的要求来看,观察程序可分为两种:一种是循序程序,一般适用于对较简单的社会现象的观察,其基本过程是选择观察题目、设想观察方案、确定观察的对象和具体方法、进行实地观察并搜集资料、作出观察结论。另一种是递进程序,一般用于对复杂现象的观察。如对于某些复杂的社会现象,我们不可能一下子观察清楚,必须把它分解为若干部分和层次,然后有顺序、系统地进行观察。再把各部分观察的结果联系起来进行分析和判断,以达到深刻地认识复杂现象的本质的目的。递进程序的基本过程是观察现象—初步判断—深入观察—进一步判断,直至抓住现象的实质,找出客观规律。

运用观察法开展农村社会调查时,每一个步骤和工作环节都必须服从研究的总目的,一环一环地抓紧抓好。从制定观察计划、编写观察提纲、准备技术文献和设备、训练观察人员、进入观察环境、开展实地观察、搜集观察资料、记录观察结果、检查观察结果误差，到撰写观察报告，都要严格按照观察的要求去具体实施。

对个人的观察和对集体的观察，其内容、范围和做法是不相同的。对个人的观察，主要是观察这个人的言论、行动以及他的喜、怒、哀、乐等外部表情，从中体察这个人的情绪和心理过程。对集体的观察就复杂多了，如对农村小城镇的调查，就要把某小城镇作为一个整体来研究，既要观察小城镇内部人们的相互关系，掌握反映集体内部特征的现象和材料，又要观察小城镇与外界联系的情况，掌握小城镇与外部的相互联系现象和材料。运用观察，大量的社会现象和社会问题都会呈现在你的面前，比如：农村的剩余劳动力是怎样转移的？他们是怎么变成"农民工""农民商贩"的？这些人的经济状况、生活方式和思想观念发生了哪些变化？他们有什么困难和忧虑？他们涌进集镇带来了哪些社会问题？农村小城镇在兴旺繁荣过程中存在哪些急需解决的问题等等。通过实地观察，就可以感知农村小城镇的千变万化的社会现象和人们活动的规律。

在观察过程中，认真做好观察记录是十分重要的。调查者一定要及时、周密、详尽地记录观察结果。一般以当时当地记录为好，但是当一连串事件急剧发生或许多现象同时涌现时，要一边观察一边记录就不容易做到，当场记录会引起被观察者的猜疑和反感。在这种情况下，当场不能记录，可以采取追记或者采取最简单、经济和可靠的记录方式，如用若干特殊的符号把有关情况注明下来，以帮助记忆，事后再及时把观察结果详细追记下来。记录内容包括观察结果和对所观察事件的解释。记录形式可多种多样，除观察记录外，还可采用快速记录、卡片、录像、观察日志等方式。观察日志应系统地记载一切必要的情报、观察对象的言行、本人的想法和困难等。观察记录要尽可能详细，即要使别人看后如同亲自观察了一样。观察结果必须用语言记录，表述应尽可能真实，因为有些行为和现象很难用语言进行描述，不经过思考的记录很容易歪曲事实的真相。

为了保证观察结果的准确性，减小观察失误，可采用如下几项措施：

（1）按照观察人员应具备的素质选拔和培训观察人员。这些素质是：①有敏锐的感官；②有成熟的心理状况；③有多方面的才智；④有正确的识别和估计能力；⑤对观察对象、内容、方法有较全面的了解；⑥有科学的思维方式，无偏见。观察人员在调查前必须经过系统培训，包括怎样进入角色、怎么观察记录、怎样找出问题等方面的训练。

（2）利用观察工具。观察者除努力加强自身的素质以弥补个人的某些缺陷外，要注意适当地利用观察工具，有助于可靠资料的获得。如采用录音、录像等方式，可以查证或补充文字记录的不足；采用各种测量仪器进行观察，可以减少观察误差。

（3）组织两人或两组观察者同时共同观察某一目标，然后再把各人的记录相互对照，互相印证，使它们互为补充。有些社会环境相当复杂，若只作一次调查不能获得肯定或周详的结果，可以安排较多的观察员从多方面作多次反复观察，这肯定比个别人观察更为可靠和准确。

（4）还可以找现场参与者访问，查阅与该事件有关的文献，或向有关社会学家送发观察报告，请他们再次观察，从检查观察结果，减少观察的误差。

四、观察的原则

(一) 坚持观察的客观性

这是保证观察材料的真实性，提高观察可靠程度的前提和基础。列宁在《哲学笔记》中提出十六条辩证法要素，其中第一条就是"观察的客观性"。坚持观察的客观性原则，就是坚持辩证唯物主义的思想路线，做到一切从实际出发，从客观存在的事实出发，而不是从主观想象出发；就是要养成尊重客观事实，敢于坚持真理的品德和勇气，要敢于同凭空捏造、弄虚作假、无中生有的错误行为作斗争；就是要坚持实事求是的科学态度，防止先入为主、凭感情用事、按经验办事、凭印象出发、轻信假象等主观性错误。在社会生活中假象有很多，如有的人犯有过失，害怕暴露而一时表现得出乎意外地积极，有的人受不了委屈想不通而一反常态，有的人对本来有意见的人过于恭维等等，这些都是假象。如果我们在观察中信以为真，就会陷于主观性之中。

(二) 坚持观察的全面性

坚持观察的全面性原则，才能保证观察材料的全面性和准确性，防止片面性。坚持这一原则，就要以唯物辩证法思想为指导，从整体出发，全面地观察，系统地观察，抓住本质，把握现象，不能以点代面，坐井观天，以偏概全。

五、观察法的优点及局限性

观察法是在自然观察的基础上发展起来的有结构、有控制、运用观察工具的系统方法。我们运用观察法能在保持人的正常活动的自然情境下直接获得第一手资料。特别是调查者深入现场，置身于观察对象之中，与他们融为一体，这样不但能观察并了解事情的来龙去脉，还可以了解当时当地的特殊环境和气氛。这些都比事过境迁之后用访谈等调查方法所获得的材料要真实生动得多。因此观察有助于弥补其他研究方法的不足。观察能用现实的情境适当补充文献研究资料的不足。文献很难阐述日常生活的现实情景，现实观察又不能提供研究所需要的历史概貌，只有两者互为补充，观察者才能得到规律性的认识。

但是，观察法也不可避免地存在着自身的局限性。

(1) 观察法只能用来感知人的表面活动和事情的表象，不一定能反映人和事情的本质特征，仅仅使用观察法开展社会调查是不够的。观察方法只有和其他方法结合起来使用，才能充分发挥其作用。

(2) 观察方法离不开理性的支配，只有在正确的思维方法指导下，在掌握丰富知识、经验和技能的基础上，才能深刻地感知各种现象。离开了正确的思维方法，最简单的现象都不可能被联系起来。可是调查者的观察有时难免带有主观性和片面性，缺乏客观性、系统性和完整性。记载的事实往往受到观察者个人见解的影响，从而使观察结果不真实。

（3）观察过程中，受许多条件的限制。对人和集体的观察，一般只能在实际生活中进行，不能操纵各种复杂的自变量因素，不能打断正常的工作、生活秩序，不能在控制的条件下有安排地进行，这使得观察的精度无法确定，观察者只能凭经验判断。同时观察者只能被动地等待所要观察的现象出现，当这种现象不发生或错过了时机时，调查者只好"乘兴而去，败兴而归"。而且现实社会生活中，不是所有现象都可以被观察到的，如家庭隐私、反社会行为、心理活动过程等，由于社会伦理观念和心理因素的影响，这些现象不适宜直接观察或很难观察到。如果现象发生的范围、规模较大，也不容易做到全面观察。

（4）观察对象的正常活动受到影响。由于调查者参与到了调查对象的环境和活动之中，这无疑会影响观察对象的正常活动，改变观察对象的态度和心理。当他知道你在进行观察时，他也会观察你，就可能会改变行为，不说心里话，甚至可能会一反常态，使你难以得知真实情况。

（5）观察所需要的工作量大，特别是农村居住分散的情况下，很难组织较大规模和范围的农村社会观察。

了解观察法的优点及局限性，便于我们在调查过程中适当结合其他调查方法来弥补观察法的不足。

第六节　网络法

随着信息技术的发展，电脑和网络越来越频繁地出现在人们的眼前，渐渐地在人们的生活中占据了很重要的地位。于是，一个一个新兴的网络调查方法相继衍生出来，与传统的面对面调查相比，这种网络调查方式极大地扩大了我们调查的人群规模及地域规模，让更多的人能够参与到调查活动中来，这样既节省了人力、物力，还能够使调查数据更符合现今的市场状况。

网络调查将从一股新生力量向主流形式发展，并将逐渐取代传统的入户调查和街头随时访问等调查方式。首先从互联网应用的现状来考察，今天城市中知识层次较高的年轻人群的想法，代表着明天城市社会的意识形态；经济相对发达地区的今天代表着经济欠发达地区的明天，这种超前的网络调查研究具有一定的现实意义。其次从发展趋势方面考察，关于市场调查和民意调查的网上调查已经相当广泛。目前国内外还针对网上调查开发出了一些网上调查软件。从近几年计算机、通信技术和互联网的发展势头来看，从现在开始探讨网络调查理论和技术是完全必要的和切合实际的。

一、网络调查的概念

网络调查，又称在线调查，是传统调查方法在新的信息传播媒体上的应用，是通过互联网及其调查系统将传统的调查、分析方法在线化、智能化。它是指在互联网上针对特定的问题进行的调查设计、收集资料和数据分析等活动。

利用互联网进行乡村调查有两种方式：一种是利用互联网直接通过问卷调查等方式收集一手资料，如为了更好地了解各地区数字乡村建设进展情况，中央网信办（中共网络安全和信息化委员办公室）组织开展"数字乡村建设情况"调查，即在网上利用问卷直接进行调查，这种方式可称为网上直接调查。另一种方式，是利用互联网的媒体功能，从互联网收集二手资料，网络是信息海洋，信息蕴藏量极其丰富，关键是要发现和挖掘有价值的信息，这种方式一般称为网络间接调查。

二、网络调查的优势

互联网作为一种信息沟通渠道，它的特点是具有开放性、自由性、平等性、广泛性和直接性等。由于这些特点，网络调查具有下列传统调查所不可比拟的优势。

第一，网络调查成本低。网络调查与面访、邮寄访问、电话访问等离线调查的根本区别在于采样的方式不同。所以，网络调查的成本低主要指的是采样成本低。传统调查往往要耗费大量的人力、物力，而网络调查只需有一台能上网的计算机，通过站点发布电子问卷或组织网上座谈，利用计算机及统计分析软件进行整理分析，省却了传统调查中的印刷问卷、派遣人员、邮寄、电话、繁重的信息采集与录入等工作与相关费用，既方便又节省费用。据业内权威人士讲，根据经验，离线调查中每一个样本的投入大概是120～150元，所以调查者在抽样时，总希望尽可能地减少样本数。当然其前提是所抽取的样本数必须能把调查误差控制在允许范围之内，从而有效地降低采样的成本。网络调查就没有这种顾虑。

第二，网络调查速度快。网上信息传播速度非常快，如用E-mail或者网络调查软件，几分钟就可把问卷发送到各地，问卷的回收也相当快。利用统计分析软件，可对调查的结果进行即时统计，整个过程非常迅速，而传统的调查需要很长一段时间才能得出结论。离线调查的三种采样方式的速度存在差别，其中以面访最快，电话访问次之，邮件访问最慢。而网络调查采样所需的时间则要少得多，约需几天或十几天。例如，2000年11月3日，科技日报《中国将参与全球规模最大网络调查》一文称，"Planet Projet网上民意调查活动将于11月15日—18日举行，持续四天，通过八种语言进行"。中国互联网发展状况统计报告（1999年7月）称，CNNIC（中国互联网络信息中心）在1999年6月15日—30日进行了网上联机问卷调查。从这些具体调查所花费的时间可以看出：网络调查采样速度远快于面访等离线调查。这与网络调查问卷的发放、填答、提交皆不受时空限制相关。无论是把问卷直接发放在网上，还是发送E-mail或网上链接，都可以迅速把问卷大范围地呈现在被访者面前。问卷的填答虽可能会费些时间，但填答时间由自己支配。填答完毕后，问卷的提交也比较简单，只要点击一下提交键即可。

第三，网络调查隐匿性好。在调查一些涉及个人隐私的敏感问题时，采用离线调查时尽管可以在问卷设计中通过采用委婉法、间接法、消虑法、虚拟法等手段，在问题和被访者之间增加一些缓冲因素，但无论如何，离线调查的各种采样方式都会在不同程度上影响被访者的填答心理。一般而言，就影响程度来说，面访最大，电话访问次之，邮寄访问最小。而网民是在完全自愿的情况下参与调查,对调查的内容往往有一定的兴趣,因此回答问题时更加大胆坦诚,调查结果可能比传统调查更为客观和真实。应该说,网络调查的隐匿性较离线调查高。网络调查的这一特点可使被访者在填答问卷时的心理防御降至最低程度,从而保证填答内容的真实性。

第四,网络具有互动性。网络调查的这一优势同样是基于网络自身的技术特性。网络的互动性赋予网络调查互动性的优势。网络调查不受时空的限制,可以24小时在天南海北、世界各地进行调查,调查范围相当广泛。2000年11月,3Com中国公司举行Planet Project网上民意调查活动。这次活动中Planet Project在自己的网址上设下不同题材的各种问题,围绕人类基本状况的方方面面展开,让中国民众首次与来自世界其他地区、不同年龄和性别的人同时分享和比较彼此的观点和看法。

三、网络调查应用的领域

中国最早的网络调查,是1998年7月至8月北京爱特信搜狐网络公司与北京零点调查公司联手开展的网上调查活动。此后,网络调查逐渐渗透到许多领域,成为一种新型的调查方法。目前,网络调查主要涉及以下方面:

1. 社情民意调查

社情民意调查包括环保意识调查、山寨文化调查、慈善事业调查、流行时尚调查、婚姻家庭调查等。随着中国网络建设和社情民意调查的发展,2007年出现了中国首家独立的在线民意调查机构——中国民意调查网。

2. 问政于民调查

随着社会民主的发展、网民素质的提高、参政议政热情的高涨,各级党委、政府领导人已越来越重视通过网络了解民意、问政于民。

3. 市场行情调查

市场行情调查的内容包括对商品的认知程度,购物的需求与行为,对商品、经销活动、售后服务的满意程度,对新产品、新服务的要求等等。随着市场调查的发展,已出现一个大型门户调查网——中国市场调查网。

4. 网络使用情况调查

这类调查的主要目的和内容是:测量网站流量,网站使用者的数量、结构和行为。其中,测量网站流量的主要指标包括网站数、网页数、网站访问量、唯一用户数、浏览页面数、浏览时数、到达率、忠诚度、购买率等;测量网站使用者的主要指标包括使用者的数量、结构和分布、上网目的、使用网络的基本情况、行为和态度等。

四、网络调查法的特点

与传统调查方法相比较,网络调查法具有许多不同的特点。

(一) 调查对象不同

传统调查方法的调查对象是一切能够理解和回答问题的正常人,是由调查者选取的、处于被动状态的受调查者;网络调查的调查对象则是全体网民,是对调研主题感兴趣的、处于主动状态的、自觉自愿的回答者。

(二) 调查内容不同

传统调查方法的内容非常广泛,既可调查客观的历史、现状和行为,又可询问主观的态度和感受;网络调查方法的调查内容则狭窄一些,主要适用于有关主观态度、意愿、感受等方面内容的调查,而对于客观情况方面的内容则无法查证和核实。

(三) 调查范围不同

传统调查方法的调查范围,受时间、空间、人手、成本等条件限制,往往比较狭窄;网络调查的调查范围则突破了上述种种限制,从理论上说,可扩展到全国乃至全世界一切有网络的地方。

(四) 调查质量不同

传统调查方法的调查质量一般较差,这是因为调查对象都是素质参差不齐的、被动的回答者;网络调查的调查质量一般较好,这是因为调查对象都是对调研主题感兴趣的、主动的回答者。

(五) 调查成本不同

传统调查方法的调查成本包括设计和印刷调查工具(问卷、表格等),聘请和组织调查人员进行调查,回收、审核、录入调查结果等费用,因而一般较高;网络调查一切通过网络实施,所以成本大大降低。

(六) 调查时效性不同

传统调查方法时效性较差,调查周期较长,从调查开始到得出调查结论一般需要几个月,甚至几年时间;网络调查则时效性较强,调查周期较短,往往只需要几天时间就可得出有意义的调查结论。

(七) 调查方便性不同

传统调查方法方便性较差,它必须在调查者和被调查者都感到方便的时间才能开展;网络调查则方便性较强,被调查者可单独地、自由地选择在最方便的时间回答调查所询问的问题。

(八) 调查适用性不同

传统调查方法,特别是面对面的直接调查,对于许多敏感性、隐私性、威胁性问题都不宜进行调查；网络调查一般都是匿名调查，隐秘性强，因而适用于调查各类问题，特别是敏感性、隐私性、威胁性问题。

五、网络调查应该注意的问题

实施网络问卷调查，应该注意以下两个方面的问题

（一）主题的选择

网络调查主题，应该以主观状况为主。由于网络调查无法查证和核实客观方面的情况，所以其调查主题应该以主观态度、意愿、感受等方面的问题为主，包括某些敏感性、隐私性、威胁性问题的主观状况。网络调查不宜围绕客观事实或行为方面的主题开展调查。

（二）问卷的设计

（1）问卷调查表的说明关系到调查的质量与效果，一般要用委婉的语气，说明调查的目的和意义，要让被调查者觉得调查对自己有作用和意义，或者能够帮助别人，激发他们助人为乐的积极性。

（2）问卷应尽可能简短，最好是一两分钟就能答完，最多不能超过半小时，否则参与人数就会大大减少。

（3）问卷要简明、易懂。网络问卷调查，无法当面做解释。因此，设计的问卷，无论是询问问题，还是回答方式，都应简明、易懂；一些副词和形容词，如很久、经常、一些等，各人理解往往不同，在问卷调查表设计中应尽量避免或减少使用；某些必须使用的专业名词，都应做出易于理解的说明或图示，否则就会出现网民拒绝参与调查，或者胡乱填答的情况。

（4）问卷要明示起止时间。网络问卷调查，从何时开始，何时截止，应在问卷上明确标示，以免有意参与者错过参与调查的时间。由于网络问卷调查大都是民意调查或市场调查，有较强的时效性要求，所以起止时间不宜间隔太长，否则就会大大降低调查结果的准确性和时效性。

（5）问卷要尽可能立即显示调查结果，要让接受调查者能立即看到参与回答的效果，从而有利于吸引更多的网民参与。

六、网络调查步骤

网络直接调查是研究者主动利用互联网获取信息的重要手段。与传统调查类似，网络直接调查必须遵循一定的步骤进行。

（一）确定目标

互联网是人与人有效沟通的渠道，研究人员可以充分利用该渠道直接与被调查者

进行沟通，了解被调查者的情况，同时了解被调查者的意愿。在确定网络直接调查目标时，需要考虑的是被调查对象是否上网，网民中是否存在着被调查群体，规模有多大。只有网民中的有效调查对象足够多时，网络调查才可能得出有效结论。

（二）确定方法

网络直接调查方法主要是问卷调查法，因此设计网络调查问卷是网络直接调查的关键。由于互联网交互机制的特点，网络调查可以采用调查问卷分层设计。这种方式适合用于过滤性的调查活动，因为有些特定问题只限于一部分调查者，所以可以借助层次的过滤寻找适合的回答者。

（三）选择方式

网络直接调查采取较多的方法是被动调查方法，即将调查问卷放到网站等待被调查对象自行访问和接受调查。因此，吸引访问者参与调查是关键，为提高受众参与的积极性，可采用提高沟通技巧和送礼品等方式。另外，必须向被调查者承诺并且做到不泄露和传播有关个人隐私的任何信息。

（四）分析结果

这一步骤是调查能否发挥作用的关键，可以说与传统调查的结果分析类似，也要尽量排除不合格的问卷，这就需要对回收的大量问卷进行综合分析和论证，需要分析人员有一定的专业基础和调查经验。

（五）撰写报告

撰写调查报告是网络调查的最后一步，也是调查成果的体现。撰写调查报告主要是在分析调查结果的基础上对调查的数据和结论进行系统的说明，并对有关结论进行探讨性的说明。

课后练习

1. 文献的类别有哪些？
2. 抽样误差一般是如何产生的？
3. 问卷的构成有哪些？
4. 访谈法的优缺点是什么？
5. 简述网络调查法的特点。
6. 请围绕某个乡村调查选题编制一份调查问卷、访谈提纲或观察记录表。

第四章 资料分析与数据处理

经过大量的调查之后,会收回大量的原始资料,它们通常是粗糙的、杂乱的、零碎的,虽然原始资料具有社会实在性,但是无法体现宏观研究现象的总体特征。要挖掘这些资料所携带的信息及其深层的含义,需要进入资料分析阶段,并对其进行加工处理。对资料的加工处理涉及资料的审核与复查、调查资料整理的程序与方法、资料整理的结果与展示、使用统计软件进行资料整理、单变量统计分析、双变量统计分析及多变量统计分析。因此,调查资料整理与统计分析是从调查阶段过渡到分析研究阶段的一个必经环节。

第一节 调查资料的整理

通过调查获取到的资料是原始的,没有经过加工,为了揭露深层信息,首先需要进行相应的资料整理。因此,明确调查资料整理的意义和原则,熟悉资料的审核和复查方法,掌握调查资料整理的程序与方法,对资料整理的结果进行合理的展示,并能够用统计软件进行基本的统计是本任务所需的核心技能。

一、资料整理的意义和原则

为了确保资料转化为数据时的准确性,研究者需要在调研项目的执行过程中及时把握将资料转换为数据的每一个步骤,在这之前一定要了解资料整理的意义和原则。

(一) 资料整理的意义

资料整理,是指根据调查目的,运用科学系统的方法,对调研获得的原始资料进行审核、复查、分类、汇总与初步加工,使之系统化和条理化,符合统计分析的标准,并能体现调查对象总体特征的工作过程。

一般来说,资料整理具有的重要意义如下:

1. 资料整理是提高资料质量及其使用价值的必经过程

调查收集的原始资料往往是分散的、凌乱的,需要进行资料梳理和归纳。而且这些资料难免会有一些虚假、差错、短缺、冗余等现象显现,这些现象会降低调查资料的质量和使用价值,要消除这些现象,需要调查人员自查、互查和指派专人核查,还必须要求研究人员在研究初期进行全面检查和整理。从一定意义上来说,整理资料是对调查工作进行的一次全面检查,以保证资料的真实、准确和完整性,必要时还应组织人员进行补充调查。因此,资料整理可以大大提高调查资料的质量和使用价值。

2. 资料整理是后期资料分析的基础

资料收集、整理、分析三个过程一脉相承,资料整理是调查研究必不可少的一个系统环节,具有承上启下的作用,其为下一步深入分析资料奠定了坚实的基础。通过数据分析得出正确的结论,是调查的中心任务。只有根据真实、准确、完整和统一的调查资料,才能用科学的统计分析和思维得出正确的结论。因此统计分析和思维加工之前,必须消灭数据上的错误,为研究人员对数据的认识从感性上升到理性做准备,这是后续研究的重要基础。

3. 资料整理是资料保存的客观要求

调查的原始资料不仅是得出调查结论的客观依据,而且对今后同类型研究或者同地区其他研究具有重要的参考价值。因此,对原始资料的整理有利于对其进行长期保存和研究。实践证明,真实、准确、完整的调查资料,往往更具有研究价值,而且随着时间的推移,其价值会越来越大。

总之,调查阶段是资料的收集阶段,研究阶段是资料的分析阶段,资料整理是介于调查阶段和研究阶段中间的一个不可缺少的环节,是研究人员从感性认识上升到理性认识的一个过渡阶段。

(二) 资料整理的原则

1. 真实性原则

乡村调查的资料必须是真实的、实事求是的,而不是虚假的、主观杜撰的。调查研究的目的是还原真实,发现隐藏在事实下的有价值的规律。若资料不完善,顶多得不出结论,而材料弄虚作假或歪曲事实,却会得到错误的结论。所以,只有在实事求是的态度和科学的操作规范下获得的资料,才具有研究分析价值。

2. 准确性原则

准确性原则包括两层含义:一是要保证整理后的资料能准确地反映事实;二是要保证整理出来的数据能恰当有效地反映调研对象的现状。例如,在资料收集过程中可以通过定距测量的方式,收集受访者的实际年龄数字;同时还可以在数据整理之后通过分组,以年龄段为基本分析单位对受访者的年龄进行分析。总之,在保证实事求是的基础上保证精确恰当是资料整理的又一条原则。

3. 完整性原则

整理反映某一现象的资料时,应尽可能全面、完整。也就是说,既要有历史资料,又要有现实资料;既要有主体资料,也要有辅助资料;既要有正面、肯定的资料,又要有负面、否定的资料等等,以便真实地反映调查对象的全貌。如果资料残缺不全,研究者就有可能犯以偏概全的错误,甚至使资料本身失去研究的价值。

4. 统一性原则

整理出来的资料,对于各个调查指标要有统一的解释。对于各项调查指标的数值,其计算方法、计量单位也要统一。如果对调查指标的解释不统一,计量单位或计算公式不统一,调查资料就会失去统计价值,就无法进行比较研究。

5. 简明性原则

整理所得的资料应该尽可能地系统化、条理化,并以集中、简明的方式反映调查对象的总体情况。如果整理后的资料仍然杂乱、臃肿,使人难以对调查对象的总体情况形成一个完整、清晰的概念,那么,就会给以后的研究工作增加许多困难。

6. 新颖性原则

整理资料时,要尽可能用新观点、新角度来审视资料、组合资料,尽量避免按照陈旧的思路考虑问题、反映问题,更不能简单地重复别人已经走过的老路。只有勤于思考、勇于创新,从调查资料中发现新情况、新问题,才能为创造性研究打下良好的基础。

总之,整理资料应力求真实、准确、完整、统一和简明,并尽可能做到新颖。只有在这样的基础上,才能得出科学的调查结论。

二、资料的审核与复查

(一) 资料的审核

资料处理的第一步是对资料进行审核。简单地说,资料审核,是指在着手整理之前对需要整理的原始资料进行认真审查和核实的过程,并通过此过程将可能存在于原始资料中的错误挑出来。通过对资料进行审核,可以分辨真伪、去除原始资料中可能存在的误导信息,解决调查资料的真实性和合格性问题,为进一步整理和分析研究资料打下基础。

一般来说,资料审核分为两个部分:第一,对原始资料中可能存在的错误进行系统地排查审核;第二,核实原始资料中的文字数据是否准确真实地反映了客观事实。根据原始资料类型的不同,资料审核又分为文字资料审核与数据资料审核两大类。

1. 文字资料审核

毋庸置疑,对文字资料的审核应该集中核实资料的真实性和合格性,检验文字资料是否符合客观事实,是否有夸张和虚浮的成分。

1) 信度审核

在文字资料的检验过程中,首先应该对文字资料的可信任程度进行检验,即对资料进行信度审核。在进行信度审核时,往往要依靠研究人员自身的经验及其对生活理解的常识和逻辑进行判断。首先,研究人员要根据以往的实践经验判断资料的真实性。如果发现资料中有明显违反实践经验的内容,就要对资料重新核实或重新进行调查。该方法一般要找有经验的专家或实践经验丰富的调查人员来实施。其次,研究人员要依据生活常识及文字资料的逻辑检验资料的真实性。如果发现调查资料前后矛盾,或者违背事物发展的逻辑,则判断该资料为不真实的资料。最后,研究人员还可以通过考核文献资料的来源来确定资料是否客观真实。

2) 质量审核

质量审核,顾名思义即对文字资料的内容质量进行把关,保证其符合研究的效度。对文字资料进行质量审核时,要按照两个步骤去做。首先,确定质量审核的效度检验指标,明确检验的具体方向和尺度。其次,根据订制好的指标审核原始资料,得出结论以检验原始资料是否符合规范。

2. 数据资料审核

数据资料审核是指检查和验证各种数据资料是否完整和正确。数据资料审核的内容是检查应该填报的表格是否齐全,有无漏掉单位或表格中的现象;检查调查表格中的答案是否完整。数据资料的审核方法如下:

1) 经验审核

经验审核是根据已有的经验或已知的情况判断资料的真实性。例如,已知某乡村环境很差,而其调查指标的数值却明显超过环境状况很好的乡村,那么对于这些数字就应该设法进一步审查核实。

2) 逻辑审核

逻辑审核是根据数字资料的逻辑关系检验资料的真实性。例如,人口调查时,某人填写的年龄是 20 岁,而工龄填的是 10 年,很明显,这两个数字必定有一个是虚假的。

3) 计算审核

计算审核是指通过各种数字运算来检验资料的真实性。例如,计算各分组数字之和是否等于总数;各部分的百分比相加是否等于 1;各种平均数、发展速度、增长速度、指数的计算是否正确等。

(二) 资料的复查

为了确保调查资料的真实性和准确性,除了要对原始资料进行上述审核工作外,通常还要对资料进行复查工作。所谓资料的复查,是在调查资料收回后,再由其他人对所调查的样本中的一部分个案进行第二次调查,以检查和核实第一次调查的质量。

复查的基本做法是:由研究者自己或重新选择的另外的调查员,从原来所调查过的样本中随机抽取 5%～15% 的个案重新进行调查。一方面要核实原来的调查员是否真的对个案进行过调查(由于各种原因,有的调查员会自编自填问卷答案,实际上并没有将问卷发送给被调查者);另一方面可将两次调查的结果进行对比,以检查第一次调查的质量。在乡村调查中,这种复查工作是必不可少的。

需要说明的是,并非对于所有的调查都能十分方便地进行如上所述的复查,因为复查必须依据第一次调查结果所提供的被调查者姓名、地址等信息才能进行。对于一些缺少上述信息的调查样本来说,要进行复查往往是比较困难的。因此,作为调查者,在对调查方案、抽样方案及资料收集方法进行设计时,就要考虑到复查的问题,要有意识地创造一些可以进行一定程度复查的条件。

通过审核和复查,调查者可以发现并纠正原始资料中存在的一些错误,剔除一些无法进行再调查且又有明显错误的问卷,还可以普遍了解整个资料收集工作的质量,从而对把握资料的真实性和准确性更有信心。

三、资料整理的程序与方法

(一) 资料整理的程序

1. 制订整理方案

制订整理方案时,一方面必须与社会调查方案相适应,使整理方案有完全实现的可能;另一方面必须与统计分析任务相适应,使资料整理结果能够满足统计分析的要求。资料整理方案的主要内容包括:根据研究目的,确定对调查中所搜集资料中的哪些内容进行整理;确定如何进行资料分组;选择整理组织形式与方法;确定采用哪些汇总指标以及统计资料如何表现等。

2. 进行资料分组

资料分组是资料整理的关键,是指根据调查的目的和任务,按照整理方案中所选择的分组标志,对原始资料进行统计分组,为资料的统计分析做准备。

3. 实施资料汇总

资料汇总是资料整理工作的中心环节,是按照一定的组织形式和方法,在资料分组的基础上实施的。资料汇总的组织形式包括逐级汇总,集中汇总和综合汇总。逐级汇总是自下而上一级一级地汇总,其优点是能够满足各地区、各部门、各单位的需要,便于就地审核和订正原始资料;其缺点是费时较多,发生登记性误差的可能性较大。集中汇总就是把调查资料集中起来进行一次性汇总。集中汇总可以缩短汇总时间,减少汇总差错,且可利用计算机汇总,但原始资料如有差错不能就地更正,汇总结果常常不能及时满足各地、各部门的需要。综合汇总是将逐级汇总和集中汇总结合起来的一种组织形式,即将各级都需要的基本资料实行逐级汇总,对需要在全国范围内进行加工的资料或者本系统的全面资料实行集中汇总。综合汇总具有逐级汇总和集中汇总的优点,同时又克服了两者的缺点,但是它需要的开支大。究竟使用哪种汇总的组织形式更为合适,要视具体条件而定。

4. 编制统计图表

资料汇总的结果需要以统计表或者统计图的形式表现出来,要简明扼要、形象直观地表达现象的总体特征。统计表和统计图既是资料整理的表现形式,也是进行统计分析的重要工具。

(二) 资料整理的统计分组法

1. 资料统计分组的类型

1) 品质标志分组和数量标志分组

按品质标志分组,就是按反映事物属性或品质的特征进行分组。如将老年人按婚姻状况、户居方式、受教育水平分组;将流浪儿童按外流原因、外流生活来源、流出地分组等。

按数量标志分组,就是按事物的数量特征进行分组。如分析贫困问题时将贫困户按家庭人口分组,了解农民生活时按经济收入分组,研究地区的教育水平时按参保受教育年限分组等等。按数量标志分组,必须以分组结果能够反映被研究现象的不同类型和性质差异为前提。

2) 简单分组和复合分组

简单分组就是对调查对象只按一个标志进行分组。如将农村居民按家庭人均收入分组,将妇女按初婚年龄分组,将劳动力按性别分组等。它们只能分别从一个角度说明现象的分布状况和内部构成。对于同一总体可采用两个或两个以上的标志进行简单分组,形成平行分组体系。在平行分组体系中,各简单分组的分组标志是平等的关系,无主次之分。

复合分组就是对所调查对象选择两个或两个以上的标志进行层叠分组,即先按一个标志分组,然后再对每一个组别按另一个标志做进一步分组。在进行复合分组时,应根据分析的要求,确定分组标志的主次顺序,主要标志在先,次要标志在后。另外,分组标志不宜过多,以防组数太多而显得内容繁杂,不利于说明问题。

2. 统计资料分组的方法

1) 选择分组标志

分组标志是资料分组的依据。分组标志选择得恰当与否,会直接影响到资料分组的效果。因此,选择分组标志应遵循:第一,根据社会调查目的选择分组标志;第二,选择能够反映现象本质特征的标志;第三,考虑现象所处的具体时空条件。

2) 确定各组排序

选择分组标志后,具体分组情况便确定了,要依一定的顺序排列好各组。按品质标志分组时,各组名称及排列顺序比较简单,而按数量标志分组则比较复杂。

3) 进行资料汇总

资料汇总有手工汇总和计算机汇总两种方法。手工汇总分划记法、过录法、折叠法和卡片法,其中卡片法运用较多。计算机汇总是资料汇总技术的新发展,是资料整理现代化的重要标志。计算机汇总优点显著,速度快、精度高、汇总量大,具有逻辑运算、自动工作和储存资料的功能。

(三) 资料整理形成分配数列

分配数列是指将资料按分组标志统计分组后,将各组依照一定顺序排列,使各调查单位按类入组,之后计算出各组分配次数所形成的数列。数列中分配在各组的调查单位数称为次数,又叫频数。各组次数占总体单位总数的比重为频率。根据分组标志性质的不同,分配数列可以分为品质分配数列和数量分配数列。

1. 品质分配数列

品质分配数列就是按品质标志分组所形成的数列,品质分配数列由两部分构成,分别为组的名称和各组次数。品质分配数列的编制比较简单,只需按照所选择的分组标志分好组,依一定的顺序将各组依次排列好,最后汇总出各组分配次数即可,如表4-1所示。

表 4-1 某村性别构成

性别	人数(人)	百分比(%)
男	150	53.57
女	130	46.43
合计	280	100.00

需要注意的是,若资料为定序测量尺度,各组排列应按高低顺序确定;若资料为定类尺度,各类别间尽管是并列的,也应根据时间、空间、习惯等因素考虑各组的排列顺序。

2. 数量分配数列

数量分配数列就是按数量标志分组所形成的分配数列。数量分配数列按各组标志值表示方法的不同,可以分为单项式数量分配数列和组距式数量分配数列。

1) 单项式数量分配数列

单项式数量分配数列是指数列中的每个组只用一个标志值表示的数列。适用于标志值的变动范围较小的资料,其编制与品质分配数列的编制方法基本相同,如表 4-2 所示。

表 4-2 某乡村家庭人口统计

家庭人口(人)	户数(户)	百分比(%)
1	12	5.50
2	32	14.68
3	50	22.94
4	70	32.11
5	43	19.72
6	11	5.05
合计	218	100.00

2) 组距式数量分配数列

组距式数量分配数列是指数列中的每个组用两个标志值组成的一个区间表示的数列。组距式数量分配数列适用于标志值的变动范围较大且一般调查单位数较多的资料,如表 4-3 所示。

表 4-3 某村村民年龄统计

年龄(岁)	人数(人)	百分比(%)
14 以下	57	24.46
14~17	20	8.58
18~34	40	17.17
35~59	68	29.19

续表

年龄(岁)	人数(人)	百分比(%)
60~80	35	15.02
80以上	13	5.58
合计	233	100.00

3. 编制组距式数列应考虑的问题

1) 组数与组距

组距是每组变量的最大值与最小值之差。组距与组数是相互关联的,它等于全距除以组数。编制组距式数量分配数列的关键是确定组数和组距。

2) 等距分组与异距分组

等距分组即使数列中各组组距相等。异距分组即使数列中各组组距不相等。采用等距分组还是异距分组,主要取决于研究现象特点的差异变动是否均衡。

3) 组限及其表示方法

组限是各组的数量界限,即每组两端的数值。其中较大的标志值为上限,较小的标志值为下限。组限的表示方法有两种:一是上下限重叠式;二是上下限不重叠式。连续变量常用上下限重叠式表示方法,离散变量一般采用上下限不重叠式表示方式。采用上下限重叠式时,通常把某组的下限值划在该组内,把上限值归于较大一组,遵循"上限不在内"的原则。同时,组限值最好采用整数,且以 5 或 10 的倍数形式表示为好。

4) 开口组与闭口组

开口组常出现在第一组和最后一组,用"以下""以上"的形式表示,如表 4-3 的第一组和最后一组就属于开口组。闭口组是组内既有上限也有下限。一般情况下,最好采用闭口组的形式。但数据资料中若出现极端值,则应采取开口组的形式。

4. 编制组距式变量数列的步骤

下面以表 4-4 为例来说明组距式变量分配数列的编制步骤。

表 4-4 某镇 25 个村残疾人情况资料 单位:人

每个村残疾人人数	10	11	19	8	2
	1	8	2	8	8
	6	3	16	3	6
	2	6	7	12	1
	6	13	9	6	14

因所列举的 25 个村庄残疾人资料标志值的变动范围较大,故应编制组距式数量分配数列。编制步骤如下:

(1) 计算全距。全距是总体内最大标志值与最小标志值之差。本例中,全距=19-1=18。全距可作为划分组数和组距的参考。

(2) 确定组数和组距。由于本例中残疾人的人数变动比较均衡,故选择等距分组,根据对实际情况的了解及经验判断,确定组距为5,则组数=全距/组距=18/5=3.60,

即设 4 组较为适合。

（3）确定组限和组限表示法。根据残疾人的人数变动情况，采用上下限重叠式的组限表示法。组限值取 5 的倍数，见表 4-5 左栏。

（4）计算各组单位数及比重。由于本例中采用的是重叠式的组限表示法，故需运用"上限不在内"的原则计算各组单位数。根据需要再计算各组的比重。结果见表 4-5 第 1~3 列。

表 4-5　某镇 25 个村残疾人情况统计

残疾人人数(人)	村数(个)	频率(%)	向上累计		向下累计	
			村数(个)	频率(%)	村数(个)	频率(%)
1~5	7	28.00	7	28.00	25	100.00
6~10	12	48.00	19	76.00	18	72.00
11~15	4	16.00	23	92.00	6	24.00
16~20	2	8.00	25	100.00	2	8.00
合计	25	100.00	—	—	—	—

5. 累计次数分布

出于资料分析的需要，资料整理工作中有时还需计算累计次数和累计频率。其计算方式有两种：向上累计和向下累计。向上累计是将各组次数或频率由标志值小的组向标志值大的组逐组累加；向下累计是将各组次数或频率由标志值大的组向标志值小的组逐组累加，见表 4-5 第 4、5 列和 6、7 列。

四、资料整理的结果与展示

统计表和统计图都是对数据资料进行整理后所得结果的表现形式。用表和图来呈现数字，通过表和图，可以知道数据说明了什么。直观可视的图表可以增强调查报告的明了程度和效果。

(一) 统计表的制作

1. 统计表通常由表号、标题、横标目、纵标目、数字和资料来源等要素构成。

（1）表号。表号是表的序号，位于表顶端左角，其作用是便于指示和查找，如"表 4-6"就是下表的表号。

表 4-6　我国乡村不同性别人口数(2020 年)

性别	人数(万人)	百分比(%)
男	26 460	51.90
女	24 519	48.10
总数	50 979	100

资料来源：《中国统计年鉴 2021》

（2）标题。标题是统计表的名称，位于表的顶端中央。表 4-6 的标题就是"我国乡村不同性别人口数（2020 年）"。它的作用是说明表中统计资料的内容，包括这些资料收集的空间和时间范围等。

（3）横标目。横标目又称统计表的主项，是指统计表所要说明的对象，通常写在表的左边。表 4-6 的横标目有"男""女"和"总数"。

（4）纵标目。纵标目又称统计表的宾项，是指调查指标或统计指标的名称，通常写在表的最上面一行。表 4-6 的纵标目有"人数（万人）"和"百分比（%）"。

（5）数字。数字是对资料进行统计整理的结果，是统计表的主体，一般有绝对数和相对数等。每个数字都必须与横标目和纵标目一一对应。

（6）资料来源。有些统计表根据需要还在表的下面增列注解，用以表明资料的出处及对表中的有关内容做必要的说明。表 4-6 下方就注有"资料来源"。

2. 制作统计表时应注意的问题

制作统计表的原则是科学、规范、简明、实用、美观。具体地说，在制作统计表时，应注意以下几个方面的问题。

（1）标题要简明、扼要。每张表都要有表号和标题。标题要能确切地说明资料的时间、空间范围和表中数据的内容，使人一目了然。

（2）表的纵标目与横标目要准确反映变量取值的含义，它们的排列顺序也应具有一定的逻辑结构。一般应将最显著的放在前面，如果强调的是时间，则按时间顺序排列；如果强调的是大小，就按大小顺序排列。当然也可以按照其他顺序排列。

（3）表中的数据资料必须注明计量单位，如频数单位（人数、个数、户数等）和频率单位（百分比等）。如果表中只有一种计量单位（如只有百分比）或以一种计量单位为主要单位，则可将其写在表的右上角，而将次要的计量单位用括号注明。

（4）对于一般频数分布表，应列出合计栏，以便获得整体情况的资料。

（5）各种表格应以横线为主，斜线、竖线、数之间的横线均可省去。即便是需要用竖线的表格，也应是开口式的，即表的左右两端不画竖线。

（6）层次不宜过多。变量较多时，可酌情列数表。

（7）分组要适当。分组不可过细，以免冗繁，而且小格中的频数太少也难以说明问题；分组也不可以过粗，以免遮盖差别。

（8）小数点、个位数、十位数等应上下对齐，一般应有合计。

（9）给出必要的说明和标注。对表的说明可通过短小标题或标注（加" * "号，再在表格下面说明）来实现，但应尽可能避免一些不必要的数、字、符号和注。

（10）说明数据的来源。如果表中的数据是二手数据，一般应注明来源。

（二）统计图的制作

统计图又称分布图，也是调查者用来简化和反映调查资料的一种常用形式。画图是传达数据信息最有效的方式，好的统计图常常可以把数据中的信息清楚地显示出来，用统计表可能很难甚至不可能做到这一点。更重要的是，与数值资料相比，图所制造的直观视觉效果强多了。因此，只要有可能，应尽量采用图形来帮助理解调查报告的内容。

统计图主要用于调查资料初级统计结果的描述,特别适用于对调查总体的内部构成进行描述,对不同现象的分布进行比较,以及对现象变化的趋势进行展示等。

1. 统计图的种类

常用的统计图主要有圆饼图、条形图、直方图和折线图四种。不同层次变量统计图的制作也不相同。一般情况下,定类变量用圆饼图或条形图表示;定序变量用条形图表示;定距变量用直方图或曲线图表示。

1) 圆饼图

圆饼图又称饼状图、圆形图等,可以显示一个整体怎样分成几个部分。画圆饼图时,先要画个圆,圆代表总体(100%),圆里面的扇形就代表各个部分,各扇形的圆心角和各部分的大小成比例,用圆心角360°乘以各个部分的百分比就能得到这个部分的扇形度数。以表4-6为例,先算出每一部分所占的扇形度数:

男性人口数口:$0.5190 \times 360° = 187°$

女性人口数口:$0.4810 \times 360° = 173°$

这样就可以画出圆饼图了。如果用电脑做圆饼图,只要直接输入百分比,系统就会自动生成圆饼图,如图4-1所示。

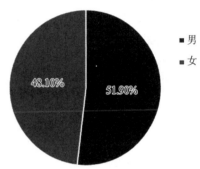

图4-1　2020年我国乡村不同性别人口分布

需要注意的是,圆饼不能切成太多的部分,一般不要超过七个部分。圆饼图的好处是让人们看到所有部分合起来的确是全体。但是圆饼图只能用来比较一个整体的各个部分,不能用来比较并不属于同一个整体的数量。

2) 条形图

条形图又称矩形图,是最常用的图形。它是用宽度相等、长度不等的长条表示不同的统计数字,如表示频数或百分比的多少。它既可以是水平的,也可以是垂直的(垂直的又叫柱形图),可以用来显示事物的大小、内部结构或动态变动等情况。

可以将表4-6的资料用垂直的条形图(柱形图)表示出来(见图4-2)。

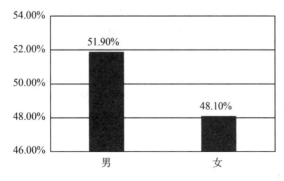

图4-2　2020年我国乡村不同性别人口分布

也可以将表4-6的资料用水平的条形图表示出来(见图4-3)。

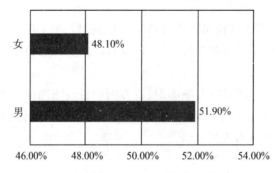

图 4-3 2020 年我国乡村不同性别人口分布

从图 4-2 和图 4-3 中,可以十分清楚地看到调查样本中不同性别的人口分布情况。每个条形的高度或长度显示出该性别人口占总乡村人口的百分比。从条形图中可以清楚地看出,男性人口比女性人口多,因为其条形比较高或长。这种条形图由于只有一组对象,所以又称简单条形图。如果把两组或两组以上对象的条形并列在一起,共同构成一个条形图,则既可以进行每组中条形间的比较,又可以对各组的同类条形进行比较。这种条形图称为复合条形图。将 2020 年的我国城乡不同性别人口分布与 2010 年的相比就可以画出一个复合条形图,如图 4-4 所示。

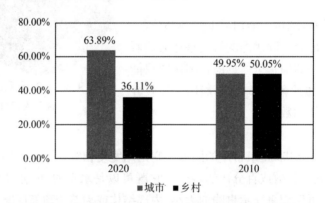

图 4-4 我国 2020 年与 2010 年城乡不同性别人口分布对比

不难看出,条形图的用途比圆饼图要广泛得多。圆饼图只能用来比较一个整体的各个部分;条形图既可以用来比较一个整体,又可以用来比较不属于同一个整体的数量。

3)直方图

直方图看上去和条形图类似,实际上它与条形图不同,它的宽度是有意义的。一般而言,直方图以长条的面积表示频次或相对频次;而条形图的高度表示的是频次密度或相对频次密度,其宽度为组距。直方图条形与条形之间没有空隙,除非有一组是空的,此时它对应的条形高度是零。直方图仅适用于定距变量,常用来表示数量变量的分布,如学生高考分数、家庭收入等。这些变量的可能值太多,因此如果把比较接近的值归为一组,画出的直方图就会清楚一些。我们用下面一个例子来说明如何画直方图。

调查得到某乡村 50 户居民某月的个人收入,将收入范围分成同样宽度的组,将 50 个数据分成 6 组,分别为 0~999 元、1 000~1 999 元、2 000~2 999 元、3 000~

3 999 元、4 000~4 999 元和 5 000 元及以上,计算出每一组对应的居民人数,见表 4-7。

表 4-7 某村 50 户居民个人收入统计表

组别	数值(人)
0~999 元	4
1 000~1 999 元	12
2 000~2 999 元	11
3 000~3 999 元	16
4 000~4 999 元	5
5 000 元及以上	2
合计	50

用横轴表示对应的组别,纵轴表示人数,每一个柱体代表一个组别,柱体底部涵盖该组的范围,柱体的高度代表该组的计数。柱体和柱体之间没有空隙,除非有一组为空值,此时它对应的柱体高度为零,这样就可以绘制出直方图,如图 4-5。

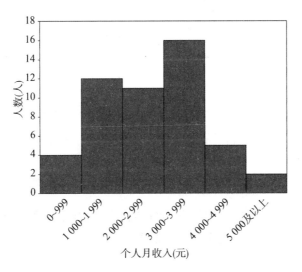

图 4-5 某村 50 户居民某月的个人收入分布

直方图提供了关于变量的重要信息。解释直方图时,首先要描述分布的一般形态,其次要将注意力放在主要的尖峰上,而不是放在直方图中的小起伏上。

4)曲线图

许多变量都是隔一段时间测量一次的。例如,人们也许会定期测量成长中儿童的身高,或者每个月的月底记录某只股票的股价。在这类例子中,人们感兴趣的是变量如何随着时间变动。要表示变量随着时间推移所产生的变化,应使用曲线图。曲线图又称折线图,是通过上下变化的线段来反映所研究现象随时间变化的过程和发展趋势的图形。如果一个图中只含有一条曲线,则称这种图形为单式曲线图;如果一个图中含有两条以上的曲线,则称其为复式曲线图。图 4-6 是一个单式曲线图,图 4-7 则是一个复式曲线图。

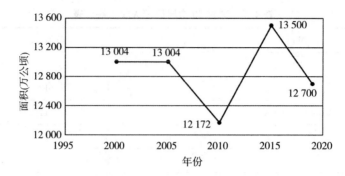

图 4-6　我国耕地面积变化情况

曲线图能描绘出该变量在不同的时间所对应的值,因此一定要把时间刻度放在图的横轴上,而把正在度量的变量放在纵轴上。用直线连接根据数据画出的点,以便呈现出随时间变化的情况。

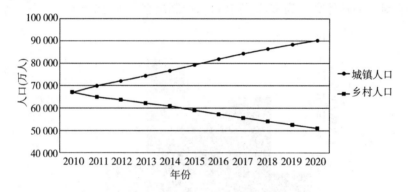

图 4-7　2010—2020 年我国城乡居民人口变化趋势

看曲线图时,首先要找出整体形态,如长期以来曲线是随着时间上升,还是随着时间下降,这叫趋势;其次,要看有没有显著偏离整体形态的现象。随时间变动的变量,常常会出现有规律的季节变动现象。

2. 制作统计图应注意的问题

(1)要根据绘图目的和统计资料本身的特性选取适合的图形。

(2)标示和说明要清晰。图里面画的变量是什么,单位是什么,以及资料来源,这些一定要在标示和说明里表示清楚。

(3)要让数据很醒目。一定要注意,抓住看图者注意力的是数据本身,而不是标示、格子,也不是背景的图样。你是在画一个呈现数据的图,不是在从事艺术创作,所以数据要很醒目。

(4)不要在图中加入不必要的东西(如物体图片、画像等),以免看不清楚数据。

(5)注意曲线图中的刻度。图给人的印象深刻,所以粗心的人很容易被误导。谨慎的人读曲线图时,会很仔细地看横轴和纵轴上标示的刻度,看看有没有被刻意拉大或压缩来制造特定效果。

第二节　调查资料的统计分析

通过乡村调查收集到有关乡村现象的资料并进行整理之后，就需要对这些已经初步实现条理化的资料进行统计分析，以便能够发现问题，探求内在规律。本章主要介绍常用的统计分析方法（如集中量数、离中量数、列联表、相关与回归分析等）的原理及使用方法。

一、统计分析的作用和步骤

统计作为一种社会实践活动已有悠久的历史。在英语中，"统计（statistics）"一词与"国家"一词来自同一词源。可以说，自从有了国家就有了统计实践活动。最初，统计只是用于帮统治者收集资料，帮助他们管理国家，弄清国家的人力、物力和财力，为国家管理提供依据。19世纪中叶，概率论引入统计学，此后，一门研究客观世界随机现象的严谨的数学理论——数理统计学逐渐形成。

统计分析是运用统计方法和技术对数据进行分析处理的过程，是乡村调查不可缺少的环节和重要内容，也是应用最广泛的定量分析方法。数据的统计分析工作质量的高低不仅是能否保证"颗粒还家"的关键，还是能否"去伪存真""由表及里""找到规律""发现问题""更上一层楼"的重要环节。

当今计算机的迅速发展促进了统计学的发展和应用，统计分析在自然科学研究和社会科学研究中发挥着越来越重要的作用，而且已经成为科学研究必不可少的工具。

（一）统计分析的类型

统计分析可以按照不同标准进行划分。按照不同的性质划分，统计分析可分为描述性统计分析和推断性统计分析；按照所涉及的变量划分，统计分析可分为单变量统计分析、双变量统计分析和多变量统计分析。

1. 描述性统计分析和推断性统计分析

描述性统计分析是运用样本统计量描述样本统计特征的统计分析方法。描述性统计分析是相对于推断性统计分析而言的，即凡是只涉及样本而不涉及总体特征的统计分析方法都属于描述性统计分析的范畴。

推断性统计分析是以概率论为基础，运用样本统计量推断总体的统计分析方法。一般来说，乡村调查的目的都是要通过抽样调查来了解总体。因此，在统计分析中，一般都要运用推断性统计分析方法。

描述性统计分析和推断性统计分析是密不可分的。描述性统计分析是推断性统计分析的基础和前提。只有在描述性统计分析求出了样本统计量的基础上，才能推断总体参数或进行假设检验。推断性统计分析是描述性统计分析的发展和目的。

2. 单变量、双变量和多变量统计分析

乡村调查通常会涉及很多变量。在统计分析中,究竟要进行单变量统计分析,还是进行双变量统计分析或多变量统计分析,这要取决于调查者的目的和意图。

单变量统计分析是只对一个变量进行统计分析的方法。它只能用百分数、平均数、标准差等统计数值来描述单个变量的特征,而不可能对变量之间的关系做出解释,即只能做描述性研究。

双变量统计分析是对两个变量进行统计分析的方法。它可以进行解释性研究,可以通过常用的双变量统计分析方法,如列联表分析、各种双变量相关分析、二元回归分析等,分析两个变量之间的关系,如相关关系、因果关系等。

多变量统计分析是对三个或三个以上变量(其中至少有一个因变量)进行统计分析的方法。多变量统计分析是一种非常复杂的统计分析方法,因而通常称为高级统计方法。

所有的调查都需要使用单变量统计分析的方法,大部分的调查也需要使用双变量统计分析的方法,而只有少部分比较复杂的调查才会使用多变量统计分析方法。因此,本书重点介绍单变量统计分析,适当介绍双变量统计分析,简略地说明多变量统计分析。

(二) 统计分析的作用

1. 可以简化和描述数据

乡村调查往往涉及大量的信息。统计分析的作用之一是以精简的数字来综合大量的事实,提高人们对数字的控制能力,帮助人们透过庞杂的数字和复杂的关系对研究变量自身特征作出清晰的描述。

2. 可以用样本推断总体

由于大量的乡村调查都是抽样调查,如何由样本资料推论总体就成为抽样调查必须解决的问题。统计学很好地解决了这个问题。它可以通过参数估计和统计检验等手段,将样本资料推论到总体并指出这种推论的误差及做出这种推论的把握有多大。由于它建立在概率论的基础之上,所以决定了这种由样本到总体的推论是科学的。统计学的介入大大扩展了乡村调查的范围,提高了乡村调查的效率,并使研究得以深入进行。

3. 可以对变量间的关系进行描述和深入分析

科学研究的目的在于揭示现象之间的关系,发现事物发展的规律。统计分析可以通过相关分析、回归分析等方法,深入描述和分析两个或多个变量之间的数量联系,进而揭示变量之间的关系,探寻事物的发展变化规律。

(三) 统计分析的步骤

1. 对应用统计分析的前提条件进行考察

乡村调查的不同步骤是一个相互联系的整体,统计分析只是其中的一步,因此它的前导步骤是否正确执行是统计分析能不能成功运用的实际前提。统计分析是建立在数理统计基础之上的,它的应用必须满足一定的理论前提,如资料在总体中的分布是否满足统计分析的要求,抽样方法是不是随机抽样等。因此,在运用统计方法对调查资料进行分析之前,首先要注意审查使用统计分析的理论前提和实际条件是否得到满足。

2. 制订统计分析方案

调查人员在设计调查方案时,就应该根据调查目的来考虑准备进行哪些统计分析,再从统计分析的需要出发决定测量中的有关事项,提出适当的统计方法。例如,针对某份调查问卷,可以这样设计:

(1) 计算所有变量的频数。
(2) 计算第1~5题中所有变量的百分数。
(3) 计算第6题中各个变量的平均数与标准差。
(4) 计算第8题和第9题中两个变量的相关系数等。

这时对统计分析的考虑还只是初步的、粗略的。调查人员在对资料是否满足统计分析的前提条件进行考察后,还要经过周密、慎重的思考,制订出详细的统计分析方案。

3. 选择适当的统计分析方法

各种统计分析方法都具有特定的假设前提、应用范围和功能。在进行资料分析时,调查人员必须根据调查目的和资料本身的特点选择适当的统计分析方法,否则得到的统计结果即使不是毫无意义的,也是不可信赖的。选择统计方法时,要考虑的因素有测量层次、资料的收集方法、变量的个数等。

一般来说,适用于低层次测量的统计方法也适用于高层次的测量,反之则不可以。但为了不损失资料中的信息,最好采用与测量层次相应的统计方法。

资料可以通过普查得到,也可以通过抽样调查得到。如果资料是由普查获得的,则使用描述性统计;如果资料是由抽样调查得到的,仅用描述性统计就不够了,还必须运用推断性统计技术,从样本资料推论到总体。

对于变量的个数,如果要概括调查对象的特征,则可使用单变量统计分析,如"村民的平均收入""平均年龄""出生率""死亡率"等;如果要说明乡村现象,如"个人的工资收入"与"个人的消费状况"之间的关系,就要采用双变量统计分析或多变量统计分析。

需要根据研究内容,考虑各种因素后,选择统计方法,具体可以参考表4-8。

表4-8 不同因素下适用的统计分析方法

变量类型	描述性统计	推断性统计
定类	百分比、比例、比率、众数	卡方、二项检验
定序	百分比、中位数、众数	秩相关系数分析
定距	平均数、中位数、众数、极差、标准差	秩矩相关系数分析、学生t检验、方差分析、回归分析、因子分析
定比	平均数、中位数、众数、极差、标准差	变异系数分析

4. 对统计结果做出解释

在对统计结果进行解释时,应该注意以下几点:

（1）解释不应超越调查结果的资料之外。

（2）解释不能忘记调查的限制，如调查工具的信度和效度问题、样本的代表性问题、抽样误差问题等，切忌夸大其词。

（3）解释时应将未能妥善控制的因素加以说明。例如，虽然是随机抽样，但其中某些样本并不随机，这些应在调查报告中加以说明。

（4）避免做因果关系的解释。在社会调查中，变量之间如果没有有因果关系的证据，只能说明其有因果关系的可能，并不能直接解释为因果关系。

特别需要注意的是，即使得出的统计数据是真实的、可靠的，对乡村现象的解释也不能百分之百地依靠数据，正如爱因斯坦所说："数学定律不能百分之百地确实地用在现实生活里；能百分之百确实地用数学定律描述的，就不是现实生活。"恩格斯也说过："数字是我们所知道的最纯粹的量的规定，但是它充满了质的差异。"

对于统计结果的解释，要从实事求是的立场出发，要结合其他有关资料，并参考其他分析方法所得到的结果。只有综合各种因素后，统计结果才有可能反映和揭示调查资料所代表的乡村现象的本质的、意义和内容。

二、单变量统计分析

单变量统计分析是对某一变量的数量特征所做的描述。它是最简单也是最基本的统计，是对某一变量大量数据的统计概括。

（一）变量的分布

调查问卷中的项目或变量形成"分布"，即被调查者对某项目所做出的选择（或值）是分布在某些值的范围之内的。数据分析的第一件事是描述每个变量的分布，简单地说，就是清点所有调查对象选择某一个变量的数量，掌握它们的相对规模。数据分析常用于描述变量分布情况的测量，主要包括频数、比例、百分比和比率分析。

1. 频数分析

频数分析是计算某个变量下各个变量值出现次数的统计分析方法。它是最常用的描述性统计分析方法之一。利用变量的频数分布分析，可以方便地按组对数据进行归类整理，形成观测量中各变量不同水平的分布情况表，以便使研究人员对数值的数量特征和内部结构状况有一个整体上的认识，从而了解调查对象对于不同变量值的选择倾向。

例如，对某乡村 100 名居民的文化程度进行调查，通过将文化程度进行归类，调查者得到这 100 名居民的频数分布：小学及以下 10 人；初中 32 人；高中或中专 43 人；大专及以上 15 人。这样，只用四个数字就可以概括出这 100 人关于"文化程度"这一变量的内部结构情况。

2. 比例分析

比例是分类中的样本数除以样本的总和。测量比例的前提条件是，分类的方法可以保证不同类别之间相互排斥并具穷尽性。也就是说，任何一个确定的被调查者都可以被置放在一个而且只能是一个分类之中。例如,上例中的"文化程度"这一变量,调查者将其分成小学及以下、初中、高中或中专、大专及以上四类,它包含了文化程度的所有类型,因此具有穷尽性,这四个类别之间既没有互相涵盖,又没有互相交叉,因此具有互斥性。

在实际运用时,调查者通常保留两位小数来展示资料的比例。上例中,调查者通过计算得出的比例分布为:"小学及以下"占 0.10;"初中"占 0.32;"高中或中专"占 0.43;"大专及以上"占 0.15。

不难看出,如果把所有分类中的比例相加,其结果为 1。这是比例的一个重要性质,它适用于任意数量的分类。

3. 百分比分析

若在比例的基础上乘以 100,便可获得百分比(或称百分数)。在实际的调查报告结果中,百分比的使用较比例的使用要频繁和普遍一些。既然比例必须相加成为一个单位的整数,那么百分比的总和将为 100,除非分类不是互斥的或可穷尽的。

下面用表 4-9 说明频数、比例和百分比。

表 4-9 某乡村 100 名居民的文化程度分布

文化程度	频数	比例	百分比(%)	累计百分比(%)
小学及以下	10	0.10	10	10
初中	32	0.32	32	42
高中或中专	43	0.43	43	85
大专及以上	15	0.15	15	100
合计	100	1	100	

在统计表中,经常会列出累计百分比,就是每个数相当于上一列中到该数位置为止的前几个数的和,最后的累计结果就是 100%。

按照常规,此时百分比要在最后一位的数值上进行必要的调整,使其总和精确地等于 100%。我们传统上习惯于调整那些含有最大百分比数的分类,这是因为大数值中的微小变化比小数值的变动影响小,故不会改变计算结果。同时,还必须与百分比一起报告各个类别样本的频数。

4. 比率分析

数值 A 对数值 B 的比率可以定义为用 A 除以 B,这里的关键词是"对"。无论是什么样的数,只要它出现在"对"之前,就应该是分子,反之则为分母。

上例中,"小学及以下"对"初中"的比率就是 10/32;"高中或中专"和"大专及以上"对"初中"的比率则为 (43+15)/32。与比例不同,比率的值可以大于 1。它经常可由分子和分母的化简而得到最简单的形式,如上面"小学及以下"对"初中"的比率就可以化简为 5/16 或 5∶16。有时,还可以将分母作为一个单位来表示比率,沿用上例,则"小学及以下"对"初中"的比率为 0.31∶1。

比例也属于比率,它是比率的一种特殊类型,其中分母是实例的总和,分子是分母中的某一部分。计算比率时通常 A 和 B 来自完全不同的类别,因此通常意义的比率又称相对比率。

人们在生活中经常会听到很多数字,如我国人口普查中常用的人口性别比、出生率、死亡率、增长率等。其实这些都是比率。比率可以用任何方便的数字作为基数,用分母的量值表示出来。人口性别比就是人口中男性人数与女性人数之比,通常用每100名女性人口相对应的男性人口数来表示。如果人口性别比为94,说明男性略少于女性;而人口性别比为108则相反,说明男性略多于女性。出生率是指在一定时期内(通常为一年)平均每千人中出生人数的比率;死亡率是指在一定时期(通常为一年)内死亡人数与同期平均人口数的比率(一般按每千人平均计算);增长率是指用某一阶段中的实际增长数除以这一阶段开始时的数目。增长率有可能超过100%,也有可能为负数。

比率能很好地从数量上反映两个相互联系的现象之间的对比关系。但是,随着变量类别的增加,比率数会变得很大,这时,既经济又简便且清晰的方法是使用百分比或比例。

(二) 集中量数分析

用分布来研究变量是最为周全的方法,但有时,仅仅需要对变量的主要特征进行研究,而不必详尽了解所要研究的变量,如仅需要了解某一个乡村居民的平均工资、某单位职工的平均年龄等。在这种情况下,可以用某一个典型的变量值或特征值来代表全体变量值。这个典型的变量值或特征值就被称为集中量数。

例如,某单位职工的年龄是各不相同的,经过计算,平均年龄是35岁,那么35岁就是该单位职工年龄的集中量数。不论职工的年龄分布如何,它们都是以35岁为中心而上下波动。平均数35岁所反映的就是该单位职工年龄分布的集中趋势。

集中量数用来测度集中趋势,即一组数据向某一中心值靠拢的程度,它反映了一组数据中心点的位置所在。用一个数值来代表一组数据对原始数据来说是一种简化的过程。这一过程使原始数据损失了其所具有的实在性,然而这一损失是以科学的抽象为前提的,因此它能帮助人们更加深入地了解这组数据。例如,单位职工的平均年龄是35岁,可能没有一位职工的年龄是35岁,也就是说,35岁不具有实在性,但这一数值却是全体职工年龄的集中体现。

在统计分析中,测定集中量数具有以下作用:

一是可以说明某一社会现象在一定条件下的一般水平和规模。例如,人均耕地面积可以反映人口在耕地上的分布状况,人均收入可以反映经济生活水平等。

二是可以对不同空间的同类现象或同一现象在不同时间的状态进行比较。例如,可以用村民人均收入来比较不同乡村的生活水平;通过对不同时期的家庭人口平均数进行比较,可以揭示家庭结构的发展变化趋势等。

三是可以分析某些乡村现象之间的依存关系。例如,通过考察乡村产业发展和人均收入的情况,可以看出乡村产业对人均收入的制约关系等。

常用的集中量数有平均数、众数、中位数等。

1. 平均数

平均数也称均值，是一组数据相加后除以数据的个数得到的结果。平均数是集中趋势的最主要的测度值，是最典型的、最常用的，也是最有意义的统计量。它主要适用于数值型数据，而不适用于分类数据和顺序数据。

(1) 根据原始资料求平均数。当原始数据比较少时，可以直接加总观察值，然后除以观察总数，计算公式为：

$$\overline{X} = \frac{\sum X_i}{N}$$

式中，$\overline{X}$ 为变量 X 的均值；$\sum X_i$ 为观察值的总和；N 为观察总数。

(2) 利用频数分布求平均数。利用频数分布可以简化平均数的计算，公式如下：

$$\overline{X} = \frac{\sum n_i X_i}{\sum n_i} = \frac{n_1 X_1 + n_2 X_2 + \cdots + n_k X_k}{n_1 + n_2 + \cdots + n_k}$$

式中，$n_i X_i$ 表述变量值 $\overline{X}$ 与和它对应的频数 n_i 的乘积，$\sum n_i = N$。

2. 众数

众数是一组数据中出现次数最多的变量值，它表示的是最典型的个案，即包含最大比例的调查对象的变量值。众数主要用于测度分类数据的集中趋势，也适用于测量顺序数据及数值型数据的集中趋势。一般而言，只有在数据量较大的情况下众数才具有意义。众数最易求出，因为只要知道频数分布就能找到众数。

众数是一个位置代表值，它不受数据中极端值的影响。从分布的角度看，众数是具有明显集中趋势点的值，一组数据分布的最高峰点所对应的数值即众数。

3. 中位数

当资料由低到高或由高向低排列时，人们可能期望找到中间那一列的位置，中位数可以帮助我们很容易地找到中间列。它是变量的一个取值，用 M_d 表示。它把观察总变量一分为二，其中一半具有比它小的变量值，另一半具有比它大的变量值。中位数就是数据序列中处于中间位置的变量值。中位数主要用于测度顺序数据的集中趋势，也适用于测度数值型数据的集中趋势，但不适用于数据分类。

(1) 根据原始资料求中位数。当原始数据比较少时，可以将数据按照大小排序。当观察总数 n 为奇数时，中位数位于 $\frac{n+1}{2}$ 的位置时；当观察总数为偶数时，由于 $\frac{n+1}{2}$ 的位置不存在变量值，所以取居中位置左右两侧变量值的平均数做中位数。

(2) 根据频数分布求中位数。当原始数据比较多时，可以根据频数分布求中位数。决定频数分布中中位数所在的位置时，需要计算累计频数，其计算方法与累计百分比的算法相同，就是每个数相当于上一列中到该数位置为止的前几个数的和。尽管没有统一规定，可还是应该养成写明所有频数并在表格中列入累计频数的习惯。我们先找出中位数的位置，然后顺着累计频数找到中位数所在位置的变量，那个变量就是中位数。

4. 平均数与众数、中位数的特点及应用场合

从总体上看,要测量集中趋势,就要找出一个具有代表性的值,上述几种集中量数在许多场合中描述同一资料时的代表值并不相同。也就是说,同一资料的算术平均数、中位数、众数的数值并不相等。那么,究竟应选择哪种集中量数作为代表值,就要结合数据资料的情况和研究的目的来决定。

平均数最严密、可靠,而且通过它可以进一步计算相关系数和回归系数,同时将平均数乘以总体单位数可以得出全部数值总和,这是中位数和众数所不具备的。但当数据中出现极端数值时,就会改变平均数数值,从而削弱平均数的代表性,这时可以考虑选择众数或中位数。当数据资料是等级或类别类型时,就不能采用平均数。

众数是一组数据分布的峰值,不受极端值的影响。其缺点是不具有唯一性,一组数据可能有一个众数,也可能有两个或多个众数,也可能没有众数。众数只有在数据较多的情况下才具有意义,所以当数据较少时不宜使用众数。众数主要适合作为分类数据的集中趋势测度值。

中位数是一组数据中间位置上的代表值,其不受极端值的影响。当一组数据的分布倾斜程度较大时,使用中位数也许是一个比较好的选择。中位数主要适合作为顺序数据的集中趋势测度值。

可见,中位数和众数不具备平均数所具有的优点,但却能弥补平均数的不足,其适用范围比平均数广,而且不受极端数值的影响。

(三) 离中量数分析

一切事物都是有差异的,集中量数概括了一组数据的共性和一般水平,但它无法说明被它所概括的数据的差异究竟达到何种程度。离中量数反映的是各变量值远离其中心值的程度,即一组数据围绕中心值向两个方向的伸展程度。它的意义在于阐述被研究现象的差异特征。它与集中量数一起,分别从两个不同的侧面描述和揭示一组数据的分布情况,共同反映数据分布的全面特征。同时,它还对相应的集中量数的代表性做出补充说明,帮助人们理解数据的离散程度及集中量数的代表性。数据的离散程度越大,集中趋势的测量值对该组数据的代表性就越差;离散程度越小,集中趋势的测量值的代表性就越好。

描述离散程度的离中量数主要有异众比率、极差、四分互差、方差和标准差等。

1. 异众比率

异众比率是指非众数的频数在总频数中所占的比例。它表示在总体中众数不能代表的比例有多大。可见,异众比率是对众数的补充,异众比率越小,各变量值相对于众数越集中,说明众数的代表性越好;反之,异众比率越大,各变量值相对于众数越离散,则说明众数的代表性越差。异众比率 V_r 的计算公式如下:

$$V_r = \frac{N - f_M}{N}$$

式中,N 表示总频数,f_M 为众数的频数。

2. 极差

一组数据的最大值与最小值之差称为极差,也称全距,用 R 表示。

$$极差 = 数据的最大值 - 数据的最小值$$

极差越小,表明资料越集中;极差越大,表明资料越分散。但由于它的值是由端点值之差决定的,因此个别远离群体的极值会极大地改变极差,致使极差不能真实地反映资料的分散程度。

3. 四分互差

四分互差可以用 Q 来表示。将各个变量值按大小顺序排列,然后将排列好的数列分为四等份,第三个四分位上的值 Q_{75} 与第一个四分位上的值 Q_{25} 的差就是四分互差。

$$Q = Q_{75} - Q_{25}$$

四分互差可以克服极值的干扰,因为它不是用数据的最大值和最小值来计算的。在统计分析中,常将四分互差与中位数配合使用,从而使统计总体中的集中趋势与离散趋势更鲜明地表现出来。Q 值越大,表明 Q_{75} 和 Q_{25} 之间有一半的变量值分布越远离它们的中心点,中位数的代表性越差;反之则越好。

4. 方差和标准差

方差(σ^2)是指各变量值与其平均数之差的平方和的平均数,计算公式如下:

$$\sigma^2 = \frac{\sum (X_i - \overline{X})^2}{N}$$

标准差 σ 是方差的算术平方根,计算公式如下:

$$\sigma = \sqrt{\sigma^2}$$

方差和标准差能较好地反映数据的离散程度,是在实际中应用最广泛的离散程度测度值。标准差的数值越大,表明平均数代表性越差,变量的离散趋势越大,离中趋势越小;标准差的数值越小,表明平均数代表性越好,变量的离散趋势越小,离中趋势越大。

在实际应用过程中,由于 $\sum (X_i - \overline{X})^2 = \sum X_i^2 - \frac{(\sum X_i)^2}{N}$,故 $\sigma = \frac{1}{N}\sqrt{N\sum X_i^2 - (\sum X_i)^2}$。如果资料已经整理为频次分布,公式的一般形式则为 $\sigma = \frac{1}{N}\sqrt{N\sum n_i X_i^2 - (\sum n_i X_i)^2}$。对于分组资料,只需将公式中的变量值变为组中心值 b_i 即可,即:

$$\sigma = \frac{1}{N}\sqrt{N\sum n_i b_i^2 - (\sum n_i b_i)^2}$$

5. 集中量数与离中量数的关系

为了简化资料分析过程,可以用众数、中位数和平均数来代表数据分布的集中特征。但是,为了说明它们的代表程度或可靠程度,还需要用数据分布的离散特征加以补充。两两之间的对应关系如下：

众数 ↔ 异众比率

中位数 ↔ 极差、四分互差

均值 ↔ 方差或标准差

三、双变量统计分析

前面介绍的统计方法，不管是集中趋势，还是离散趋势，都仅限于一种变量，或者用于对两种变量进行比较。在社会研究中，许多问题涉及的不仅是一个变量，常常需要研究两个及两个以上变量之间的关系，如研究文化程度和择业心理之间的关系等。这里简单介绍分析两个变量关系的技术与方法，主要包括列联表分析、相关分析和回归分析。

（一）列联表分析

1. 列联表的构造

列联表是对两个以上的变量进行交叉分类所构成的频数分布表。它主要用于分析定类变量之间的关系。例如，对某乡村不同年龄档次的居民所喜爱的电视节目类型进行调查，如果年龄分为三个档次，即老年、中年和青年，节目类型则相应有三类，即戏曲、歌舞和球赛。现在想考察一下喜爱的节目类型与年龄的分类之间的关系，这种情况下，列联表就是一种有用的分析工具，见表 4-10。

表 4-10　某乡村不同年龄档次的居民所喜爱的电视节目类型情况　　单位：人

	老年	中年	青年	合计
戏曲	20	10	2	32
歌舞	5	20	35	60
球赛	2	10	20	32
合计	27	40	57	124

从表 4.10 中可以清楚地了解到每个年龄段的居民对不同类型电视节目的喜好情况。表中的行是年龄变量，划分为三类，即老年、中年和青年；表中的列是节目类型，划分为戏曲、歌舞和球赛。表中的每个数据都反映了来自年龄和节目类型两个方面的信息。列联表中每个变量都可以有两个或两个以上的类别，所以列联表会有多种形式。如果将横行变量分为 c 类，纵列变量分为 r 类，则可以把每个具体的列联表称为 $r \times c$ 列联表。表 4.10 可称为 3×3 列联表。

2. 列联表的分布

列联表的分布包括两个方面：一个是观察值的分布，另一个是期望值的分布。

1) 观察值的分布

表 4.10 是一个最简单的观察值的分布。变量年龄档次和节目类型的每一对取值

都有一个数字与之对应,所以称该分布为两个变量的联合分布;由于对应数字是频数,所以也称该分布为频数的联合分布。

根据频数的联合分布可以分别计算概率的联合分布、边缘分布和条件分布,如表4-11所示。

表 4-11 不同年龄档次所对应的电视节目类型的分布(联合、边缘)

	老年	中年	青年	合计
戏曲	20/124	10/124	2/124	32/124
歌舞	5/124	20/124	35/124	60/124
球赛	2/124	10/124	20/124	32/124
合计	27/124	40/124	57/124	124/124

观察表 4-11 可知,表中的最后一列为变量节目类型的边缘分布,即只研究变量节目类型的分布,而不考虑年龄档次的取值。最后一行为变量年龄档次的边缘分布,不考虑节目类型的取值。如果将表中的最后一列与最后一行去掉,剩下的部分则构成了概率的联合分布,变量年龄档次和节目类型的每一对取值都有一个概率值与之对应。至于条件分布,则是将其中一个变量控制起来取固定值,再看另一个变量的分布。例如:变量节目类型的条件分布共有三个,即在变量年龄档次分别取老年、中年和青年的条件下节目类型的分布。在变量年龄档次取老年的条件下,节目类型的条件分布如表4-12 所示。

表 4-12 电视节目类型的条件分布

节目类型	戏曲	歌舞	球赛
概率	20/27	5/27	2/27

从理论上来讲,还可以列出三个关于年龄档次的条件分布,但从实际角度来看,控制因变量是没有实际意义的,因此一般只研究控制自变量之后因变量的条件分布。

2) 期望值的分布

什么是期望值的分布呢?以表 4-10 的数据为例,从总体上看,在 124 个调查对象中有 32 个调查对象喜爱戏曲节目,即 32/124 的调查对象喜欢戏曲节目。如果各个年龄段的调查对象对电视节目的偏好是相同的,那么对于老年人来说,喜欢戏曲节目的人数应当为 $27\times(32/124)=7.0$;同样,对于中年人来说,喜欢歌舞节目的人数应当为 $40\times(32/124)=10.3$。那么,7.0 和 10.3 就是期望值,由此可以计算期望值的分布,如表 4-13 所示。

表 4-13 不同年龄档次所对应的电视节目类型的期望值分布

	老年	中年	青年	合计
戏曲	7.0	10.3	14.7	32
歌舞	13.1	19.4	27.6	60

续表

	老年	中年	青年	合计
球赛	7.0	10.3	14.7	32
合计	27	40	57	124

如果各个年龄段的调查对象对三种类型的电视节目喜爱程度是相同的,那么观察值和期望值就应该非常接近。

3. 列联表的作用

列联表综合了两个变量的共同分布,因此像单变量频数分布表一样,它具有对变量进行描述的作用。列联表的另一个作用是可以对不同类别进行比较,这也是对变量关系的一种解释性分析。

列联表可用于各种测量层次的变量的分析。在用于定序变量分析时,变量应按取值的大小顺序排列,如低、中、高,大、中、小等;在用于定距层次的测量时,需要先进行分组,然后按组的首尾相接顺序排列。

对于变量之间关系的分析,列联表的优点是直观、资料丰富,不仅可以看到关系的有无及大小,而且可以了解这种关系的详细结构。但当表很大时,这种直观性就会受到很大限制。此外,它无法确切地告诉我们变量之间的关系及关系的密切程度,因此还需要进行检验和计算相关系数。

4. 列联表的检验

列联表的检验可以帮助人们了解两个变量之间到底具有何种关系。它包括 χ^2 统计量检验、拟合优度检验、独立性检验等。

1) χ^2 统计量检验

χ^2 可以用于变量间拟合优度检验和独立性检验,可以用于测定两个分类变量之间的相关程度。若用 f_o 表示观察值频数,用 f_e 表示期望值频数,则 χ^2 统计量可以写为

$$\chi^2 = \sum \frac{(f_o - f_e)^2}{f_e}$$

由 χ^2 统计量的表达式可以看出,它描述了观察值与期望值的接近程度。两者越接近,计算出的 χ^2 值越小;反之,计算出的 χ^2 值越大。χ^2 检验正是运用 χ^2 的计算结果,并将其与分布中的临界值进行比较,从而做出对统计的决策。

2) 拟合优度检验

拟合优度检验是用 χ^2 分布进行统计显著性检验的重要内容之一。如果样本是从总体的不同类别中分别抽取的,那么研究的目的是对不同类别的目标量之间是否存在显著性差异进行检验,这种检验就可以称为拟合优度检验,也可以称为一致性检验。对于前述的不同年龄段调查对象对电视节目类型的偏好分析这个例子,如果三个年龄段的调查对象对电视节目的偏好是一样的,那么三个年龄段的调查对象对三种节目的期望数和观察数一致,比例分别等于 32/124、60/124 和 23/124;反之,如果期望数与观察数不一致,表明不同年龄段的调查对象对电视节目的偏好是有差异的。

一般而言,如果根据调查数据计算出来的 χ^2 值大于在一定显著性水平下的临界值 χ_α^2,就可以认为在自变量分类既定的情况下,因变量的分类是有差异的。

3) 独立性检验

在研究问题时,有时需要判断两个分类变量之间是否存在联系,如对父母的孝敬程度是否与孩子的性别有关、子辈职业是否与父辈职业有关等。在这种情况下,可以使用 χ^2 检验,判断两组或多组资料是否相互关联。如果不相互关联,就称各组资料相互独立,所以对这类问题的处理也可以称为独立性检验。

例如,某乡镇研究子辈职业和父辈职业之间的关系,调查了 140 人,结果如表 4-14 所示。那么子辈职业与父辈职业是否有关呢?($\alpha=0.05$)

表 4-14　子辈职业和父辈职业的情况　　　　　　　　　　　　　单位:人

	父辈从事脑力劳动	父辈从事体力劳动	父辈务农	合计
子辈从事脑力劳动	20	5	5	30
子辈从事体力劳动	10	30	10	50
子辈务农	5	5	50	60
合计	35	40	65	140

在这个问题中,可以根据 $\chi^2=\sum\frac{(f_o-f_e)^2}{f_e}$ 计算 χ^2 值,然后比较 χ^2 值与 $\chi_{0.05}^2$ 的大小。如 $\chi^2>\chi_{0.05}^2$,则认为子辈职业与父辈职业是有关系的(本题中 $\chi^2=86.22>\chi_{0.05}^2=9.49$)。

对于 χ^2 值的确定,在给定了显著性水平 α 的前提下,还必须确定自由度。自由度 $K=(r-1)(c-1)$。

从表面上看,一致性检验和独立性检验不论在列联表的形式上还是在计算 χ^2 的公式上都是相同的,所以有人对此并不进行严格区分,而是笼统地把它们称为 χ^2 检验。

5. 列联强度

如果变量相互独立,说明它们之间没有关系;反之,则认为它们之间存在联系。接下来的问题是,如果变量之间存在关系,如何衡量其相关程度呢?列联强度是对两个变量之间相关程度的测定,它可以通过相关系数来描述。下面介绍 φ 相关系数、列联相关系数和 V 系数。

1) φ 相关系数

φ 相关系数(φ correlation coefficient)是描述 2×2 列联表数据相关程度最常用的一种相关系数。其计算公式为:

$$\varphi=\sqrt{\frac{\chi^2}{n}}$$

式中,$\chi^2=\sum\frac{(f_o-f_e)^2}{f_e}$,$n$ 为列联表中的总频数。

因为对于 2×2 列联表中的数据,计算出的 φ 相关系数可以控制在 0~1 的范围内,

所以 φ 相关系数比较适合 2×2 列联表。φ 值越大,说明变量之间的相关程度越高。

2) 列联相关系数

列联相关系数又称列联系数,简称 c 系数,主要用于表示大于 2×2 列联表中变量的相关情况。其公式为:

$$c=\sqrt{\frac{\chi^2}{\chi^2+n}}$$

当列联表中的两个变量相互独立时,系数 $c=0$,但它不可能大于 1,这一点从公式中可以反映出来。c 系数的不足表现在两个变量完全相关时,它也不能等于 1。

3) V 系数

为了克服 c 系数的缺点,有人提出了 V 系数。其计算公式为:

$$V=\sqrt{\frac{\chi^2}{n\times\min[((R-1),(c-1))]}}$$

当两个变量相互独立时,$V=0$;当两个变量完全相关时,$V=1$。

(二) 相关分析

1. 变量间的关系

在实际工作和科学研究的过程中,经常要对变量之间的关系进行分析。例如,要对农作物产量与施肥量之间的关系进行分析,以便分析施肥量对产量的影响。人们在实践中发现,变量之间的关系可以分为两种类型,即函数关系和相关关系。

函数关系是确定性的关系,当自变量取某个数值时,因变量依照确定的关系取相应的值。一般用 $y=f(x)$ 表示函数关系,其中,x 为自变量,y 为因变量。

函数关系是一一对应的确定关系。但在实际中,变量之间的关系往往是复杂的,如居民家庭收入和消费之间的关系,一般而言,消费是由收入决定的,但是消费又不完全由收入这一唯一因素决定,还受到其他因素的影响,如生活习惯等,这样收入和消费之间就不是一一对应的关系。大家经常会看到这样的情况,即两个收入相同的家庭的消费情况是不同的。这正是因为影响一个变量的因素往往是很多的,当仅仅考虑其中某个或某些因素对变量的影响时,变量之间出现了非确定性的关系,这种非确定性的关系称为相关关系。从遗传学的角度看,子女身高(x)与父母身高(y)之间有很大的关系。一般来说,身材较高大的父母的子女身材也较高大,而身材较矮小的父母的子女身材也矮小,但有的时候,身材较矮小的父母的子女身材却较高大,同样,身材较高大的父母的子女身材也可能较矮小。显然,子女身高并非完全由父母身高决定,还受到其他因素的影响,因此父母身高与子女身高之间的关系就属于相关关系。

从父母与子女身高的例子可以看出相关关系的特点,即一个变量的取值不能由另一个变量唯一确定。当变量 x 取某个值时,变量 y 的取值可能有几个。这种关系不确定的变量显然不能用函数关系进行描述,但它也不是无任何规律可循的,通过对大量数据的观察与研究,就会发现这些变量之间也存在着一定的客观规律。例如,平均来说,父母身材较高大,其子女身材也较高大。相关分析及后面的回归分析正是描述与探索这种规律的统计方法。

2. 相关关系的描述与度量

相关分析是对两个变量之间线性关系的描述与度量。它所要解决的问题包括以下几个:

(1) 变量之间是否存在关系?

(2) 如果存在关系,它们之间是什么样的关系?

(3) 变量之间的关系强度如何?

(4) 样本所反映的变量之间的关系能否代表变量总体上的关系?

为解决这些问题,在进行相关分析时,对总体主要有以下两个假定:

(1) 两个变量之间是线性关系。

(2) 两个变量都是随机变量。

在进行相关分析时,首先要绘制散点图来判断变量之间的关系形态。如果变量之间是线性关系,则可以利用相关系数来测度两个变量之间的关系强度。然后,对相关系数进行显著性检验,以判断样本所反映的关系能否用来代表两个变量总体上的关系。

1) 散点图

对于两个变量 x 和 y,通过观察或试验可以得到若干组数据,记为 $(x_i, y_i)(i=1, 2, \cdots, n)$。用坐标的横轴代表自变量 x,纵轴代表因变量 y,在坐标系中用一个点表示每组数据 (x_i, y_i)。n 组数据在坐标系中形成的 n 个点称为散点,由坐标及散点组成的二维数据图称为散点图。

用散点图描述变量之间关系是较为直观的,从散点图可以大体上看出变量之间的关系形态及关系强度。

相关关系的表现形态大体上可以分为线性相关和非线性相关、完全相关和不相关等。就两个变量而言,如果变量之间的关系近似地表现为一条直线,则称为线性相关;如果变量之间的关系近似地表现为一条曲线,则称为非线性相关或曲线相关;如果一个变量的取值完全依赖于另一个变量,各观测点落在同一条直线上,则称为完全相关,两个变量之间实际上存在函数关系;如果两个变量的观测点很分散,无任何规律,则表示变量之间没有相关关系。

在线性相关中,若两个变量的变动方向相同,即一个变量的数值增加,另一个变量的数值也随之增加;或者一个变量的数值减少,另一个变量的数值也随之减少,这种相关称为正相关。若两个变量的变动方向相反,即一个变量的数值增加,另一个变量的数值随之减少;或者一个变量的数值减少,另一个变量的数值增加,这种相关称为负相关。

2) 相关系数

通过散点图可以对两个变量之间有无相关关系进行判断,并对变量间关系的形态做出大致判断。但散点图不能准确反映变量之间的关系强度,而利用相关系数则可以对此进行准确的衡量。

相关系数是根据样本数据计算的度量两个变量之间线性关系强度的统计工具。若相关系数是根据总体全部数据计算的,则该相关系数称为总体相关系数,记为 ρ;若相关系数是根据样本数据计算的,则该相关系数称为样本相关系数,记为 r。

样本相关系数的计算公式为:

$$r = \frac{n\sum xy - \sum x \sum y}{\sqrt{n\sum x^2 - (\sum x)^2} \cdot \sqrt{n\sum y^2 - (\sum y)^2}}$$

按照上述公式计算的相关系数也叫线性相关系数。

从理论上讲,相关系数的取值范围是 $-1 \leqslant r \leqslant 1$,但根据实际数据计算出来的相关系数的取值范围是 $-1 < r < 1$。$|r| \to 1$ 表明两个变量之间的线性关系强;$|r| \to 0$ 表明两个变量之间的线性关系弱。对于一个具体的 r 值,根据经验可以将相关程度分为以下几种情况:当 $|r| \geqslant 0.8$ 时,称为高度相关;当 $0.5 \leqslant |r| < 0.8$ 时,称为中度相关;当 $0.3 \leqslant |r| < 0.5$,称为低度相关;当 $|r| < 0.3$ 时,说明两个变量之间的相关程度极弱,可视为不相关。这种解释必须建立在对相关系数进行显著性检验的基础上。

另外,在应用线性相关系数时,需要注意的问题是,r 是变量之间线性关系的一个度量,它不能用于描述非线性关系。也就是说,$r=0$ 仅仅意味着变量之间不存在线性相关关系,并不说明变量之间不存在任何关系,它们之间有可能存在非线性相关关系。同时,两个变量之间存在相关关系并不一定意味着它们之间一定存在因果关系。

(三) 回归分析

相关分析的目的在于测定变量之间的关系强度,它使用的工具是相关系数。回归分析侧重于考察变量之间的数量伴随关系,并通过一定的数学表达式将这种关系描述出来,进而确定一个或几个变量(自变量)对另一个变量(因变量)的影响程度。下面介绍一种最简单的回归分析——一元线性回归。

1. 一元线性回归模型

1)回归模型

进行回归分析时,首先要确定因变量和自变量。被预测或被解释的变量称为因变量,用 y 表示;用来预测或用来解释因变量的一个或多个变量称为自变量,用 x 表示。

当回归中只涉及一个自变量时,称为一元回归;若变量之间的关系为线性关系时,则称为一元线性回归。在回归分析中,假定自变量 x 是可控的,因变量 y 是随机的。

对于具有线性关系的两个变量,可以用一个线性方程表示它们之间的关系。描述因变量 y 如何依赖于自变量 x 和误差项 ε 的方程称为回归模型。只涉及一个自变量的一元线性回归模型可以表示为:

$$y = \beta_0 + \beta_1 x + \varepsilon$$

式中,y 是 x 的线性函数($\beta_0 + \beta_1 x$)部分加上误差项 ε。$\beta_0 + \beta_1 x$ 反映了由于 x 的变化而引起的 y 的线性变化。ε 为随机误差项,反映了除 x 和 y 之的线性关系之外的随机因素对 y 的影响,是不能由 x 和 y 之间的线性关系所解释的变异性。β_0 和 β_1 为模型的参数。

这一模型称为理论回归模型。对于这个模型有如下几个假定：①因变量 y 和自变量 x 之间具有线性关系；②在重复抽样的过程中，自变量 x 的取值是固定的，即假定 x 是非随机的；③误差项 ε 是一个期望值为 0 的随机变量；④对于所有的 x 值，ε 的方差都相同；⑤误差项 ε 是一个服从正态分布的随机变量，且具有独立性。独立性意味着对于一个特定的 x 值，它所对应的 ε 与其他值所对应的 ε 是不相关的。

2）回归方程

根据回归模型，假定 ε 的期望值等于 0，因此 y 的期望值 $E(y)=\beta_0+\beta_1 x$。也就是说，y 的期望值是 x 的线性函数。描述因变量 y 如何依赖于自变量 x 的方程称为回归方程。一元线性回归方程的形式为：

$$E(y)=\beta_0+\beta_1 x$$

一元线性回归方程对应的图形是一条直线，因此也称其为直线回归方程。其中，β_0 是回归直线在 y 轴上的截距，是 $x=0$ 时 y 的期望值；β_1 是直线的斜率，它表示 x 每变动一个单位时 y 的平均变动值。简单地说，这条直线描述了自变量 x 的值改变时，因变量 y 的值会怎样随之改变。我们常用回归直线来预测：对于某一个给定的 x 值，y 会是什么？

2. 最小二乘法

在一元线性回归方程 $E(y)=\beta_0+\beta_1 x$ 中，参数 β_0 和 β_1 是未知的，需要通过样本数据去估计它们。用样本统计量 $\hat{\beta_0}$ 和 $\hat{\beta_1}$ 代替回归方程中的未知参数 β_0 和 β_1 就能得到估计的回归方程。对于一元线性回归，估计的回归方程形式为：

$$\hat{y}=\hat{\beta_0}+\hat{\beta_1}$$

一般采用最小二乘法估计参数 β_0 和 β_1。这种方法通过使因变量的观察值 y_i 与估计值 $\hat{y_i}$ 之间的离差平方和达到最小来估计 β_0 和 β_1，即使 $Q=\sum(y_i-\hat{y_i})^2=\sum(y_i-\hat{\beta_0}-\hat{\beta_1}x_i)^2$ 最小。此时，可以根据极限定理进行运算。最终计算结果为：

$$\hat{\beta_i}=\frac{n\sum_{i=1}^{n}x_iy_i-\sum_{i=1}^{n}x_i\sum_{i=1}^{n}y_i}{n\sum_{i=1}^{n}x_i^2-(\sum_{i=1}^{n}x_i)^2} \quad (\hat{\beta_0}=\hat{y}-\hat{\beta_1}\bar{x})$$

3. 拟合优度

回归直线 $\hat{y_i}=\hat{\beta_0}+\hat{\beta_1}x_i$ 在一定程度上描述了变量 x 和 y 之间的数量关系。这一方程可以根据自变量的取值来估计或预测因变量的取值。估计或预测的精度取决于回归直线对观测数据的拟合程度。如果各观测数据的散点都落在这一直线上，这条直线就是对数据的完全拟合，直线充分代表了各个点，此时用 x 来估计 y 是没有误差的。各观察点越紧密围绕在直线周围，说明直线对观测数据的拟合程度越好；反之越差。回归直线与各观测点的接近程度称为回归直线对数据的拟合优度。可以用判定系数来说明直线的拟合优度。

回归平方和占总离差平方和的比例称为判定系数，记为 R^2。判定系数的计算公式为：

$$R^2 = \frac{SSR}{SST} = \frac{\sum(\hat{y_i} - \bar{y})^2}{\sum(y_i - \bar{y})^2}$$

式中，SST 为总离差平方和，SSR 为回归平方和。

从上述公式可以看出，回归直线拟合程度的高低取决于回归平方和 SSR 占总离差平方和 SST 的比例的大小。各观测点越靠近直线，这个比例越大，则直线拟合得越好。判定系数测度了回归直线对观测数据的拟合程度。若所有观测点都落在直线上，则 $R^2=1$，说明拟合是完全的。如果 y 的变化与 x 无关，x 对于解释 y 的变化完全没有意义，此时 $\hat{y_i}=\bar{y}$，则 $R^2=0$。可见，R^2 的取值范围是 $[0,1]$。R^2 越接近 1，表明回归平方和占总离差平方和的比例越大，回归直线与各观测点越接近，拟合程度越好；反之，R^2 越接近 0，表明回归直线的拟合程度越低。

估计方程建立后，还不能马上用于估计或预测，因为该估计方程是根据样本数据得出的，它是否真实地反映了变量 x 和 y 之间的关系，还需要对方程进行检验。检验包括两个方面的内容，即线性关系检验和回归系数检验。对于本部分内容，本书从略，感兴趣的读者可以参考相关书籍。

相关分析和回归分析是研究现象之间相互依存关系的两个方面。相关分析的目的在于了解两个变量之间有无关系或关系的密切程度，它只是对客观事物的一种描述；回归分析的目的在于了解变量怎样随着另一个变量的变化而变化，它具有推理性质，表示一种因果关系。只有在两个变量之间存在高度的相关关系时，回归分析才有意义。所以，一般先进行相关分析，以测定现象之间的相关程度，进而决定是否需要进行回归分析，并拟合相应的回归方程，以便进行推算和预测。因此，相关分析是回归分析的基础；回归分析是把变量的相关关系转变为函数关系的手段。但是，与相关分析可以不分自变量和因变量不同，回归分析必须明确自变量和因变量，当自变量和因变量互换位置后，所得到的回归方程也会不同。

四、多变量统计分析

各种现象之间的关系是错综复杂的，相互联系的两种现象之间的关系常常会受到其他因素的影响。因此，在乡村调查研究中，研究者除了进行双变量分析外，还常常需要进行多变量分析。多变量统计分析的方法较多，比如，复相关分析、多元线性回归分析、路径分析、因子分析、聚类分析等，其内容十分复杂。本书仅简介少数几种多变量分析方法。

（一）复相关分析

复相关分析是一种以一个统计值来简化多个自变量与一个自变量之间关系的统计分析方法，它要求所有的变量都是定距以上层次的变量。它的统计值 R 表示多个自变量与一个因变量之间相关的程度，它的计算是以两变量相关中的积矩相关系数 r 为基础的。R 的大小在 0 与 1 之间，越是接近 1，表示这些自变量与这一因变量之间的关系越强，反之，R 的值越接近于 0，则表示这些自变量与这一因变量之间的关系越弱。复相关系数 R 的平方 R^2 称为决定系数。

在实际研究中，研究者通常采用下面的公式来计算复相关系数和决定系数：

$$R_{y,12} = \sqrt{\frac{(r_{y1})^2 + (r_{y2})^2 - 2(r_{y1}r_{y2}r_{12})}{1-(r_{12})^2}}$$

$$R^2_{y,12} = \frac{(r_{y1})^2 + (r_{y2})^2 - 2(r_{y1}r_{y2}r_{12})}{1-(r_{12})^2}$$

式中，$R_{y,12}$ 表示 x_1 与 x_2 这两个自变量与因变量 y 之间的复相关系数；$R^2_{y,12}$ 则表示决定系数；r_{y1}、r_{y2}、r_{12} 分别表示与 x_1 与 y、x_2 与 y、x_1 与 x_2 之间的积矩相关系数；r^2_{y1}、r^2_{y2}、r^2_{12} 则分别表示上述三个积矩相关系数的平方，即决定系数。

只要计算出上述各变量之间的积矩相关系数，就可以求出 R 和 R^2。例如，假如研究者希望研究农村耕地人口比例(X_1)和离城远近(X_2)对农村工业化(Y)的共同影响。且通过调查数据计算得到这三者之间的相关系数分别为：

$$r_{y1} = -0.64$$

$$r_{y2} = -0.51$$

$$r_{12} = +0.67$$

那么，代入上面的计算公式可得到：

$$R^2_{y,12} = \frac{(-0.64)^2 + (-0.51)^2 - 2 \times (-0.64) \times (-0.51) \times 0.67}{1-(0.67)^2} \approx 0.42$$

$$R_{y,12} = \sqrt{R^2_{y,12}} = \sqrt{0.42} \approx 0.65$$

由此可以得出结论，农村耕地人口比例和离城远近对农村工业化的影响是比较强的($R=0.65$)。当然，当所研究的自变量为三个或者更多时，我们也可以计算出它们对因变量的共同影响。但是，由于计算的复杂性，这种计算通常都是由计算机来完成的。

（二）多元回归分析

复相关只能帮助我们了解若干个自变量对一个因变量的共同影响，即多个自变量与一个因变量的相关程度，而无法帮助我们用多个自变量来估计或预测一个因变量的数值，特别是无法帮助我们了解这些自变量中哪一个自变量对因变量的影响力最大。虽然我们可能会想到直接用各个自变量与因变量之间的积矩相关系数来进行比较，即比较 $r_{y1}, r_{y2}, \cdots, r_{yn}$ 的大小，但实际上这种做法是有问题的。因为两个变量之间的积矩相关系数是在不考虑其他因素影响的前提下发挥作用的，而在多个自变量对一个因变量都有影响的情况下，每一自变量对因变量的影响都可能受到其他自变量的影响，即它们实际的影响力可能与其积矩相关系数有所不同。因此,要用多个自变量来估计或预测一个因变量的数值,以及弄清不同的自变量与因变量所实际具有的影响力大小,需要采用多元回归分析的方法。

与一元回归分析中的情况相似,多元回归方程的表达式为:

$$y = b_1 x_1 + b_2 x_2 + \cdots + b_k x_k + a$$

方程式中的 $b_1, b_2, \cdots, b_k$ 值称为净回归系数,它表示在控制了其他自变量以后,某一自变量对因变量的单独效果。比如,b_2 表示在控制了自变量 $x_1, x_3, x_4, \cdots, x_k$ 以后,自变量 x_2 对因变量的单独影响力。由于多元回归分析中不同自变量值的衡量单位往往是不同的(比如教育年限、人均收入、家庭人口数等),因而其净回归系数的大小不能相互比较。为了解决这一问题,常常需要将这些净回归系数化为标准值,相应地多元回归方程也转化为标准化回归方程:

$$Y = B_1 X_1 + B_2 X_2 + \cdots + B_k X_k$$

此方程式中的 B 值($B_1, B_2, \cdots, B_k$)称为标准化净回归系数,也称为 B 系数,它表示各个具体的自变量对因变量影响的大小和方向。通过比较 B 系数,我们就可以了解每一具体的自变量对于因变量的相对效果。并且,在复相关系数与 B 系数之间,以及每一自变量的分布决定系数与总的决定系数之间,存在着下列关系:

$$R_{y,1,2,\cdots,k} = \sqrt{B_1(r_{y1}) + B_2(r_{y2}) + \cdots + B_k(r_{yk})}$$

$$R^2_{y,1,2,\cdots,k} = B_1(r_{y1}) + B_2(r_{y2}) + \cdots + B_k(r_{yk})$$

式中 $R_{y,1,2,\cdots,k}$ 表示变相关系数,$R^2_{y,1,2,\cdots,k}$ 表示总的决定系数,$B_1(r_{y1}), B_2(r_{y2}), \cdots, B_k(r_{yk})$ 称为分布决定系数,它们表示在全部已解释的方差中,有多少分别是由自变量所贡献的,其总和就是总的决定系数。多元回归方程中各种系数的计算都比较复杂,通常是用计算机来进行计算的。在 SPSS 等统计分析软件中,都有计算这些系数的工具,我们只需熟悉和掌握使用这些软件的方法即可。

假定我们研究耕地人口比例(X_1)与离城远近(X_2)对农村工业化(Y)的影响,发现复相关系数 $R^2 = 0.42$,表明这两个自变量可以共同解释 42% 的误差,根据 SPSS 统计软件的计算,可以得到标准化回归方程:

$$Y = (-0.54) X_1 + (-0.15) X_2$$

通过这个方程我们可以发现,在相互控制后,耕地人口比例(X_1)对农村工业化的影响最强,而离城远近(X_2)对农村工业化的影响相对较弱。同时,我们还可以看出,耕地人口比例与离城远近对农村工业化的影响是负向的,即农民耕地人口比例越低或离城越近的地区,所对应的农村工业化程度越高。

在多元回归分析中,需要注意统计累赘的问题,即如果某些自变量相互之间的关系特别强,则在相互控制后它们每一个的效果会变得很弱,而其他自变量的效果会变得较强,在这种情况下分析各自变量的相对效果就会犯错误。因此,应该注意在引进多元方程的自变量时,不要引进相互之间关系很强的自变量。另外,与一元回归分析一样,多元回归分析也要求所有的自变量都是定距以上层次的变量。那么,当变量为定序层次时,研究者往往将其近似地看作定距变量;而当变量为定类层次时,则只能采用虚拟变量的方法。

课后练习

1. 简述资料整理的原则。
2. 制作统计图、表对应注意哪些问题?
3. 常用的统计分析方法有哪些?
4. 简述描述性统计分析和推断性统计分析的适用范围。
5. 在实际工作中应如何制订统计分析方案?

第五章　乡村调查报告的撰写

第一节　乡村调查报告的特点、类型和作用

一、乡村调查报告的特点

乡村调查报告是针对乡村社会中的某一现象、某一事件、某一问题，进行深入细致的调查研究，然后把调查研究得来的结果真实地表述出来，以反映问题、揭露矛盾、揭示规律、提供建议，为政府部门提供决策依据，为科学研究和教学部门提供资料和信息的书面报告。乡村调查报告具有以下特点：

（一）内容具有真实性

内容真实是乡村调查报告最根本的特点。真实性是指尊重客观事实，用事实说话，调查内容要反映事实、忠于事实，不能带有调查者或研究者的主观随意性。调查报告的内容要具备真实性，就是要以事实为根据，不仅报告中涉及的人物、事件要真实，事件发生的时间、地点、背景、过程、原因和结果也必须真实。这要求调查人员不能对客观事实随意推衍，或进行随意的渲染。调研人员必须有严谨的科学态度和认真求实的调研精神，这样才能写出真实可靠、具有指导意义的乡村调查报告。

（二）选题具有针对性

乡村调查是围绕乡村社会现象中较为迫切的实际问题而开展的，有很强的目的性，不能随意进行，因此在调查报告的写作上，必须突出中心，明确提出有针对性的问题。乡村调查所具有的目的性，实际上也就决定了作为乡村调查成果的乡村调查报告要具有针对性。另一方面，乡村调查报告要服务于政府部门、企事业单位、社会组织等，并为科学研究、乡村发展提供方向和建议，这也决定了乡村调查报告必须针对实际需要进行撰写。

（三）信息具有时效性

乡村调查报告需要对当前发生的事件有比较及时有效的描述和探索，就乡村调查所获得的信息而言，其价值具有一定的期限，该信息的价值大小与提供信息的时间密切相关。乡村调查作为一种社会信息的收集与扩散方式，具有明显的时效性。通常情况下，乡村调查面对的是迫切需要解决的问题，这更突出了调查报告的时效性。如果调查耗时较长，调查报告的撰写滞后，就会错过剖析问题的最佳时机，亦无法及时解决乡村

急迫的问题,从而导致报告失去价值。

(四) 报告具有研究性

乡村调查报告不能只是简单无误地描述被调查的情况,也不能只摆出调查结论而遗漏调查实施的过程和分析环节。这里所说的研究性包括调查报告结构的系统性和完整性,不只是简单地要求在撰写调查报告的过程中做到面面俱到、百无一漏,而是要抓住事物的本质和内因,写出结论的推理过程,即用研究的方式对有关问题进行论证分析,以图表形式表现乡村现象及不同现象相互之间的各种关系。如可采用各种统计表或图表现乡村调查中获得的各种数据资料、采用散点图表现两变量之间的相关关系、采用方阵图表现两变量之间的组配关系等。乡村调查报告要真实、客观、系统地反映调查的结果,这就要求它的表达方式要以叙述为主,但是调查报告不能只是单纯的陈述,它需要研究者对所调查的现象和问题发表思考和见解。

二、乡村报告的类型

乡村调查报告的分类通常是依据乡村调查的性质、范围、时间维度、内容、阅读对象进行划分的。依据乡村调查的性质,可以将乡村调查分为理论性调查和应用性调查;依据乡村调查的范围,可以把乡村调查划分为全面调查(普查)、抽样调查、典型调查和个案调查;依据乡村调查的时间维度,则可以把乡村调查划分为横向调查、纵向调查和混合调查;依据乡村调查的具体内容,又可以将乡村调查分为乡村住户调查、乡村产业调查、乡村经济调查、乡村人居环境调查、乡村人文旅游资源调查等;依据调查报告不同的阅读对象,乡村调查可分为供领导参阅的说明性调查报告和供理论工作者参考的学术性调查报告。但一般说来,通常的调查报告大体上可以分为以下四大类型:综合性调查报告、专题性调查报告、应用性调查报告和学术性调查报告。

三、乡村调查报告的作用

(一) 综合性调查报告的作用

综合性调查报告,也称全面调查报告或概况调查报告。其主要特点是报告涉及的内容比较广泛,反映的情况比较丰富,篇幅一般也较长。这类调查报告,通常是针对某一地区或某一个县的经济、政治、文化等诸多方面的历史和现状进行全面的调查,从历史演变和现状两个方面来概述该地区的全貌。综合性调查报告能使人们对一个地区或者一个县的社会情况,有一个比较完整的了解,有一个整体的概念,能对调查事实的发展变化作简明的交代。由于这类调查总是在某一地区的某一单位进行的,所以往往涉及地理、人口、阶级、阶层、政治、经济、文化等各方面的基本情况。例如"自然条件及其对乡镇发展影响"的调查报告,就需要调查乡镇所在区域地形、气候、水文、植被、土壤等多种自然因素,并分析这些因素对乡镇发展的影响。

(二) 专题性调查报告的作用

专题性调查报告,是指对某一个问题、某一个事件进行调查之后写成的书面报告。这类调查报告的主要作用是及时研究急需解决的具体的实际问题,迅速反映群众的意见和要求,揭露现实生活中的矛盾,并根据调查结果提出对策建议。其特点是:内容比较专一、针对性比较强、主题鲜明、材料具体、叙述较为系统和详尽。可以把矛盾揭露得更深刻一些,针对某一个问题的解决办法更具体些,对某一事件的处理方法、建议、措施更具体些。例如乡村旅游调查研究、乡村土地利用调查、乡村自然灾害及防灾调查等。

(三) 应用性调查报告的作用

应用性调查是指通过社会调查来了解不断出现的新现象和新问题,并运用社会理论做出科学的说明和解释,提出解决问题的方案或政策性建议。例如廉高波、马永红的《陕西省合作社示范县典型合作社调查报告》,从基本情况、内部管理、运营状况、文化建设、信息化建设、社会公益服务、发展资源等方面系统地反映了陕西典型合作社当时的发展现状,揭露了农村合作社存在的问题,提出了相应的发展建议。应用性调查报告是以解决现实问题为主要目的的调查报告,这类调查报告又可分为以下六种:

(1) 以认识社会为主要目的的调查报告。这类调查报告主要起到认识社会现象、了解社会问题、把握社会脉搏的作用。在写法上,这类调查报告应突出事实,对事实的叙述要全面、具体、深入、系统。

(2) 以政策研究为主要目的的调查报告。这类调查报告主要是为正确制定政策或正确执行政策服务的。撰写这类调查报告时,不仅要叙述必要的调查材料,而且要进行深入的分析和论证,阐述利弊,权衡得失,并对今后的工作提出具体的意见和建议。

(3) 以总结经验为主要目的的调查报告。这类调查报告主要起到总结、推广先进经验、指导工作的作用,同时,还有树立典型、表彰先进的作用。这类调查报告的写作,应着重说明具体历史条件,叙述事件的发展阶段和过程,特别是要详细介绍曾经遇到过的问题和解决这些问题的具体做法,以及取得的成绩和推广的意义等。

(4) 以揭露问题为主要目的的调查报告。这类调查报告主要用于揭露社会生活中的不良面、消极面,以达到提高认识、吸取教训、改进工作的目的。这类调查报告不仅要如实地揭露问题,还要客观地分析原因,准确地判明性质,指出问题的严重性和危害性,有的还要提出解决问题的办法和处理问题的具体建议。

(5) 以支持新生事物为主要目的的调查报告。这类调查报告主要用于通过反映新人、新事、新思想、新风尚、新发明、新创造等新情况,以达到支持新生事物、发展新生事物的目的。撰写这类调查报告,应着重说明新生事物"新"在何处,它是在什么历史条件下产生的,经历了哪些发展阶段,遇到了哪些矛盾和困难,这些矛盾和困难又是怎样解决和克服的。特别是要揭示它的成长规律,阐述它的作用和意义,指明它的发展方向以及应该采取的措施。

(6) 以思想教育为主要目的的调查报告。这类调查报告主要用于向广大干部和群众进行思想教育,使他们能够明辨是非、统一认识。这类调查报告与其他调查报告相比,应该具有更强的时效性和针对性。撰写这类调查报告时,要准确地把握人们的心态、情绪,针对现实生活中人们普遍关注的热点、疑点问题,采取平等对话的态度,有理有据地摆事实、讲道理。

(四)学术性调查报告的作用

学术性调查报告是以揭示事物的本质及其发展规律为主要目的的调查报告。例如《关于特色农产品市场前景分析》这一报告就属于此类调查报告。这类调查报告的特点是带有较强的理论色彩。它从调查的实际材料出发,对某些问题进行理论上的探讨,形成新的观点,但并非定论,还存在讨论商榷的空间。学术性调查报告的作用,在于开阔人们的眼界,启迪人们的思想,使人们能更好地认识客观事物,探索和掌握事物发展的客观规律。

第二节 乡村调查报告的撰写与撰写原则

一、乡村调查报告的撰写

(一)确定主题

主题是调查报告的宗旨和灵魂,是调查人员说明事物、阐明道理所表现出来的基本思想和观点。因此,确定主题是写好乡村调查报告的关键。主题的确立,应注意如下问题:

1. 要深入研究相关材料,抓住事物的本质

确定主题时,应反复深入研究调查材料,不能随意地、主观地确定主题。不经反复研究、认真思考,不可能确立深刻的主题。深入研究、认真思考就是要求调查人员从众多的资料中去伪存真、去粗存精,认真寻找出可以反映整个事物、事物本质以及内部规律性的核心要素。只有经过反复思考,才能使感性的东西上升为理性的东西,才能从大量的调查材料中提炼出能反映客观事物本质的主题来。

2. 用调查主题作为调查报告的主题

一般说来,调查的主题就是调查报告的主题。例如,进行一次乡村人居环境的调查,调查报告的主题就是乡村人居环境的现状和问题,调查报告的标题就可以定为"关于某某村乡村人居环境的现状与问题调查"。再比如,进行某县农村经济发展调查,调查报告的主题是某县农村经济发展的现状、问题和发展趋势,报告的标题就可以定为"关于某县农村经济发展调查"。在这种情况下由于调查报告的主题在调查开始时就被选定了,所以撰写报告时确定主题较容易,只要与调查主题一致就可以了。

3. 根据调查和分析结果重新确定主题

有时乡村调查报告的主题会与调查的主题不一致,例如,如果调查的问题较多、涉及面较宽时,仅一份调查报告会非常臃肿,且往往不能做到全面细致,此时就需要分写几篇报告。再如,在实施调查时,针对某些情况或问题做得比较细致,分析得比较透彻,

而针对其他情况或问题,因某种原因,调查得比较粗糙或分析得比较肤浅,此时调查报告就要选择前者做主题,对于后者应进一步调查研究后再做总结汇报。还有一种情况是,整个调查经整理分析后,部分内容研究透彻,实际价值大,部分问题没有新意,价值不大,那么报告就应从实际价值出发确定主题。从以上三种情况可以看出,调查报告的主题可以根据实际调查和分析结果重新确立,不一定要与调查主题相一致。

4. 主题要集中、明确、突出

主题越小,越集中,报告就越短,越容易写。初学者撰写报告时所选主题不宜过大。专题调查报告比较短小精悍、材料扎实、观点鲜明,以讲清一条道理和一两个观点为目的,所以要求主题必须明确突出。

(二) 精选材料

主题确定之后,就要围绕主题运用各种方法研究材料,用最有说服力的材料来论证主题、描述主题。精选材料应坚持以下原则:一是选取与主题有关的材料,去掉与主题无关的材料;二是将相似材料加以比较,选择更符合主题的材料;三是对于可用可不用的材料,要敢于舍弃。为了正确说明观点,表现主题,写作时,应注意选择以下几种类型的材料。

1. 典型材料

典型材料是最能反映事物本质,说明和表现主题的材料。典型材料应包括正反两方面。典型材料的运用,有助于说明事物的本质,加深对问题的认识,增强说服力。

2. 对比材料

对比材料是指有可比性的材料。例如,过去与当下的对比、新与旧的对比、好与坏的对比、先进与落后的对比等。通过对比,可以使调查报告的主题更加突出,给人更强烈、更深刻的印象。

3. 一般性材料

一般性材料是指面上的材料,即能说明事物总体概况的材料。写作时,要注意处理好典型材料和一般性材料的关系,一般性材料用以表现广度,典型材料用以表现深度,只有把这两种材料有机结合起来,才能充分说明事物总体的情况。

4. 统计材料

统计材料包括绝对数、相对数、百分数、指数等统计数字。统计数字具有很强的概括力和表现力。有的问题和观点,用很大的篇幅叙述也难以表达清楚,但用数字、表格、数据图,就可以使事物的总体情况一目了然。恰当地运用统计数字,可以增强调查报告的科学性、准确性和说服力。

5. 排比材料

用若干不同的材料,从不同的角度、不同的侧面多方面说明同一观点,往往会使观点更有说服力。

(三) 拟订提纲

在确定主题、精选材料以后,就可拟订一份写作提纲。所选的材料要与调查报告的提纲形成密切联系的有机体系。此外,通过拟订写作提纲,可进一步明确写作的任务,理顺思路,弄清报告内容各部分之间的联系,因此,拟订写作提纲非常重要。拟订写作提纲应坚持以下原则:首先,必须围绕主题层层展开、环环紧扣的构架原则来拟订,即先将整个结构分成主题、纲、目、项;其次,在拟订纲、目的基础上,将材料按纲、目、项的顺序对号入座;最后,提纲拟订后,应就提纲进行集体讨论,以便集思广益,少走弯路。

拟订写作提纲常用的方法有两种,即拟订条目提纲和观点提纲。所谓条目提纲,就是从层次上列出调查报告的纲、目、项。所谓观点提纲,则是在条目提纲的基础上列出各纲、目、项所要叙述的观点。

(四) 撰写报告

在拟好调查报告提纲以后,可以按照提纲的纲目进行选材和科学抽象,也就是对素材进行去粗存精、由此及彼、由表及里的加工制作。通常情况下,撰写报告时应按照提纲逐步展开,但撰写过程也是对事物认识深化的过程,随着认识的逐步深化,大纲的某些部分或某些观点亦是可以改变的。因此,写作时切不可完全拘泥于拟订的大纲。

撰写乡村调查报告时,除了要注意提炼主题、安排结构、精选材料、表达观点外,还应注意以下问题:

1. 态度要客观

撰写调查报告时,对于描述性的内容,应严格保持客观中立的态度,力求用具体事实说话,而不要轻易地作判断、下结论;如果是论述性的内容,无论是讲道理、作结论,还是指出问题、提出意见或建议,都应切合实际,而不能离开事实空发议论。调查报告的叙述最好使用第三人称或非人称代词,尽量不用第一人称。例如要使用"作者发现……""笔者认为……"或用"这些数据说明……""这一结果表明……",而不用"我认为……""我们发现……"等等。

2. 要使用恰当的语言

调查报告与新闻报道和文学作品不同,它的写作十分强调报告的客观性、准确性、严密性、简洁性,所以,在行文时,应该尽量用朴实的语言写作,以简单明了、科学严谨为标准,清楚明确地表达调查的结果。

3. 要有必要的图表

调查报告撰写时,应适当运用统计图和统计表,这样,可以使读者一目了然,快速把握事物的总体面貌,增强调查报告的吸引力和说服力。

4. 要有简明的注释

由于内容的需要,报告中常常要引用别人的一些观点、资料,或使用一些方言、土语、行话,有时可能会出现某些不易理解的问题,这就要通过注释予以说明。注释通常有夹注、脚注和尾注等方式。

夹注,即直接在所引资料之后,用括号将其来源或有关说明括起来,对引文进行注释或提示,例如"农村居民收视率较高的收视时段大致可以分为三个梯队"(陈刚等著,《中国乡村调查——农村居民媒体接触与消费行为研究》)。需要注意的是,夹注所注释的内容要与报告最后的参考文献部分相呼应。

脚注,即在所引的资料处只标明注释号。比如,在该资料后的右上角用①②③等来标明,然后在该页的最下端,用小一号的字体分别说明引文的出处、时间等,或进行必要的说明解释。

尾注,即将所有脚注都移到文章的结尾处,一并排出,并冠以"注释"的标题,而不是分别挂在各页之下。

以上三种注释方法,究竟采用何种形式,要视调查报告的类型、阅读的对象和注释的内容等情况灵活应用。

(五) 修改报告

乡村调查报告的撰写不是一次就能完成的,在调查报告初稿形成后,还要经过反复的审查、修改。修改报告的主要任务是:(1)检查引用资料的合理性;(2)检查所用概念、观点是否明确,表达是否准确;(3)检查全篇报告是不是言之有理,持之有据;(4)检查报告的思想基调是不是符合调查的目的和时代的要求;(5)通读全篇报告,检查语言是否畅达。

二、乡村调查报告的撰写原则

(一) 观点和材料的统一

观点和材料的统一,是撰写调查报告的基本原则之一。每篇调查报告的观点都必须要正确,否则就失去了调查报告的意义。观点不是人们的主观想象,也不是随心所欲所能形成的,它的形成是以丰富的材料为前提的,也就是说,材料是形成观点的基础,观点则是材料的升华。观点若不以材料作基础,则成了无源之水,无本之木。

好的调查报告,要做到观点和材料的有机统一,只有这样,调查报告才会具有充分的说服力。要使观点和材料统一,需要做到:(1)要使观点建立在坚实的材料基础上;(2)当观点形成后,就要注意鉴别和选择材料。材料要围绕主题筛选,要选择典型的材料、真实准确的材料、新颖生动的材料。

(二) 内容和形式的统一

任何一种文体都要求内容和形式的统一,调查报告也不例外,既要有丰富的内容,又要有与之相一致的表达形式。只有做到内容和形式的统一,才能更好地反映事物的本质及其规律性。首先,要认真研究调查报告的内容,从内容出发,来考虑表达形式;其次,要认真进行修改,一方面要对写作提纲反复修改,另一方面要在调查报告初稿写成后进行反复修改,只有这样,才能真正做到内容和形式的统一。

(三) 准确、鲜明、生动

准确、鲜明、生动也是撰写调查报告的基本原则之一。所谓准确,就是报告要能反映客观事物的本质。调查报告的生命力就在于有大量的事实作为依据,在于其真实可信。

准确,即要有正确的立场、观点和方法。报告撰写人员要能分清是与非、善与恶、美与丑,写作过程中要用恰当的表达方式,选词造句要准确,行文语气要中肯,不要似是而非,模棱两可。同时,撰写人员要对引用的文字资料认真审查,报告所引用的数字资料必须经过审核,要公布的数字应征得有关部门的同意或批准,对调查报告中描述的事实要反复核实,做到准确无误。

鲜明,即立场、观点要鲜明。赞成什么,反对什么,都要旗帜鲜明。

生动,即写得具体、形象。尽可能多用一些典型事例来说明问题。要注意学习和运用群众的生动丰富的语言。报告写得不生动,难以引人入胜,效果必然不佳。

(四)文字简练

调查报告不宜写得太长,应尽量写得短一些,精炼一些。即写调查报告时一定要围绕中心来写,并注意详略取舍,注意突出重点,用词、造句都应当反复推敲,文字表达要清晰流畅、言简意赅。

第三节　调查报告的格式与结构

农村社会调查报告是农村社会调查研究成果的一种重要的表现形式。它是调研人员利用调查研究获取的资料来反映问题,揭示农村社会事物或现象发展规律的书面形式。调查报告是整个社会调查研究活动过程的最后一个环节。它能为领导管理部门提供决策依据,为科研部门提供有价值的关于农村社会的信息资料。调查报告通常是以文字、图表等形式将调查研究的过程、方法和结论等表现出来的。

调查报告本身并没有固定不变的格式,但有一个大家普遍认可的基本格式,在用于不同目的、不同场合的研究报告时在形式上会有若干细小的差异。大体上,各种研究报告通常由这样几部分组成,即标题、引言、正文、结尾。在掌握社会调研报告的写作技巧之前,熟悉报告的每一部分,以及报告的每一部分的写作方法,无疑对于初学写作社会调研报告的人来说是非常有帮助的。了解调查报告的基本格式,是写好调查报告的重要前提。

一、标题

标题即题目,是调查报告的重要组成部分,也是调查报告能否吸引读者的重要影响因素。常见的标题是由调查对象、调查内容范围或主旨、文体构成的。如"山东省农村土地租赁的调查报告"这一标题,指明了调查报告的调查对象是"山东省",调查内容是"农村土地租赁",文体是"调查报告"。这种标题多用于综合性、专业性较强的调查报告。另外,标题还可以用一定的判断句、提问句等形式表现。例如,"引进外资的一种好形式""棉花产量为何连续滑坡"等。

标题的表现形式通常有单标题和双标题两种形式。单标题是指调查报告只有一个正标题;双标题是指调查报告有一个正标题和一个副标题。例如,在"农村税费制度改革的调查报告——以安徽省为例"这一标题中,破折号之前的"农村税费制度改革的调查报告"为正标题,破折号之后的"以安徽省为例"为副标题。

标题的写法灵活多样,但无论采用哪种标题,都要求概括、简明、新颖、对称。也就是说,标题要能总括调查报告全篇的内容,要用最简洁的文字说明调查报告的主题,要使标题具有新鲜感、吸引力和感染力,要使调查报告的内容与标题相对应。

二、引言

引言是调查报告的开头部分。不同类型的调查报告引言的写法是不一样的。一般来说,在引言中需要表达的内容主要有调查的目的、对象和方法。如果是简单介绍调查情况的调查报告,就只需要简单介绍调查目的、对象和方法;如果是较深入研究调查问题的调查报告,就不仅要介绍调查目的和方法,还必须较详细地介绍调查对象的基本情况,有时还必须提前概括说明调查结论和主要观点;如果是深入研究调查问题的调查报告,除了介绍调查目的外,还必须详细介绍调查对象和调查方法;如果是定量分析问题的调查报告,必须具体说明抽样调查的方法、调查方案设计的依据、采用某些调查和分析方法的原因等。如果引言的分量很重,就可以将引言作为正文的一个部分。当然,有些调查报告可以不要引言。

三、正文

正文是调查报告的重要部分。这部分写得如何,将直接决定着调查报告质量的高低和作用的大小。

调查报告正文的写作应主要考虑表现主题的需要、调查材料的情况进行谋篇布局。主题是调查报告的灵魂,材料是调查报告的血肉,谋篇布局是将调查报告的主题和材料结合在一起的重要结构方式,结构是调查报告的骨架。一篇质量高的调查报告,不仅要有深刻的主题、丰富的材料,还必须有完美的、恰当的结构。正文的结构主要有纵式结构、横式结构和纵横交错式结构。

纵式结构是按照事物发展的历史顺序和内在逻辑来叙述事实,阐明观点的。横式结构是将调查的事实和形成的观点按性质或类别分成几个部分,并列排放、分别叙述,从不同的方面综合说明调查报告的主题。纵横交错式结构是纵式结构和横式结构的结合。这种结构一般有两种:一是以纵为主,纵中有横,这种结构安排是指调查报告的总体结构安排以纵式为主,在每一部分的论述中又以横式安排为主;二是以横为主,横中有纵,这种结构安排是指调查报告的总体结构安排以横式为主,在每一部分的论述中又以纵式安排为主。这种纵横交错的结构安排,既有利于按照历史脉络讲清问题的来龙去脉,又有利于按问题的性质、类别展开深入的论述。

四、结尾

结尾是总括全文内容的结束语。有的结尾概括全文,深化主题;有的结尾指出新问题,指明改革和发展的方向;有的结尾补充正文中没有涉及的问题;有的结尾针对问题提出建议、措施,等等。一般来讲,结尾部分的内容比较简短,分量过重的结尾应单独列为正文的一个部分。结尾的形式结构比较灵活,既可以单独成段,也可以紧接上文一气呵成。若正文部分已表达清楚,全文自然结尾,则无须另写结尾。

课后练习

1. 乡村调查报告的类型、特点是什么?
2. 学术性调查报告的作用是什么?
3. 简述乡村调查报告的撰写原则。
4. 简要说明调查报告的基本格式。
5. 请依据某项实际调查结果编制一份乡村调查报告。

实践篇

  乡村调查涉及农业、农村、农民三个层面,实际工作需要深入乡村,调查乡村基本情况、乡村产业、乡村人口、乡村文化、乡村生态、乡村组织等关键信息,摸清乡村基本情况,了解村庄经济社会发展的基本情况,为乡村政策制定、调整和评价提供基础数据。对大量零碎的乡村数据材料进行去粗取精、去伪存真,由此及彼、由表及里的综合分析,透过现象抓住本质,找到事物的内在规律,能为政府部门提出切实可行的政策或作出正确的工作决策提供依据。

  乡村调查是深入农村、了解农村现状的最基础的工作,通过调查研究人员可了解乡村住户基本信息、乡村产业布局现状、乡村经济形态、乡村生态环境与乡村文化风貌,分析把握当前乡村发展形势,摸清存在的突出问题,进而妥善制定应对举措;借助各类乡村调查方法,研究人员能以新的眼光审视乡村发展态势,进一步破解农村发展过程中的难题,扫清乡村振兴道路上的重重障碍,保障当前乡村振兴战略的顺利实施。

第六章　乡村基本情况调查

第一节　调查内容与信息获取途径

一、乡村基本情况调查内容

乡村基本情况主要指乡村地理区位、地质地貌、气候特征、水文条件、土壤概况、土地资源、矿产资源、道路交通等信息。

(1) 地理区位：包括乡村所在市、县，乡村与中心市(县)、镇的距离，乡村的方位，过境高等级道路路名，公交站点数量、名称，高铁站(半小时车程内)，乡村面积、四至等。

(2) 地质地貌：包括地质条件(岩土类型、地下水情况等)、地貌类型、底性特征、海拔高度、河流湿地、自然灾害等。

(3) 气候特征：包括气温带、年平均降水量、日照时数(月)、干湿集中月份、月平均气温、气候总体特征。

(4) 水文条件：包括乡村地表河流、水库、湖泊、沼泽的数量、面积、径流量、含沙量、汛期、结冰期、水能资源、蓄水量、流速及水位等。

(5) 土壤概况：包括土壤类型、面积，质地、受污染程度。

(6) 土地资源：包括土地资源类型(高原、山地、丘陵、平原、盆地)、面积，土地利用类型(耕地、林地、草地、工矿交通居民点用地等)、面积。

(7) 矿产资源：包括金属矿产(金、银、铁、铜等)、非金属矿产(金刚石、石墨等)和能源矿产(煤、石油、天然气等)的产量和储量。

(8) 道路交通：包括乡村过境公路、铁路、航空、水路等交通类型等级、数量、距离等。

(9) 公共服务设施：包括各种社会福利、教育、医疗、文化、体育等公共服务事业，如乡村基础设施、乡村教育设施、乡村医疗卫生设施、乡村社会保障设施、科技设施、乡村文化设施、乡村体育设施等。

(10) 土地利用现状：包括乡村的居住用地、公共设施用地、生产设施用地、道路广场用地、工程设施用地、绿地和其他用地的使用地面积。

二、乡村基本情况信息获取途径

(1) 地理区位：可通过查阅乡村村志村史实物资料、网络资源或实地测量、访谈村干部等途径获得。

（2）地质地貌：通过野外测量和实际勘探，可获取村级地质地貌数据，可通过对乡村住户进行访谈了解当地自然灾害发生情况，也可在国家地质资料数据中心网站或相关网站查阅乡村所属区域自然灾害数据。

（3）气候特征：可通过当地气象局网站查阅乡村所属区域气候数据，结合对乡村住户的访谈，获取乡村气候特征。

（4）水文条件：可通过实地考察与水文测量获取基础水文数据，还可通过当地水文站查阅相关水文资料。

（5）土壤概况：可通过土地测量、挖方、取样监测工作获取土壤数据，也可在自然资源局网站查找乡村所在区域土壤数据。

（6）土地资源：可通过实地调查、取样检测土壤类型、面积、质地、受污染程度，也可在自然资源局网站查找乡村所在区域土地数据。

（7）矿产资源：可通过实地勘探获取乡村矿产资源产量和储量信息，也可在自然资源局网站上查找乡村所在区域矿产资源数据。

（8）道路交通：可通过实地调查获取乡村过境公路、铁路、航空、水路等交通类型等级、数量，可通过实地测量获取各交通类型里程。

（9）公共服务设施：可通过实地考察获取乡村幼儿园、小学、卫生所、文化活动中心、体育器材等设施的数量与分布资料。

（10）土地利用现状：可通过实地测量或参考第三次全国国土调查数据获取乡村土地类型、数量及分布资料。

第二节　调查表格示例

一、基本信息调查表示例

乡村基本信息调查（示例）

调查内容如下，由调查人员记录在横线上。

调查时间：_____年_____月_____日　村庄名称：_____

调查人员：_____

1. 地理区位

所在市县：_____

与中心市（县）、镇的距离、方位：_____

_____

过境高等级道路路名：_____

公交站点数量名称：_____

高铁站（半小时车程内）：_____

高速公路入口（半小时车程内）：_____

面积、四至：_____

交通区位示意图：

2. 地质地貌

地貌类型：＿＿＿＿＿＿＿＿＿＿＿＿＿＿＿＿＿＿＿＿＿＿＿＿＿＿＿＿＿

地形特征：＿＿＿＿＿＿＿＿＿＿＿＿＿＿＿＿＿＿＿＿＿＿＿＿＿＿＿＿＿＿

地质条件（岩土类型、地下水情况等）：＿＿＿＿＿＿＿＿＿＿＿＿＿＿
＿＿＿＿＿＿＿＿＿＿＿＿＿＿＿＿＿＿＿＿＿＿＿＿＿＿＿＿＿＿＿＿＿＿

海拔高度：＿＿＿＿＿＿＿＿＿＿＿＿＿＿＿＿＿＿＿＿＿＿＿＿＿＿＿＿
河流湿地：＿＿＿＿＿＿＿＿＿＿＿＿＿＿＿＿＿＿＿＿＿＿＿＿＿＿＿＿
＿＿＿＿＿＿＿＿＿＿＿＿＿＿＿＿＿＿＿＿＿＿＿＿＿＿＿＿＿＿＿＿＿＿

潜在的自然灾害：＿＿＿＿＿＿＿＿＿＿＿＿＿＿＿＿＿＿＿＿＿＿＿＿
＿＿＿＿＿＿＿＿＿＿＿＿＿＿＿＿＿＿＿＿＿＿＿＿＿＿＿＿＿＿＿＿＿＿

3. 气候特征

所属温度带：＿＿＿＿＿＿＿＿＿＿＿＿＿＿＿＿＿＿＿＿＿＿＿＿＿＿＿

年平均降水量：＿＿＿＿＿＿＿＿＿＿＿＿＿＿＿＿＿＿＿＿＿＿＿＿＿＿

日照时数（月）：＿＿＿＿＿＿＿＿＿＿＿＿＿＿＿＿＿＿＿＿＿＿＿＿＿

干湿集中月份：＿＿＿＿＿＿＿＿＿＿＿＿＿＿＿＿＿＿＿＿＿＿＿＿＿＿

月平均气温：＿＿＿＿＿＿＿＿＿＿＿＿＿＿＿＿＿＿＿＿＿＿＿＿＿＿＿

气候总体特征：＿＿＿＿＿＿＿＿＿＿＿＿＿＿＿＿＿＿＿＿＿＿＿＿＿＿

4. 资源条件
矿产资源：＿＿＿＿＿＿＿＿＿＿＿＿＿＿＿＿＿＿＿＿＿＿＿＿＿＿＿＿＿
＿＿＿＿＿＿＿＿＿＿＿＿＿＿＿＿＿＿＿＿＿＿＿＿＿＿＿＿＿＿＿＿＿

建设用地面积：＿＿＿＿＿＿ 农用地面积：＿＿＿＿＿＿ 林地面积：＿＿＿＿＿
其他土地及面积：＿＿＿＿＿＿＿＿＿＿＿＿＿＿＿＿＿＿＿＿＿＿＿＿＿＿
野生动物类型：＿＿＿＿＿＿＿＿＿＿＿＿＿＿＿＿＿＿＿＿＿＿＿＿＿＿＿
＿＿＿＿＿＿＿＿＿＿＿＿＿＿＿＿＿＿＿＿＿＿＿＿＿＿＿＿＿＿＿＿＿

植物资源：＿＿＿＿＿＿＿＿＿＿＿＿＿＿＿＿＿＿＿＿＿＿＿＿＿＿＿＿＿
＿＿＿＿＿＿＿＿＿＿＿＿＿＿＿＿＿＿＿＿＿＿＿＿＿＿＿＿＿＿＿＿＿

植被类型：＿＿＿＿＿＿＿＿＿＿＿＿＿＿＿＿＿＿＿＿＿＿＿＿＿＿＿＿＿

主要树种：＿＿＿＿＿＿＿＿＿＿＿＿＿＿＿＿＿＿＿＿＿＿＿＿＿＿＿＿＿
水资源（河流汛期、枯水期以及水库等相关信息）：＿＿＿＿＿＿＿＿＿＿＿＿
＿＿＿＿＿＿＿＿＿＿＿＿＿＿＿＿＿＿＿＿＿＿＿＿＿＿＿＿＿＿＿＿＿
＿＿＿＿＿＿＿＿＿＿＿＿＿＿＿＿＿＿＿＿＿＿＿＿＿＿＿＿＿＿＿＿＿

5. 产业经济情况
三次产业构成比：＿＿＿＿＿＿＿＿＿＿＿＿＿＿＿＿＿＿＿＿＿＿＿＿＿＿
主导产业：＿＿＿＿＿＿＿＿＿＿＿＿＿＿＿＿＿＿＿＿＿＿＿＿＿＿＿＿＿

产业发展目标：＿＿＿＿＿＿＿＿＿＿＿＿＿＿＿＿＿＿＿＿＿＿＿＿＿＿＿
＿＿＿＿＿＿＿＿＿＿＿＿＿＿＿＿＿＿＿＿＿＿＿＿＿＿＿＿＿＿＿＿＿

上一年度村集体经济组织收入：＿＿＿＿＿＿＿ 人均年收入：＿＿＿＿＿＿
粮食作物类型及产量：＿＿＿＿＿＿＿＿＿＿＿＿＿＿＿＿＿＿＿＿＿＿＿
＿＿＿＿＿＿＿＿＿＿＿＿＿＿＿＿＿＿＿＿＿＿＿＿＿＿＿＿＿＿＿＿＿

主要经济作物：＿＿＿＿＿＿＿＿＿＿＿＿＿＿＿＿＿＿＿＿＿＿＿＿＿＿＿

主要畜牧业类型：＿＿＿＿＿＿＿＿＿＿＿＿＿＿＿＿＿＿＿＿＿＿＿＿＿＿

6. 人口情况
总人口：＿＿＿＿ 各组人口：＿＿＿＿＿ 男女比例：＿＿＿＿ 年龄结构：＿＿＿＿

外出务工人员数量：_____ 村留守人员数量及平均年龄：_____

二、土地利用现状调查表(表6-1)

表 6-1　土地利用现状调查表

指标名称	单位	数值	所占比重(%)	人均面积(米²/人)
一、村庄建设总用地	平方米			
1. 居住用地	平方米			
2. 公共设施用地	平方米			
3. 生产设施用地	平方米			
4. 道路广场用地	平方米			
5. 绿地	平方米			
二、村庄总用地	平方米			
1. 总建设用地	平方米			
2. 农业用地	平方米			
3. 水域面积	平方米			
4. 荒地	平方米			
5. 其他用地	平方米			
三、居住户数	户			
四、户均占地面积	平方米			
五、居住人数	人			
六、总建筑面积	平方米			
1. 住宅建筑面积	平方米			
2. 公共建筑面积	平方米			
3. 生产建筑面积	平方米			
七、户均住宅建筑面积	平方米			
八、停车位	个			
九、容积率	—			
十、绿地率	%			
十一、建筑密度	%			

三、调查报告示例

示例一:子某村基本情况调查

关于子某村基本情况调查的总结(示例)

1. 位置

子某村地处陕西省西安市长安区南部,秦岭北麓,东与某某村、某某村为邻,南靠某某村,与某某村接壤,北与某某村相连,总面积3 700亩(1亩=666.67平方米)。

2. 地形地貌

子某村地处秦岭北麓。地势南高北低,境内地形主要有山地、平原等。主要山脉有秦岭山脉,境内最高峰海拔1 598米,最低点海拔500米。

3. 气候特征

子某村气候属暖温带湿润半湿润性大陆性季风气候。其特点是夏季炎热多雨,多东南风;冬季寒冷干燥,多西北风。多年平均气温12.1℃,1月平均气温−1℃;7月平均气温25.8℃。无霜期年平均217天。年平均日照时数2 029.7小时。年平均降水量为664.6毫米,降雨主要集中在每年的5~10月。

4. 水系水文

子某村境内河道属黄河流域渭河水系。主要河流有子某河、见某河等河流。

5. 自然资源

子某村境内地热资源、森林资源、动物资源丰富。

6. 人口

截至2021年末,子某村总人口为1 657人,其中城镇常住人口198人,城镇化率为11.9%。另有流动人口79人。总人口中,男性910人,占54.92%;女性747人,占45.08%;14岁以下111人,占6.7%;15~64岁1 336人,占80.6%;65岁以上210人,占12.7%。总人口以汉族为主,达1 655人,占99.9%。2021年,子某村人口出生率为9.55‰,人口死亡率为5.85‰,人口自然增长率为3.7‰。

7. 产业经济

2021年,子某村财政总收入为25.2万元,比上年增长18.5%,农民人均纯收入为9 468元。2021年,子某村耕地面积为1 491亩,人均0.9亩;林地面积为1 300亩。

子某村粮食作物以小麦、玉米为主。2021年,子某村粮食生产量为101吨,人均609.5千克,其中小麦75.6吨,玉米25.4吨。

截至2021年末,子某村累计造林35.6亩,其中防护林10.1亩,经济林25.5亩,农民住宅四旁树木980株,林木覆盖率为53.6%。2021年,子某村水果种植面积为47亩,主要品种有樱桃、板栗、柿子、杏、桃、猕猴桃、葡萄、李子等,其中樱桃12亩,产量13吨。

子某村畜牧业以饲养生猪、羊、家禽为主。2021年,子某村生猪饲养量为41头,年末存栏22头;羊饲养量为36只,年末存栏28只;家禽饲养量为112羽。

子某村初步形成了以面粉加工企业、食品加工企业、革袋编织企业等小型企业为主的工业体系。2021年,子某村工业总产值达到7.4万元,比上年增长8.6%。

8. 交通运输

子某村已形成以环山公路为主的交通运输网络。

9. 教育事业

子某村距离所在街道较近,村内儿童均去街道学校上学,因此村内尚未建设幼儿园、小学、中学等学校。

10. 文化体育事业

截至2021年末,子某村有文化艺术团会员7人,年演出36场次。地方特色民间艺术有社火、秧歌、秦腔等。截至2021年末,子某村有群众健身场所1个,场所内安装了健身器材,经常参加体育活动的人员占常住人口的50%。

11. 卫生事业

截至2021年末,子某村有医疗卫生机构1个,病床4张,专业卫生人员2人。2021年,子某村农村安全饮用水普及率为98.7%,农村卫生厕所普及率为95%,新型农村合作医疗参合率为95.8%。

12. 历史文化

子某村历史悠久,在宋代就开始设镇,至今已有1 000多年的历史。子某街道因子某谷而得名,古人以"子"为正北,以"午"为正南。"子午"即为南北的意思。子某村自古人杰地灵,文化积淀深厚,更是佛家、道家等宗教齐聚之地,子某村主要的道观为子某峪内的道教名胜金某观。子某村所在的峪口是长安八大峪之一,名称最早见于《汉书》。子某古栈道曾是秦岭著名的五大通道之一,北起长安子某镇,南止汉中子某乡,全长350千米,是古代从西安地区翻越秦岭通往陕南及四川的一条南北重要通道。

示例二:马某屯村基本信息调查

关于马某屯村基本信息的调研报告

受省委农村办的委托,调查人员深入到农村中,以便更加了解三农问题。调查对象是位于安阳市文峰区高新园的马某屯村,调查人员采取问卷调查与村干部座谈的方式分别对10户农民和村支书做了调查。

1. 村基本情况

1)地理位置

马某屯村离县城7千米,离最近市集3千米。

2)所占面积

全村总面积为25平方千米,全部为平原。

3)耕地面积

在农业用地方面,该村耕地总面积是1 120亩,粮食耕地占100%,以种植玉米、小麦等粮食作物为主。

4)本村人口

全村共300户,总人口为900人,其中男性440人,65岁以上或病残丧失劳动力的有96人。劳动力总数600人,外出务工跟在本村务农各占一半,村民收入基本靠这两项。

5）土地流转

在土地流转方面，已经流转 300 亩，约占耕地总面积的 26.8%，主要去向是其他方面。

6）新农村建设方面

马某屯村完成了村庄的规划，以建设新房环境整治为主的村庄整治工作已经开展。文化体育建设也已经完成，包括图书室、卫生室的设立，活动中心、篮球场等设施的完善，村垃圾集中处理机制的建立，生活污水的统一处理等。

2. 收支状况

村经济总收入为 300 万元，其中农业创收 290 万元。村集体收支结余，全村农民人均纯收入 5 000 元。在调查过程中，我们了解到以下几点：

（1）村民男性劳动力多数在周边城区打散工，每天有 50 元收入，但不是很稳定。

（2）家庭剩余人口在家务农，把大部分粮食作物卖给商贩从而获得一部分收入。

（3）其余小部分的收入来自政府补助，如粮食补助每年 120 元/人。2019 年村民家庭总收入不一，有一定悬殊，低的有 1 万元，高的有 15 万元。

3. 其他情况

（以下内容省略）

课后练习

1. 乡村基本情况调查内容有哪些？
2. 调查内容与乡村基本情况信息获取途径是什么？
3. 请依据教材中乡村基本信息调查示例完成某个村庄的基本情况调查工作。
4. 编制一份有关乡村公共服务设施现状的调查报告。

第七章　乡村住户信息调查

乡村住户信息调查对象为乡村中的常住人口。因调查对象群体庞大,一般采用抽样调查方式实施调查。主要调查内容包括乡村住户基本信息、乡村住户其他信息及乡村住户流动信息。通过对乡村住户进行信息调查可全面了解当前乡村住户基本情况,明确乡村住户主要特征,分析乡村住户发展变动规律,为后续制定相关住户政策提供依据。

第一节　乡村住户信息调查基础知识

一、乡村住户概念

乡村住户是指乡村中的常住人口。常住人口一般是指每年在家居住的时间在6个月以上,并且经济生活与农户联为一体的人员。在外合同工、临时工、各种匠人、各类经营人员,若离家外出超过6个月以上,但经济生活与农户联为一体,仍应包括在常住人口内。常住人口不包括现役军人和在外居住的职工。

二、乡村住户信息调查内容

乡村住户信息调查内容主要包括乡村住户基本信息、其他信息及流动信息。其中乡村住户基本信息有住户数量、性别、年龄、户籍、人种、民族、语言、宗教信仰、文化程度、职业、纯收入,以及劳动力数量等;其他信息有婚姻状况、家庭户规模、家庭类型等;流动信息有出生率、死亡率、迁入率、迁出率等。可依据住户信息调查内容编写《乡村住户信息调查表》及《乡村住户信息访谈提纲》,采用问卷调研或访谈的方法获取乡村住户相关信息。各住户信息具体含义如下:

(1) 住户数量:指乡村内的常住人口总数量。

(2) 性别:男性或女性。

(3) 年龄:0(初生)~6岁为婴幼儿;7~12岁为少儿;13~17岁为青少年;18~45岁为青年;46~69岁为中年;69岁以上为老年。

(4) 户籍:可分为农业户籍和非农业户籍。

(5) 人种:根据自然特征可划分为黄种人、白种人、黑种人。

(6) 民族:汉族、少数民族。

(7) 语言:普通话、方言。

(8) 宗教信仰:佛教、道教、伊斯兰教、天主教、基督教或其他。

(9) 文化程度：大学(指大专及以上)、高中(含中专)、初中、小学、文盲。

(10) 职业：职业规划师协会定义的职业类型有工人、农民、个体商人、公共服务人员、知识分子、管理人员、军人。

(11) 纯收入：指乡村住户当年从各个来源得到的总收入扣除所发生的相应费用后的收入总和。计算方法：纯收入＝总收入－家庭经营费用支出－税费支出－生产性固定资产折旧－调查补贴－赠送农村内部亲友支出。纯收入主要用于再生产投入和当年生活消费支出，也可用于储蓄和各种非义务性支出。"农民人均纯收入"按人口平均的纯收入水平，反映的是一个地区或一个农户中农村居民的平均收入水平。

(12) 劳动力数量：乡村人口中年龄在16岁以上、经常参加集体经济组织(包括乡镇企业、事业单位)和家庭副业劳务的劳动力，不包含因长期患病等而丧失劳动能力和机会的乡村人口。

(13) 婚姻状况：反映的是每个人在某一地区内的婚姻状态，包括未婚、已婚(初婚有配偶、再婚有配偶、复婚有配偶、丧偶、离婚五种)。

(14) 家庭户规模：家庭户指以家庭成员关系为主，居住一处、共同生活的人组成的住户，户内居住的总人数为家庭户规模。

(15) 家庭类型：按家庭的结构和规模划分，有联合家庭(大家庭)、核心家庭(小家庭)、主干家庭(直系家庭)、残缺家庭、单亲家庭。

(16) 人口流动信息：出生率和死亡率，即一定时间内乡村新出生或死亡的人口数占总人口数的比率；迁入率和迁出率，即一定时间内迁入或迁出的人口数占总人口数的比率。

三、乡村住户信息获取途径

(一) 基础信息获取途径

住户数量、性别、年龄、户籍、人种、民族、宗教信仰、受教育程度、职业、婚姻状况、家庭户规模、家庭类型、出生率、死亡率、迁入率、迁出率等信息可通过与村民面对面访谈(见访谈提纲)或进行一对一问卷调查(见调查问卷)得到。

(二) 其他信息获取途径

住户收支与生活状况调查基础数据可通过调查户记账和调查人员入户访问得到。调查户要将每天发生的现金和实物收支情况，比如工资、奖金、福利、津贴、出售农产品、购买商品、自产自用信息等，逐项登记在账册上。记账时，调查户要一项一项分开记清所有收支项目的数量、单位、金额。对于实物收入和消费，要按规定方法折算成现金收入和支出。家庭成员及劳动力从业情况、住房和耐用消费品拥有情况、家庭经营和生产投资情况、乡村基本情况及其他民生状况等资料由调查人员入户访问，也可使用问卷调查方式采集。

四、调查结果用途

调查结果可用于统计分析住户可支配收入、消费性支出、农村贫困人口、贫困发生率、基尼系数、恩格尔系数等重要民生数据,能为全面建成小康社会、提高城乡居民收入、精准扶贫及精准脱贫等国家重大战略的实施提供统计基础,为农村贫困标准、最低工资标准、城乡低保标准、个人所得税起征点等相关政策制定提供数据支持,也能为低收入困难家庭申请专项救助、民事赔偿标准调整等民生问题服务。

第二节 调查表格示例

一、乡村住户生活状况调查表格示例

乡村住户生活状况调查表

尊敬的乡村居民:

您好!我是陕西某某学院某某某专业的学生,为全面了解本地乡村居民生活状态与生活质量状态,为城乡统筹发展和乡村地区民生政策的研究提供重要数据,以推动农村经济发展,特意开展此次调查。本次调查采用不记名方式进行,请您按照自己的实际情况如实填写。

我们将严格遵守统计法,对您个人的信息给以保密。非常感谢您的配合!

调查负责人:××× 电话:029-8153××××

填报对象:所有住户成员,包括经常在本户居住与本户共享收入的人员,不包括寄宿者。调查表如表7-1所示。

表7-1 乡村住户生活状况调查表

序号	问题	住户成员						
		1	2	3	4	5	6	7
A1	成员类型	户主	成员	成员	成员	成员	成员	成员
A2	性别 1男 2女							
A3	与本住户户主关系 1户主 2配偶 3子女 4父母 5岳父母或公婆 6祖父母 7媳婿 8孙子女 9兄弟姐妹 10其他							
A4	出生年月(四位年月,YYMM)							
A5	年龄(调查人员根据出生年月推算出周岁)							
A6	民族 1汉族 2回族 3满族 4壮族 5其他民族							

续表

序号	问题	住户成员						
		1	2	3	4	5	6	7
A7	户口登记地 1 本村(居委会) 2 村外乡(镇、街道)内 3 乡外县(区)内 4 县外市内 5 市外省内 6 省外(填写某某市/县) 7 其他							
A8	户口性质 1 农业户口 2 非农业户口 3 其他							
A9	健康状况 1 健康 2 基本健康 3 不健康,但生活能自理 4 生活不能自理							
A10	参加何种医疗保险(可多选) 1 新型农村合作医疗 2 城镇职工基本医疗保险 3 (城镇)居民基本医疗保险 4 公费医疗 5 商业医疗保险 6 其他医疗保险 7 没有参加任何医疗保险							
A11	是否在校学生(6周岁及以上填写) 1 由本住户供养的在校学生 2 不由本住户供养的在校学生 3 非在校学生(6周岁及以上填写)							
A12	受教育程度 1 未上过学 2 小学 3 初中 4 高中 5 大学专科 6 大学本科 7 研究生							
A13	婚姻状况 1 未婚 2 有配偶 3 离异 4 丧偶 5 其他							
A14	过去三个月在本村住宅居住的时间(月,保留一位小数)							
A15	未来三个月中,是否打算在本村住宅居住一个月以上 1 是 2 否							
A16	是否是离退休人员 1 行政事业单位离退休人员 2 其他单位离退休人员 3 非离退休人员							
A17	参加何种养老保险(可多选) 1 新型农村社会养老保险 2 城镇职工基本养老保险 3 (城镇)居民社会养老保险 4 商业养老保险 5 其他养老保险 6 没有参加任何养老保险							
A18	是否丧失劳动能力 1 是(结束该成员调查) 2 否							
A19	本季度是否从业过 1 是 2 否(结束该成员调查)							
A20	本季度主要的就业状况 1 雇主 2 公职人员 3 事业单位人员 4 国有企业雇员 5 其他雇员 6 农业自营 7 非农自营							
A21	本季度从事的主要行业(调查人员填写)							

续表

序号	问题	住户成员						
		1	2	3	4	5	6	7
A22	本季度从事的主要职业（调查人员填写）							
A23	本季度从事所有工作的总时间（月，保留一位小数）							

二、乡村劳动力现状调查问卷示例

商南县××镇农村劳动力调查问卷

尊敬的先生/女士：

您好！我们开展本次问卷调查是为调查当地的农村劳动力的就业状况，辛苦您根据自身情况对问卷进行填写。我们承诺所有信息都会经匿名处理并严格保密，不会对您的生活和工作造成任何影响。同时，感谢您的积极参与。（分为单选和访谈，单选在对应的选项下面画"√"）

1. 您的性别：
男　　　　　　　　女
2. 您的年龄：
16～30 岁　　　　31～45 岁　　　　46～60 岁
3. 您的健康状况：
健康　　　　　　亚健康　　　　　疾病
4. 您的文化程度：
初中及以下　　　高中/职高　　　　大专　　　　　　本科及以上
5. 您的就业现状：
农村务农　　　　外出务工
6. 您获取收入的主要来源：
务工　　　　　　务农　　　　　　零散打工　　　　家庭自主经营
财产性收入　　　其他
7. 您参与农村培训次数：
0 次　　　　　　1 次　　　　　　2 次　　　　　　3 次
4 次及以上
8. 外出务工月收入水平（在家务农不填）：
2 500～3 000（不含）元　　　　　　3 000～3 500（不含）元
3 500～4 500（不含）元　　　　　　4 500 元及以上
9. 您拥有什么就业技能？
10. 基础设施与公共管理服务设施状况如何？
11. 您对某某镇的未来发展期望。

第三节 调查案例示例

一、务工人员基本情况调查

乡村外出务工人员基本情况调查
×××调查组

(一) 调查背景

据统计显示,2023年前三季度,陕西省农村从业劳动力总量达到932.7万人,同比增长2.9%。其中,外出从业农村劳动力为595.5万人,同比增长3.5%;本地非农务工农村劳动力337.2万人,同比增长1.9%。外出从业农村劳动力占全省农村从业劳动力总量的63.9%,占比较上年同期提高0.4个百分点。乡村劳动力大量流出,转移到城镇的非农产业,在很大程度上解决了乡村剩余劳动力的就业问题,增加了家庭收入,缩短了城乡收入差距,并促进了乡村土地流转,推动了新的农业用地发展模式和产业开发路径。但与此同时,乡村劳动力流动规模日趋扩大、速度日益加快,从而使得乡村劳动力的结构发生变化,空心化、人口老龄化、留守儿童教育、乡村人才流失等问题也不可避免地产生。由此可见,乡村人口流动具有双面性,既能推动乡村的经济发展,也会给乡村带来新的问题。为了了解乡村外出务工人员的基本特征,探索乡村外出务工人员对乡村地区产生的影响,为乡村地区可持续发展提供支撑,特组织开展乡村外出务工人员基本情况调查。

(二) 调查安排

本次调查选择了某某市长某区的王某街道某某村进行调查,调查从2023年9月23日开始,于10月15日结束,主要采用访谈加问卷的方式开展调查,调查对象主要为某某村村干部和当地村民,共调查了136户村民,剔除无效问卷,共收集了483位外出务工村民的信息,调查期间因多数务工人员并不在家,相关问卷填写主要以调查者询问被调查人员家中亲友的方式完成。

(三) 调查结果

1. 某某村概况

某某村地属暖温带半湿润大陆性季风气候区,雨量适中,雨季多集中在7~8月,四季分明,气候温和,春秋短冬夏长,雨热同期。该村位于某某市长某区东南部,属王某街道办事处管辖,交通条件优越,东靠某某公路、南依秦岭终南山北麓、西接西某高速、北临107省道环山旅游公路。某某村行政划分为3个自然村,目前全村有12个村民小组,共794户3143人。全村现有耕地2649亩,山林地35亩,河滩地360亩。现有劳动力1 981人,年人均可支配收入14 500元。

2. 某某村外出务工人员基本情况

2022年全村外出务工人员达1 508人,占到该村户籍人口总数的48%左右。外出务工人员中,男性占61.7%,女性占38.3%,男性多于女性;该村外出务工的人群平均年龄约44岁,其中,31~50岁为外出务工的主力人群,31~40岁的约占32.7%,41~50岁的约占43.5%,总计约占总务工人群的76.2%。详细内容见表7-2。

表7-2 某某村外出务工人员年龄构成

年龄	人数(人)	占比(%)
16~20岁	9	1.9
21~30岁	59	12.2
31~40岁	158	32.7
41~50岁	212	43.9
50岁以上	45	9.3
合计	483	100

3. 学历情况

该村外出务工人员整体受教育程度偏低,其中学历为初中及以下人群为主力人群,约占总人数的73.3%,其次为学历为高中及中专人群,约占22.0%,受访者中,大专及以上学历人群较少,仅23人,约占总人数的4.7%,具体见表7-3。

表7-3 某某村外出务工人员学历信息

受教育程度	人数(人)	占比(%)
初中及以下	354	73.3
高中或中专	106	21.9
大专及以上	23	4.8
合计	483	100

4. 参加培训情况

此处的"培训"仅指该村所在街道或所在区(县)政府组织的劳动技能培训,不包括务工人员工作后在所在岗位参与的学习、培训或因职业需要形成的师徒之间的培训。此类技能培训为地方政府相关培训中心组织,主要面向农村地区,均为免费培训。调查结果显示,绝大多数外出务工人员未参加过培训,占比约97.7%,仅有不足2.5%的务工人员参加过培训。参加培训的务工人员中参加职业培训(例如保洁、家政、面点加工等)的人较多,约占1.7%,其他培训参与的人数较少,约占0.6%,见表7-4。

表7-4 外出务工人员参加培训情况

是否参加培训及培训类型	参加人数(人)	占比(%)
参加职业培训	8	1.7

续表

是否参加培训及培训类型	参加人数(人)	占比(%)
参加其他培训	3	0.6
未参加培训	472	97.7
合计	483	100

5. 外出务工人员工作地

调查显示,某某村外出务工人员中,约 71.6% 的人员都选择在省内务工,由于该村距离省会城市某某市较近,因此在所在地市务工的人数较多,约占 59.0%,在市外省内的占 12.6%,省外打工的占 27.3%,除此之外还有少量人员在国外务工,约占 1.1%。除在本市打工的务工人员外,其余务工者大多仅春节或小长假期间会在家作短暂停留,见表 7-5。

表 7-5 外出务工人员工作地统计

务工区域	人数(人)	占比(%)
所在地市	285	59.0
市外省内	61	12.6
省外	132	27.3
国外	5	1.1
合计	483	100

6. 工作类型

调查显示,该村务工人员中,约有 89.0% 从事临时性工作,仅有 11.0% 从事自营性工作。从产业类型上看,该村从事第三产业的务工人员最多,占比约为 57.7%,其次为第二产业,占比约为 42.3%,从事第一产业的务工人员数目为 0。就具体职业而言,从事建筑业的人数最多,占比约为 28.4%;其次为运输服务业和邮政业,占比约为 17.6%;再次为批发零售业、工业、住宿和餐饮业,占比分别约为 14.3%、13.9% 和 12.6%;从业人数最少的是居民服务和维修业,占比仅为 4.3%。其余详细数据如表 7-6 所示。

表 7-6 外出务工人员工作类型统计

从业类型	人数(人)	占比(%)
工业	67	13.9
建筑业	137	28.4
运输服务业和邮政业	85	17.6
批发零售业	69	14.3
住宿和餐饮业	61	12.6
居民服务和维修业	21	4.3

续表

从业类型	人数（人）	占比（%）
其他服务业	43	8.9
合计	483	100

7. 收入水平

结合调查，某某村外出务工人员的人均月收入水平大多集中在 4 000～5 000 元，约占 59.2%，其次为 3 000～4 000 元，约占 26.5%。人均月收入在 3 000 元以下的和 5 000 元以上的相对较少，分别占总人数的 5.8% 和 8.5%。详细数据见表 7-7。

表 7-7 外出务工人员人均月收入统计

人均月收入（元）	人数（人）	占比（%）
3 000 以下	28	5.8
3 000～4 000	128	26.5
4 000～5 000	286	59.2
5 000 以上	41	8.5
合计	483	100

综上所述，某某村外出务工人员主要以男性为主，平均年龄约 44 岁，文化程度以初中及以下为主，很少有务工人员会参加地方政府组织的职业技能培训。从工作地来看，大多数务工人员会选择在省内务工，其中又以在某某村所在地市打工为主；就务工职业类型上看，务工人员主要从事的行业为建筑业，其次为运输服务业和邮政业；务工人员人均月收入以每月 4 000～5 000 元居多。

（四）外出务工人员对该乡村发展的影响

村民外出务工对缓解家庭经济压力、增加本村居民收入、改善家庭福利、缩短城乡收入差距都具有重要作用，同时促进了资本、土地、劳动力等要素性资源的流动与重组，为土地的进一步流转创造了条件，也在一定程度上促进了农村的分工和生产的专业化程度。但是，同时也应该看到，大量文化程度较高的青壮年劳动力外出务工，会导致农村劳动力出现空心化、老龄化，造成村内公共服务设施难以运营、留守儿童教育缺失等问题，同时还对推广先进农业科技、发展现代农业信息技术、传承民俗文化等带来一定负面影响。由此可见，农村劳动力外出务工对当地乡村的经济发展有积极的影响也有消极影响，结合调查某某村村民外出务工对该村的影响主要表现在以下几方面。

……（后续部分内容省略）

二、农村劳动力现状调查

乡村振兴视角下的农村劳动力现状调查——以某某镇柳某湾村为例

×××调查组

（一）绪论

影响农村经济发展的因素有很多，其中劳动力状况是最重要的因素之一，较好的农村劳动力发展水平可促进乡村产业发展、经济增长和文明乡村建设，并实现乡村的可持续发展。本次调查将以某某镇的柳某湾村为例，调查该村劳动力的现状，以了解该村劳动力的健康教育水平和年龄文化结构，为该地制定人口发展策略或社会发展规划提供支持。

（二）调查区域概况及调查实施过程

某某镇位于县城的西南方向20千米处，全镇总面积239平方千米，耕地面积33 676亩(1亩≈666.67平方米)，有12个村、2个社区，共251个村民小组，7 451户22 871人，2021年农民人均纯收入8 275元。城镇主要依存的产业有现代特色农业、农业生产服务业、农村生活服务业、传统特色产业。柳某湾村位于某某镇西侧，距镇政府驻地7千米，距离县城33千米，总面积54.69平方千米，耕地6 672亩，粮食以小麦、稻谷、玉米、红薯为主，其他经济作物以花椒、猕猴桃、水杂果、中药材、食用菌为主，并利用丹江开展了大面积的水产养殖业。

本次调查的实施过程分为以下几个部分：(1) 2021年11月，确定调查方案，明确调查目的，并通过查阅相关资料对某某镇的村落组成、村落基本信息、基础设施及公共服务设施等情况进行了解。(2) 2022年2月初，确定调查的研究对象、调查方案和访谈方案。(3) 2022年2月中旬，设计调查问卷，进行初调，随后根据初调结果对问卷进行修改完善，以提升问卷的科学性和逻辑性。(4) 2022年2月底，正式实施调查。为保证调查对象能涵盖更多的村民，降低时间因素造成的数据不均衡性，调查时间主要选择春节假期、周末和日常工作日三个不同的时间段。(5) 2022年3月下旬，调查结束，开始对调查所获得的资料进行整理分析。

本次调查主要针对具备劳动力的村民开展，参照劳动力法规中对劳动力年龄的规定，确定农村劳动力是指男性16～60岁、女性16～50岁的在农村常住的劳动人口中具有劳动能力的人，因此本次调查获得的问卷中应剔除不具备劳动能力的人群的问卷，仅对农村劳动力的问卷信息进行统计。

（三）调查结果

1. 柳某湾村人口规模

陕西省统计数据显示，从2011年到2021年陕西省常住人口从3 765万人增长到3 954万人，城镇人口由1 783万人增加至2 516万人，乡村人口总数由1 982万人降为

1 438 万人,随着年份增长,农村人口数量在不断下降,城镇人口比重逐年上升,表明农村人口在不断流失,涌向城市,如图 7-1 所示。

某某镇的常住总人口数为 8 207 人,在农村劳动力人数为 4 329 人,2020 年常住总人口数为 8 309 人,在农村的劳动力人数为 4 047 人,截至 2022 年,柳某湾村有 25 个村民小组,755 户 2 575 人。

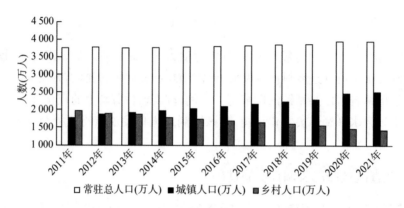

图 7-1　2011—2021 年陕西省人口趋势图

2. 柳某湾村劳动力结构

本次调查选取劳动力的性别比例、健康状况、年龄构成、文化程度四个方面来调查劳动力结构。本次调查按不同年龄、不同特征的人群随机展开,以提高抽样对象的覆盖面,保证数据的客观性,调查共发放问卷 220 份,采取随发随收的方式,整理问卷后共得到有效问卷 180 份。

1) 性别比例

从表 7-8 可以看出,在性别方面,男性劳动力是 94 人,占总调查人数的 52%,女性劳动力是 86 人,占调查总人数的 48%,男性劳动力比女性多 4%,性别比例不均衡。

表 7-8　柳某湾村劳动力的性别比例

项目	男	女	合计
人数(人)	94	86	180
百分比(%)	52	48	100

2) 健康状况

从表 7-9 可以看出,调查村落农村劳动力仅有 36% 的人处于健康状态,共 64 人,其中男性比女性多 12 人;处于亚健康状态的占 44%,男性人数比女性多 3 人;处于疾病状态的占 20%,共 37 人,女性比男性多 7 人。整体而言,男性健康水平高于女性,处于健康水平的男性的比例比女性高 10%,而处于疾病水平的女性的比例比男性高 10%。

表7-9 柳某湾村劳动力的健康状况

项目	健康	亚健康	疾病	合计
男性人数（人）	38	41	15	94
女性人数（人）	26	38	22	86
人数合计（人）	64	79	37	180
百分比（%）	36	44	20	100

3）年龄构成

某某镇2020年的总人口是22 871人，60岁以上的人口数是2 516人，占总人数的11%，表明某某镇已处于老龄化阶段，因此本次调查不再开展老龄化调查。表7-10劳动力的年龄构成显示，柳某湾村的劳动力年龄在31～45岁的共有85人，其中男性46人，女性39人，占总数的47%；年龄在16～30岁的男性27人，女性23人，占总数的28%；46～60岁的共45人，其中男性21人，女性24人，占总数的25%。

表7-10 柳某湾村劳动力的年龄构成

年龄段	男性人数（人）	女性人数（人）	人数合计（人）	百分比（%）
16～30岁	27	23	50	28
31～45岁	46	39	85	47
46～60岁	21	24	45	25
合计	94	86	180	100

4）文化程度

从表7-11可以看出柳某湾村劳动力的文化程度集中在初中及以下水平，有69人，占样本总数的38%；其次文化程度是高中/职高的共50人，占样本总数的28%；文化程度为大专的共有36人，占总样本数的20%；文化程度为本科的有25人，占总样本数的14%。其中男性村民中文化程度为高中/职高的比例明显高于女性，而在大专、本科及以上文化程度的占比中，女性明显高于男性。

表7-11 柳某湾村劳动力的文化程度

文化程度	男性人数（人）	女性人数（人）	人数合计（人）	百分比（%）
初中及以下	36	33	69	38
高中/职高	29	21	50	28
大专	17	19	36	20
本科及以上	12	13	25	14
合计	94	86	180	100

3. 柳某湾村劳动力就业状况

柳某湾村劳动力就业状况，主要从主要收入的来源、农民工参与培训次数与务工劳动力工资收入等三个方面开展调查。

1）主要收入来源

根据表 7-12 可知，柳某湾村村民中有 68% 的村民的收入来源以务工为主，以务农为收入来源的占 17%，以零散打工为收入来源的占 6%，以家庭自主经营为主的占 7%，以财产性收入为主的占 2%。从调查数据中还可以看出，柳某湾村村民外出打工的比例较高，即超过 68% 的村民劳动力会外出务工，劳动力外流明显。

表 7-12　柳某湾村劳动力主要收入的来源途径

主要收入来源	务工	务农	零散打工	家庭自主经营	财产性收入	合计
人数（人）	122	31	11	13	3	180
百分比（%）	68	17	6	7	2	100

2）劳动力参与培训

通过表 7-13 可以看出，参与 1 次培训的人数最多，共 60 人，占总数的 33%；没有参与过培训的共 49 人，占总数的 27%；参与 2 次培训的共 38 人，占总数的 21%；参与 3 次培训的共 21 人，占总数的 12%；参与 4 次及以上培训的共 12 人，占总数的 7%，说明大多数农村劳动力参与培训次数较少。

表 7-13　柳某湾村劳动力参与培训次数

培训次数	0 次	1 次	2 次	3 次	4 次及以上	合计
男性人数（人）	26	21	14	12	8	81
女性人数（人）	23	39	24	9	4	99
合计（人）	49	60	38	21	12	180
百分比（%）	27	33	21	12	7	100

3）外出务工劳动力月收入

表 7-14 显示，柳某湾村外出务工村民的月收入大多数集中在 3 000～4 500 元之间，该部分人群占总调查者的 51%，其中，月收入在 3 000～3 500 元的人数占 25%，共 31 人；月收入在 3 500～4 500 元的人数占 26%，共 32 人；月收入在 3 000 元以下人群也相对较多，占 38%，共有 46 人；月收入在 4 500 元以上的人数最少，仅有 13 人，占总调查人数的 11%。

表 7-14　柳某湾村外出务工人员月收入表

务工收入	3 000 元以下	3 000～3 500 元	3 500～4 500 元	4 500 元以上
人数（人）	46	31	32	13
百分比（%）	38	25	26	11

(四) 调查总结

1. 柳某湾村劳动力性别比例失衡,健康水平偏低,老龄化现象严重

某某镇柳某湾村劳动力性别比例不均衡,男性比例高于女性。全村劳动力健康状况不佳,且女性健康水平低于男性,全村仅有80%的村民劳动力健康状况处于亚健康及以上水平,且有约20%的村民劳动力处于疾病状态,其中女性占比较高。柳某湾村的劳动力年龄在45岁以下的约占75%,年龄在46～60岁之间的约占25%,该村劳动力老龄化现象在未来将更加明显。

2. 外出务工人员较多,农村劳动力流失严重

调查发现某某镇的农村人数也在减少,村民主要向中心城市或省外大城市流动,有68%的村民主要以外出务工为主,仅有17%的村民依然以务农为主。通过访谈得知引发该现象的原因主要有两点:(1) 柳某湾村的耕地面积有限,发展的产业规模小,造成农村劳动力剩余,且当地就业岗位较少,务农收入较低,同时,农业技术水平不断提高,使得对劳动力的需求降低,导致一部分人失业成为剩余劳动力;(2) 城市拥有更多的就业岗位,务工收入较高,同时城市教育、医疗、社会保障、公共服务体系完善,人居环境优越,更有利于子女的教育和发展。

3. 农村劳动力文化程度低,劳动力收入不高,就业技能低

柳某湾村的农村劳动力的文化程度整体偏低,主要集中在高中及以下水平,学历水平为大专、本科及以上的女性比例较高,学历水平为高中或职高的男性比例较高。较低的文化程度,导致该村外出务工劳动力收入不高,全村超过63%的劳动力外出务工收入低于每月3500元,每月超过4500元的人数仅为11%。农村劳动力拥有的技术水平低且技能单一,是导致劳动收入较低的主要原因之一。调查显示超过1/4的村民几乎没有参与过培训,仅参加过1次培训的村民约占1/3,其余多数村民参加过2～3次培训。

课后练习

1. 乡村住户信息调查内容有哪些?
2. 乡村住户信息数据获取途径是什么?
3. 请依据教材中乡村住户生活状况调查表(示例)完成某个村庄的乡村住户信息调查工作。
4. 编制一份乡村家庭类型现状调查报告。

第八章　乡村产业调查

第一节　乡村产业调查的基础知识

一、乡村产业概念

乡村产业是立足乡村,以农业农村资源为依托,以农民就业为主体,包括种养业、农产品流通业、农产品加工业及乡村休闲旅游业等在内的复合型产业。乡村产业振兴是乡村振兴的基础。乡村产业振兴的目标是:深化农业供给侧结构性改革,全面提高农业综合生产率和全要素生产率,确保以粮食安全为核心的主要农产品有效供给;转变增长方式,使其从单纯数量增长向数量质量安全并重转变;推进农村一二三产业深度融合发展,形成稳定的农民收入增长机制。乡村产业振兴的保障是构建现代农业产业体系、现代农业生产体系和现代农业经营体系。乡村产业主要包括大农业(种植业、畜牧业、水产业和林业),农村经济主体兴办的加工业、采矿业、商业服务业、运输业,以及与农业生产密切联系的科技文化产业等非农产业。

二、乡村产业调查的目的

开展乡村产业调查有助于了解乡村产业的现状和发展趋势,可为制定农村产业发展政策提供依据。通过调查,可以了解农村产业的产业结构、生产技术、市场需求、人力资源、资金投入等方面的情况,为农村产业的发展提供科学的指导和支持。通过调查,可以了解农村产业的现状和发展趋势,为制定农村产业发展政策提供科学依据,促进农村产业的健康发展。通过调查,可以了解农村产业的发展瓶颈和问题,为农村经济的转型升级提供指导,推动农村经济的转型升级。通过调查,可以了解农村产业的发展情况,为农民提供就业机会和增收渠道,促进农民增收致富,可以为各级乡村产业主管部门制定政策和指导产业发展提供参考依据,也可以为城市企业和农村企业提供合作机会,促进农村与城市的互动发展。

三、乡村产业的特征

(一)产业融合性

乡村产业一头连着城市,一头系着农村,贯穿农村一二三产业,在城乡之间、产业之间发挥着黏结剂和融合剂的作用。乡村产业不断利用其天然融合的属性,将农业的功能向生态涵养、观光休闲、农耕体验、文化传承等多领域拓展,打造出乡土特色产业、加工流通业、乡村服务业、田园综合体、农业主题公园、高端民宿、农业嘉年华、特色小镇、星级农庄、农耕节庆等形式多样、特色各异、融合发展的新类型,形成了一系列"农业+"的新模式,带动了加工业、服务业、交通运输、人文创意等相关产业的发展,使得各产业之间互融互促、共生共长,从而有效地丰富和拓展了农业功能,带动了农民增收就业,促进了农村繁荣发展。如浙江仙居县发展休闲农业,带来了人财两旺的"花海经济"。江西婺源篁岭村走"农业+旅游+休闲+文化"的融合之路,开创了一套独具特色的"篁岭模式"。

(二) 资源整合性

乡村有大量的可开发资源,而缺少的是资金、人才和创意,更缺乏对各类资源的有效的整合利用。乡村产业可以采用游田园、悦村韵、赏民俗、品美食、购特产等独特方式,将各类分散存在、关联不紧密的资源要素有效整合起来,实现有机衔接,叠加渗透、相互集成,从而将农区变成景区、田园变成公园、劳动变成运动、产品变成商品、民房变成客房,实现资源的优化配置、资源共享和价值提升。如江苏阜宁七彩农业公园,优化整合了历史、优质水、茶文化、农家美食、美术设计人才等各类资源,建成了细节精美、创意丰富、农味十足的农耕广场、水晶花宫、风情桃源、童趣牧场、乡村大锅灶等诸多景点项目,颇受广大游客的青睐。

(三) 功能活化性

诸多实践表明,乡村可以将荒地、民房、山川、河流、民俗等静态的、沉睡的、闲置的资源激活,使四荒地变成特色产品生产园,使逐渐被遗忘的传统文化变成现代故事,使面临失传的民间手工艺变成展示可供体验传承的技艺,使濒临消失的农业遗产变成寻古景点,更使乡村成为城里人望山看水忆乡愁的好去处。如四川成都多利农庄遵循特色化、差异化、高端化、品牌化的理念,突出"市民农庄""乡村创客""造梦乐园"主题,已建设农村新型社区、有机生态农业示范区、度假酒店和家庭农庄、有机生活体验馆,激活了都市农业的多业价值、乐游价值和安居价值,年销售额突破10亿元。

四、乡村产业调查内容

乡村产业调查基本内容包括产业类型、产业面积、产业产量或产值、生产方式、经济收入、土地流转情况、土地经营情况、产业组织、基础设施、农业科技服务、农村创业等基本情况。可依据乡村产业调查内容编写《乡村产业发展调查问卷》《乡村特色产业发展调查表》及《乡村产业发展访谈提纲》,采用问卷调研或访谈的方法获取乡村产业发展相关信息。

(一) 产业类型

1) 农业

农业是利用动植物的生长发育规律,通过人工培育来获得产品的产业,即以利用自然力为主,生产不必经过深度加工就可消费的产品或工业原料的行业,包括生产粮食作物、经济作物、饲料作物和绿肥等农作物的生产活动。农业的根本特点是经济再生产与自然再生产交织在一起,受生物的生长繁育规律和自然条件的制约,具有强烈的季节性和地域性;生产时间与劳动时间不一致;生产周期长,资金周转慢;产品大多具有鲜活性,不便运输和储藏,单位产品的价值较低。

2) 农产品加工业

农产品加工业是指对粮棉油薯、肉禽蛋奶、果蔬茶菌、水产品、林产品和特色农产品等进行工业生产活动的总和,是从种养业延伸出来的,是提升农产品附加值的关键,也是构建农业产业链的核心。农产品加工业主要分为五大类,分别是:食品、饮料和烟草加工;纺织、服装和皮革工业;木材和木材产品(包括家具制造);纸张和纸产品加工、印刷和出版;橡胶产品加工。

3) 乡村特色产业

乡村特色产业是将农业资源开发区域内特有的名优产品转化为特色商品的现代农业乡村特色产业,是地域特征鲜明、乡土气息浓厚的小众类、多样性的乡村产业,主要有特色养殖业、特色种植业、特色果林业、特色加工业和观光休闲农业等。

(1) 特色养殖业。包括养蜂、养鱼、养狗、养虫、养蝴蝶等项目,这类特色农业对于技术的要求比较高,而且养殖期间要做到耐心、细致。

(2) 特色种植业。包括特种蔬菜、反季节蔬菜、特种粮食(比如小麦、香米、黑色玉米)的种植等,这类产业在特色农业中较常见,也是乡村特色产业中最为普遍的形式。特色种植业具有较强的适应性,在许多地方都能根据当地的资源气候条件选择最具适应性的农作物进行生产。

(3) 特色林果业。这类特色农业通常适合在丘陵地带、土壤较贫瘠的地方发展,这样既能成片大面积地发展,也便于实行庭园式经营。发展特色林果业便于在各地形成水果之乡,比如中国枇杷之乡、中国椪柑之乡、中国水蜜桃之乡。

(4) 特色加工业。比如竹编、加工火腿、加工腊肉的加工,继而可形成竹编之乡、火腿之乡、腊肉之乡。发展这类特色需要大量的资金,这类产业属于工厂化农业,具体的加工企业大多是农业产业化经营的龙头企业。

(5) 观光休闲农业。观光休闲农业是近年来随着经济发展、人们生活水平提高、休闲时间和能力的增加而兴起的特色农业,包括生态旅游、农家乐、油菜花节、桃花节等。这类新型的农业产业(农业的自然景观)对游客具有吸引力,适合在大中城市近郊区或交通便利的地方发展。

4) 乡村休闲旅游业

乡村休闲旅游业是农业功能拓展、乡村价值发掘、业态类型创新的新产业,其横跨一二三产业、兼容生产生活生态、融通工农城乡,发展前景广阔。

5) 乡村新型服务业

随着农村生产生活方式的变化,乡村新型服务业应运而生,其业态类型丰富,经营方式灵活,发展空间广阔。乡村新型服务业包括农技推广、土地托管、代耕代种、烘干收储等农业生产性服务;市场信息、农资供应、农业废弃物资源化利用、农机作业及维修、农产品营销等服务;农林牧渔专业及辅助性活动及各类涉农电子商务。

6）产业化农业

产业化农业是农业经营体制机制的创新，农村产业融合发展是农业与现代产业要素的交叉重组，引领农业和乡村产业的转型升级，如产业化农业龙头企业、农民合作社、家庭农场。

7）农村创新创业

农村创新创业是乡村产业振兴的重要动能，其应用新技术、开发新产品、开拓新市场，引入现代管理、经营理念和业态模式，丰富乡村产业发展类型。如培养乡村工匠、文化能人、手工艺人等能工巧匠；领办家庭农场、农民合作社等；创办家庭工场、手工作坊、乡村车间等；发展农村产业融合项目、"互联网＋"创新创业项目等。

（二）产业面积及产值

产业面积指乡村各类型产业占地总面积。

产值是一定时期内生产的农、林、牧、渔业产品及其副产品、工业产品及服务的总量，其计算方法是将农业产品的产量、工业品产量及服务的数量分别乘以各自单位产品价格。

（三）生产方式与经济收入

生产方式指生产方法和形式，第一产业生产方式一般由生产工具及动力、水利设施等体现出来，第二产业生产方式一般通过机器和生产线体现，第三产业生产方式通过服务形式体现出来。

经济收入指乡村第一、第二、第三产业产品或服务所带来的经济价值。

（四）土地流转及土地经营情况

土地流转指土地使用权流转，即拥有土地承包经营权的农户将土地经营权（使用权）转让给其他农户或经济组织，保留承包权，转让使用权，主要包括土地互换、土地出租、土地入股、宅基住房、股份合作几种形式。

土地经营情况是以土地为基本生产资料，以获取土地产品或以土地承载力为开发利用目的的经济活动。在乡村主要包括农业土地经营、矿业土地经营。

（五）其他方面

1. 产业组织

指同一产业内部各企业间在进行经济活动时所形成的相互联系及其组合形式，主要包括供销合作社、家庭农场、农民专业合作社、农业企业等。

2. 基础设施

农业基础设施建设一般包括：农田水利建设，农产品流通重点设施建设，商品粮棉生产基地、用材林生产基础和防护林建设，农业教育、科研、技术推广和气象基础设施建设等。工业基础设施包括道路、供水、上下水、供电、通信、排污、网络设施等。

3. 农业科技服务

农业科技服务主要包括科技小院、专家大院、院（校）地共建；核心人员、技术骨干的技能培训；高水平的农民合作社、家庭农场、农村专业技术协会示范基地的建立；"田间学校""技物结合""技术托管"等服务模式。

4. 农村创业

农村创业包括特色小吃部、压面店、幼儿园、电脑学习、体育培训、家庭旅店、农村用品租赁店、农资专场店、美发店、大棚种植和人工养殖、农户住宅设计、自然肥产业、乡村导游业、农机具租赁业、摩托车维修店、图书报刊店、田地承包等创业项目。

乡村产业调查的数据获取途径主要有两条:一是从村集体的会计总账、明细账及相关记录材料中直接收集原始数据,如村集体经济组织生产经营及资产负债情况、土地情况、社会事业发展情况,基层组织乡村治理情况等;二是根据观察点农户调查数据和其他经营主体的调查数据,以及村干部、辅助调查员和县调查员掌握和收集的相关信息进行推算,如村庄经济概况、农林牧渔业生产情况等。

第二节 乡村产业调查表示例

一、乡村种植业调查表

乡村农作物种植业调查表(表8-1)

调查时间:_____年_____月_____日

村庄名称:_____ 所在地市:_____

调查人员:_____

1. 地势:□平原　　□丘陵　　□山区　　□高原
2. 土壤质地:□土壤　　□砂土壤　　□砂土　　□黏土
3. 是否有专业合作组织:□是　　□否
4. 村总人口(人):_____ 从事农业劳动力人口(人):_____

表8-1　乡村农作物种植业调查表

	作物名称	种植面积(亩)	亩均产量(斤)	均价(元/斤)
粮食作物	小麦			
	玉米			
	谷子			
	红薯			
	水稻			
	大豆			
	土豆			
	其他1			
	其他2			
	种植面积合计			

续表

	作物名称	种植面积(亩)	亩均产量(斤)	均价(元/斤)
经济作物	苹果			
	桃子			
	猕猴桃			
	柿子			
	石榴			
	葡萄			
	草莓			
	樱桃			
	梨			
	蔬菜			
	茶叶			
	其他1			
	其他2			
	其他3			
	其他4			
	种植面积合计			

注:1亩=666.67平方米,1斤=0.5千克。

二、乡村牲畜禽鱼养殖调查表

乡村牲畜禽鱼养殖调查表(表8-2)

调查时间:_____年_____月_____日

村庄名称:_____ 所在地市:_____

调查人员:_____

养殖户姓名(单位/企业名称):_____

畜禽养殖种类:□猪　□羊　□鱼　□牛　□禽　□其他:_____

表8-2　乡村牲畜禽鱼养殖调查表

指标名称	计量单位	数量
从业人员总数	人	
雇佣人员	人	
技术人员	人	
养殖场地占地面积	平方米	
养殖用房建筑面积	平方米	
当年养殖数量	头(只)	
购买饲料总量	吨	
购买饲料总金额	元	

续表

指标名称		计量单位	数量
营业总收入		元	
主要产品及产量	肉	吨	
	蛋	斤	
	奶	吨(升)	
	鱼	吨	
	其他1		
	其他2		
上一年度经营总支出		元	
其中:饲养总支出		元	
购买饲料总支出		元	
购买养殖物(苗)支出		元	
劳动报酬		元	
场地(房)费用		元	
水电等能源支出		元	
其他支出		元	
本年度新增固定资产投资额		元	
银行贷款　□无　□有(金额)		元	

注:1斤=0.5千克。

三、乡村加工业、制造业调查表

乡村加工业、制造业调查表(表8-3)

调查时间:_____年_____月_____日

村庄名称:_____ 所在地市:_____

调查人员:_____

农户姓名(单位/企业名称):_____

生产产品:_____

表8-3　乡村加工业、制造业调查表

指标名称	计量单位	数量
从业人员总数	人	
雇佣人员	人	
技术人员	人	
生产场地占地总面积	平方米	
生产用房建筑面积	平方米	
上一年度产值(营业总收入)	元	

续表

指标名称	计量单位	数量
上一年度经营总支出	元	
其中:购买原材料支出	元	
购买辅助材料支出	元	
购买包装材料支出	元	
工资性支出	元	
水电等能源性支出	元	
场地租赁费用	元	
其他支出	元	
本年度新增固定资产投资额	元	
银行贷款　□无　□有(金额)	元	

四、乡村服务业调查表

乡村服务业调查表(表8-4)

调查时间:_____年_____月_____日

村庄名称:_____所在地市:_____

调查人员:_____

服务业类型:_____

表8-4　乡村服务业调查表

指标名称	计量单位	数量
从业人员总数	人	
雇佣人员	人	
经营用房建筑面积	平方米	
上一年度营业总收入	元	
上一年度经营总支出	元	
其中:工资性支出	元	
水电等能源性支出	元	
用房租赁费用	元	
其他支出1	元	
其他支出2	元	
本年度新增固定资产投资额	元	
银行贷款　□无　□有(金额)	元	

五、乡村"互联网+农业"调查表

关于陕西省乡村"互联网+农业"发展状况调查的调查问卷

您好!我是陕西某某学院某某某专业的一名学生,我现在正在做有关"互联网+农业"发展的调查,用以了解乡村地区"互联网+农业"的实际发展情况,以及村民对发展"互联网+农业"的看法。本次调查采取不记名方式,我们也将保证您的个人隐私不会泄露,请您放心作答。

您的意见是我们后续工作的基础和依据,感谢您的支持!

请您根据题意,在您认可的选项前打钩。

队长:×××　队员:×××　×××　×××　电话 029-8153××××

1. 您的性别是:
☐男　　　　　☐女

2. 您的年龄在:
☐15~23(不含)岁　☐23~35(不含)岁　☐35~50(不含)岁　☐50~60(不含)岁
☐60岁及以上

3. 您的职业是:
☐农民　　　　☐其他

4. 您的受教育水平:
☐初中及以下　　☐高中　　　　☐专科　　　　☐本科
☐研究生及以上

5. 您是否使用过智能手机?
☐用过,很熟练,会用各种软件
☐用过,偶尔使用软件
☐用过,但不太会用软件
☐用过,只是打电话
☐没用过

6. 除正常打电话外,您平常使用智能手机都干什么?【多选题】
☐上网查询资料　　　　　　　　☐在网站上买卖一些东西
☐娱乐　　　☐视频聊天　　　　☐其他

7. 您身边上网的人数多吗?
☐非常多　　☐多　　　　☐一般　　　　☐很少
☐几乎没有

8. 您有听过"互联网+农业"吗?
☐听过,很了解
☐听过,但不太了解
☐听过,觉得没啥作用
☐没听过,但想了解下

□没听过，也不想了解

9. 您在以下哪个环节中用过互联网？【多选题】

□买化肥，种子等　　　　　　　　□查询种植方式，养护技术

□销售过程　　□从未用过　　□其他

10. 农产品中大概有多少是通过网络销售的？

□0　　　　□10%　　　　□20%　　　　□35%

□50%

11. 您身边有没有人用互联网进行过农产品交易？

□非常多　　　□比较多　　　□比较少　　　□非常少

□没有

12. 您所在村子的农产品是以哪种方式销售出去的？【多选题】

□自己拉到集市上去卖　　　　　□等收购方来收购

□其他

13. 您所在的村子有没有人鼓励过用互联网进行农产品交易？

□有鼓励，而且有人培训怎样使用

□有鼓励，但没人教，不会用

□没有

14. 如果有一个买卖农产品和农用物资的网络平台，您会把自己的农产品放上去卖吗？

□肯定会

□看情况，人多的话就会放

□如果亏损后有赔偿的话就会放

□不会

□其他

15. 您希望有一个专门的网站做关于农产品的服务吗（包括农产品销售、农用物资、农业信息、技术等）？

□很希望

□希望

□没想过

□有了也不想学，关键学不会

□无所谓

16. 如果在农村开展电子商务，您会感兴趣吗？

□很感兴趣　　　□有点兴趣　　　□不感兴趣

17. "互联网+农业"是一种传统模式与互联网相结合的新模式，您认为应该提倡吗？

□应该，互联网改变了生活

□不应该，互联网安全得不到保障

□对此持保留意见

18. 您觉得农产品在互联网上销售有什么困难？【多选题】
☐物流运费价格较高，不能够及时配送
☐经常会出现退货或退款
☐销售包装、物流、人力成本太高，效益不高
☐销售量不高，产品堆积时间较长
☐缺少专门的人才销售产品、推广产品
☐客户不稳定，很多人不认可我们的产品
☐网络卖家太多，竞争激烈。
☐其他

19. 您觉得咱们村推进"互联网＋农业"前进的阻碍有哪些？【多选题】
☐农产品卖不到好价钱，所以大多数人不愿意用
☐村子里都是些老年人，不会使用互联网
☐农产品的产量低，用互联网去销售不划算
☐村子里没有互联网销售的站点
☐不安全
☐其他

第三节 乡村产业调查报告示例

一、乡村"互联网＋农业"发展状况调查

某省乡村"互联网＋农业"发展状况调查
×××调查组

随着互联网经济的不断发展，农业开始涉足互联网，并逐渐形成多种电商模式。农业电商包括以农业生产经营为中心的一系列交易活动，涉及农业生产经营和管理，农产品网上销售、物流配置管理等。农业电商不仅可以推动信息传播，增加市场透明度并将价格调至合理区间，而且有利于扩大生产和经营规模，逐步实现针对性生产，提高农业及农产品竞争力，使我国农业产业结构走向完善，使农业与其他产业协调可持续发展。

某省是一个拥有庞大实体市场的农业大省，特殊的地理环境使其成为特色农产品的生产基地，强大的实体市场为网商从事电商活动提供了丰富的资源。"互联网＋"时代，某省农村电商已经取得了一定的发展，但依然存在很大的发展空间。本调查将调查研究某省农村互联网与农业融合的现状，为推进农业发展与互联网结合提供理论依据和建议。

（一）某省农业与互联网发展概况

1. 某省农业发展概况

某省地理区位优越，是"丝绸之路经济带"的新起点，是连接我国中东部和欧非亚的

重要枢纽,也是国内西向货物的集散地和物流中心,具有发达的交通和物流业。全省南北狭长,具有西南、西北两种不同的地域特征,形成了中部以种植业为主,南部农林兼采、北部农牧结合的生产结构,生物资源多样,农业资源丰富,农产品市场开发和农村消费潜力巨大。长期以来,部分地区发展形成了规模化、商品化、高科技和高效率的设施农业、生态农业、休闲农业和农业园区、农业基地等,观光农业也得到了蓬勃发展,各具特色的民俗文化吸引着来自祖国各地的旅游消费者。在农业高新技术产业示范区辐射作用下,粮食、果蔬、畜产品、中药材等一批特色农产品加工基地和特色化农产品加工产业集群已基本形成,特色农产品成为支撑当地经济发展的重要支柱。

2. 地方政府推动"互联网+农业"的举措

某省政府组织协调推进电子商务建设,把发展农村电商列为重点,出台了一系列政策和措施。各级区县政府加大农村网络信息环境建设力度,相继出台了加快发展农村电子商务的意见等,2015年某省农村电子商务培训大会暨某省首届京东电子商务进农村项目电商资源对接大会的顺利举办标志着某省开始打造"互联网+农业农村+新丝路"模式。此后,阿里巴巴、苏宁易购等电商积极投入到农村电子商务运营网络的建设中,与某省政府相继在智慧物流体系、无人机通航物流体系、农村电商、跨境电商、互联网金融、传统物流体系升级等方面开展战略合作,用农村电商解决了农村扶贫问题,促进了经济的健康、可持续发展。

国务院发布《关于深化供销合作社综合改革的决定》后,某省供销合作社以某省供销电子商务集团为实施主体,统一制定县域电子商务发展规划和建设标准,进行业务指导和培训,开展县域电子商务运营中心建设和电子商务综合服务网点改造,在工业品下行和农产品上行方面取得了初步成效,也为其他地区开展电子商务提供了可借鉴的具体实施方案,促进了某省传统农业向现代农业转型升级。周某县、蓝某县等30个县入选全国电子商务进农村示范,武某县成为"西货东进的集散地",形成了具有特色的"买西北、卖全国"的"集散地+电子商务"发展模式。省会占据丝绸之路经济带新起点和"一带一路"倡议重要节点,国际货运班列、中欧班列的开通使得产销对接的农业电商高速快车直销毗邻国家,以植物深加工为代表的省内产品在出口商品总量中的占比逐步提高,为跨境电商的发展创造了优势,省会跨境电商平台为某省企业拓展海外市场搭建了桥梁,使得一批跨境电子商务典型企业相继涌现。跨境电商将成为某省对外开放的新引擎。

(二) 调查方案与数据处理方法介绍

本案例数据主要通过问卷调查获得,此次调查一共发放了432份问卷,其中有效问卷397份,调查对象为某省榆某市、某某市与咸某市这三个市的不同村落的农民,为使调查更有普适性,调查时段分别选择了中秋、国庆、春节前三个时段进行。并Excel软件采用频数、频率分析法、描述统计分析法以及数据相关性分析法来对调查问卷进行了研究分析,以此来了解某省农村农民对"互联网+农业"的了解情况。同时,为了弥补问卷调查中可能存在的不足,也为使调查结果更能反映实际情况,调查期间进行了多次访谈,以此来寻找某省在"互联网+农业"融合的过程中存在的问题。

(三) 调查结果

1. 被访村民概况

此次调查中,约有 8% 的被访村民年龄在 23～34 岁之间,27% 的被访者年龄在 35～49 岁之间,45% 的被访者年龄在 50～60 岁之间,18% 的被访者年龄超过 60 岁,仅有不足 2% 的被访者年龄小于 23 岁,如图 8-1 所示。从人口年龄结构上看,与我国农村地区的人口老龄化趋势相符,表明调查数据来源真实可靠。此外,此次受访人群中,约有 72% 的村民年龄在 35～60 岁之间,即绝大多数被访者尚属于中年劳动力,还具备一定的学习能力,能有效避免因年龄过大、学习能力过低所导致的村民互联网使用率低下的现象。因此,本次调查能有效地反应互联网与农村、农民、农业相互交融的情况,保证了研究的科学性与真实性。

从受教育水平上看,绝大多数被访者学历都较低,约有 85% 的被访村民为初中以下学历,13% 的村民为高中学历,仅有不足 2% 的村民有过大学经历,见图 8-2。

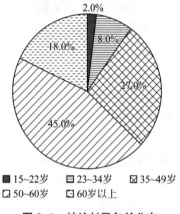

图 8-1 被访村民年龄分布

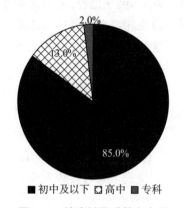

图 8-2 被访村民受教育水平

2. 村民收入来源及主要构成

受访村民中有约 43% 的村民主要通过外出打工谋生;有约 33% 的村民主要以务农为生,其中将耕种粮食作物作为主要职业的占比为 26%,其次为种植经济作物,包括蔬菜水果等;有 10% 的村民在家的主要任务为带孩子;还有约 14% 的村民在家没有主要的工作,靠做零碎生意维生,见图 8-3。调查中发现,在家闲着没有事做的村民主要为年龄较大的老者,外出务工村民的土地多数由家里老人或亲戚进行耕种,只有个别的村民有兼业现象,即一边务农一边还从事其他工作。与村民的工作类型对应,村民收入的主要来源为外出打工的收入,占总收入的 46%;其次为农产品销售,为 36%;做生意获得的收入占比较少,为 18%,如图 8-4 所示。

根据访谈内容可以了解到被访谈者中大多农户都是个体经营,进行小规模农业种植与生产,机械水平低下,耗时费力,而且近些年来遭遇自然灾害,农产品产量低、销量低、利润小,对农产品从种植到收货的整个过程中损失了大量的人力财力,基于这些原因,农村大多中青年都放弃农业种植生产,出门在外打工来维持生活开销,只留下老人和小孩在家中。

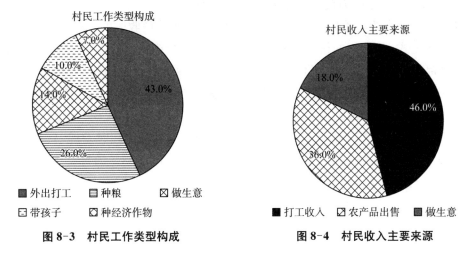

图 8-3　村民工作类型构成　　　　图 8-4　村民收入主要来源

3. 农民大都将互联网当作娱乐性工具，对"互联网＋农业"的认识不足

在调查中发现，目前村民使用互联网的现象已经比较普遍，有 53.3% 的受访村民表示身边有很多人都会上网，有 29.2% 的受访村民表示身边上网的人较多，仅有 17.5% 的村民认为身边没有人或很少有人上网。

在调查中发现，当前村民所使用的手机中，大多数为智能手机，仅有 20% 的受访对象使用的是老年机，但能熟练使用手机应用软件的村民相对较少，仅有 12.5%；绝大多数村民（约 67.5%），使用手机应用软件的频率都很低，其中偶尔使用的占 24.2%，"不太会用"和"几乎不用"的村民占 43.3%，如图 8-5 所示。

进一步调查后了解到，虽然当前网络覆盖度和智能手机普及率都已经较高，但多数村民在互联网使用上均以娱乐为主，所使用的应用软件以聊天软件和娱乐游戏类软件为主，只有约 15.0% 的村民会使用应用软件进行网络购物。在被问到是否了解"互联网＋农业"时，有 51.6% 的村民表示"没有听说过"，其余不足一半的村民虽然有听说过，但绝大多数人，即 44.2% 的受访村民对"互联网＋农业"的了解都相对较少，甚至有 12.5% 的受访者认为"互联网＋农业"对农业发展没有意义，更有 15.8% 的村民对"互联网＋农业"有一定的排斥心理，如图 8-6 所示。

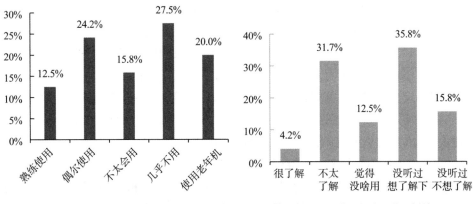

图 8-5　手机应用软件使用情况　　　　图 8-6　"互联网＋农业"了解情况

4. 农民农产品主要为线下销售，线上销售的较少

从农产品销售的途径调查中发现，自行售卖或等收购商收购的方式是村民目前最主要的销售方式，有85%的村民几乎不采用互联网进行销售，仅有15%的村民表示在销售农产品时借助过互联网，且借助互联网销售的份额占比普遍偏低，其中利用互联网销售的份额在10%以内的村民占据多数，约占总受访村民的10.8%，互联网销售份额在10%~20%之间的村民仅有2.5%，互联网销售份额在20%~30%之间的仅有1.7%，尚未有村民互联网销售份额超过30%，如图8-7所示。同时发现，只有15%的村民认为身边通过互联网进行农产品交易的人比较多，有25.8%的村民认为比较少，有59.2%的村民认为非常少或者没有，如图8-8所示。

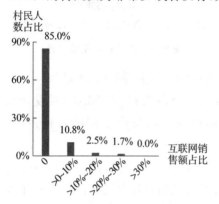

图8-7 农产品销售中互联网销售额占比

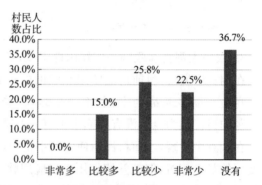

图8-8 村民眼中他人用互联网交易情况

调查发现，在农作物的种植养护环节中，互联网参与的情况也较少，仅有10%的村民会利用互联网购买种子、化肥等，12.5%的村民会利用互联网查阅与种植养护相关的知识，其余村民在整个种植管理过程中都不曾使用过互联网。

5. 村民对发展"互联网＋农业"的信心不足，大多以观望为主

……（此处省略部分内容）

（四）某省"互联网＋农业"的发展建议

1. 组建电子商务团队，注重提升农民互联网应用能力和信息化水平

加大优秀电子商务人才的引进力度，支持引进高端复合型电子商务人才。支持电子商务企业开展培训，支持行业协会组织交流活动，为企业电子商务发展储备中坚力量。同时，采取"政府＋企业＋院校"三者结合的形式，将电子商务人才的储备和培训工作落到实处。同时，互联网背景下农业的发展需要新型职业农民的参与，需要一部分人以从事农业劳动为职业，掌握现代农业生产技术，具备管理经验、较高的科学文化素质，以及互联网知识和利用互联网获取知识的能力。可组建虚拟网络教学环境，推进学习平台建设、网络互动交流，贡献资源，以培育新型职业农民。

2. 强化农产品信息服务，完善配套设施，降低农民风险

构建现代农产品的质量监督系统，对产品来源地、产品价格、产品质量、产品售后服务等进行监督，保证村民农产品在市场上的竞争力，杜绝因农产品质量问题带来的经济

损失。建立农产品生产销售综合信息服务平台,使得消费者可以通过平台了解农产品种植、质量以及产量等情况,在推广农产品的同时,增加消费者购买的信心,减少退换货现象。同时,由于消费者对网络商品信任度不稳定,在市场消费未形成规模效应的前提下容易出现供应远远大于需求的现象。农产品采摘之后大部分需要冷库保鲜,若储存过多,会导致成本过高,因此需完善相关冷藏配送的设施建设,以降低农民的销售风险。

3. 丰富产业格局,促进"互联网+农业"的发展

培育和发展乡村优势经济,丰富农业产业结构。例如可通过政府牵头、产业联动、农户参与、集中优势资源等方式调动全民参与积极性,开发观光农业旅游、农产品采摘、乡村文化节、高新技术农业、特色民宿等休闲观光娱乐活动,并利用互联网平台进行宣传、直播、推广、销售,形成第一产业与第三产业共同发展的格局,促进"互联网+农业"的发展。

4. 实施"互联网+农业"样板工程建设,增强农民互联网销售的信心

……(后续部分内容省略)

二、猕猴桃产业调查

周至县楼某镇周某村猕猴桃产业科技扶贫调研报告
×××调查组

(一) 绪论

习近平总书记指出:"产业扶贫是最直接、最有效的办法,也是增强贫困地区造血功能、帮助群众就地就业的长远之计。要加强产业扶贫项目规划,引导和推动更多产业项目落户贫困地区。"这一重要论述,深刻阐述了产业扶贫在打赢脱贫攻坚战中的重要作用。产业是脱贫之基、富民之本、致富之源,一个地方要发展,就必须有产业的支撑。《全国乡村产业发展规划(2020—2025年)》提出到2025年,要实现乡村产业体系健全完备,乡村产业质量效益明显提升,乡村就业结构更加优化,产业融合发展水平显著提高,农民增收渠道持续拓宽,乡村产业发展内生动力持续增强。猕猴桃是陕西省周至县的第一大战略经济作物,涉及20多个村镇、约1 200万人口,猕猴桃产业是农民增收最主要的经济来源,是稳定社会就业的重要产业。推动特色产业发展是贫困地区脱贫攻坚的主要形式之一,科技在现代农业发展中非常重要,应充分发挥其引领支撑作用。

(二) 调查对象概况

1. 地理位置

楼某镇隶属于陕西省西安市周至县,东距古城西安70千米,与某某铁路、某某高速公路相接,南依秦岭与陈某镇、王某河接壤,西以黑河为界与马某镇相望,北与司某镇、终某镇毗邻。镇政府驻地焦某镇村,距县城15千米。素有"天下第一福地""洞天之冠"的美誉。楼某镇东西宽约10千米,南北长约30千米,全镇总面积197.41平方千米。中心位置约在东经108°19′,北纬34°06′。

楼某镇周某村地处我国道教圣地,秦岭山脉大陵山脚下,位于陕西关中旅游环山

107公路两侧。因新中国成立后成立周某县第一个生产合作社而被誉为"周某第一村",简称"周某村"。全村由4个自然村组成,共12个村民小组,653户,2 893人。先后被评为全国"一村一品"示范村、陕西省标准化示范村。

2. 地形地貌

周某村南部是浅山区,北部是渭河平原。地势南高北低,南界四方台海拔2 631米。该村地势平坦,为秦岭山前冲击型平原,土质以黏土和沙漠土为主,矿物质营养丰富。

3. 气候

周某村属暖温带大陆性季风气候。春季暖气团渐强,气温上升,降水增加;夏季天气炎热,暖湿气团凝云致雨,多雷暴,间有冰雹;秋季连阴多雨;冬季气候寒冷干燥,气温低,降水少。

4. 水文

周某村旁有就峪河、田峪河、黑河、马岔河、黄池河、寒峪河流经,水资源较丰富。

5. 土地资源

全村土地面积5 760亩,其中猕猴桃种植面积达4 300亩,占全村耕地面积的95%。

6. 人口

全村由4个自然村组成,共12个村民小组,653户,2 893人。

(三) 问卷的设计与调查实施

1. 问卷设计

参考已有研究成果,本研究将猕猴桃产业科技扶贫情况分为自然(A)、经济(B)与技术(C)三方面。自然(A)是猕猴桃种植所需的各项自然条件及猕猴桃农产品果品特性,包括地形(A1)、气候(A2)、水资源(A3)、土壤(A4)、品种(A5)、形态(A6)、口感(A7)、产量(A8)等8项调查内容;经济(B)指与猕猴桃农产品销售有关的情况,包括人口(B1)、销售额(B2)、人均收入(B3)、销售渠道(B4)、营销环境(B5)、致贫原因(B6)等6项调查内容;技术(C)指当前与猕猴桃种植、加工、营销相关的技术支持,包括鲜果栽培技术(C1)、果汁生产加工技术(C2)、果干生产加工技术(C3)、维生素C提取技术(C4)等4项调查内容。

2. 调查的实施

在对周某村调查过程中调查人员对该村进行了为期5天的问卷调查,通过村委会宣传,对村干部及部分猕猴桃种植农户进行访谈、问卷调查、记录并拍照等多种途径进行了全面的资料收集。本次调查对400户村民参与旅游就业的类型进行了调查,每户选取一人作为调查对象,调查的对象包括农户、猕猴桃经销商、返乡创业者,其中有效问卷380份,经计算有效率为95%,可认为本次调查有效。

(四) 调查结果

1. 周某村猕猴桃产业现状

1) 种植面积

全村土地面积5 760亩,其中猕猴桃种植面积达4 300亩,占全村耕地面积95%。

创建有3个千亩标准化示范园（如图8-9）。截至2022年建成猕猴桃冷藏库60座,贮藏能力达5 000吨。

图8-9　楼某镇周某村猕猴桃示范园

2）产量及收入

全村92%的农户参与猕猴桃产业,90%的农户收入来源于此。2021年全村猕猴桃总产8 500吨,鲜果销售收入7 000万元,全村人均猕猴桃收入超16 000余元,占农民人均收入的95%以上。从2016年到2022年,村集体经济收入呈几倍增长,村集体固定资产从2016年的380万元一跃达到2022年的2 600多万元。

3）猕猴桃品种特征

村内种植有"秦美""哑特""翠香""瑞玉""海沃德"5个优良品种,早、中、晚熟品种都有,搭配合理。5个品种都是由野生资源选育出来的,所以子代遗传性状稳定、抗逆性强、果型优良、口感酸甜可口、耐冷藏、丰产稳产性高、抗病虫害能力很强。目前已注册打造了"周某村""少鲜队"等知名电商品牌,已建立小型猕猴桃果干加工厂两座,年加工猕猴桃鲜果近千吨,生产加工的优质果品已经出口到俄罗斯、加拿大、泰国等国际市场。

4）集体经济发展现状

近年来,村党支部不断汲取先进经验,把1 200多个分散经营户组织起来,牵头成立了西安市某某有机猕猴桃专业合作社,走"公司＋基地＋专业合作社＋农户"模式,通过实施技术培训、土地流转、品种改良、统管统防、技术托管、果品收购、统一销售等模式,对群众种植猕猴桃实施"一条龙"服务。

5）营销环境

村两委聘请专业电商技术团队,为群众进行电商培训,实现了"互联网＋农产品"销售模式。周某村党支部牵头在京东、天猫平台建立了"周某村"电商销售旗舰店,并与多家物流公司联系为电商营销提供质量管控和物流服务,让村民的"小生产"与"大市场"

对接,生产加工的优质果品有机会出口到国际市场,使群众真正走上了增收致富的道路。

2. 楼某镇周某村致贫原因分析

1) 经济结构单一

该村土地面积虽大,但主要集中分布在山区,产业类型以传统农业为主,兼有林果业和畜牧业,工业企业较少,经济结构单一,农民经济来源有限,长期属国家扶贫开发工作重点村。

2) 作物价值较低

该村大多数农户在种植传统猕猴桃品种,如秦美、海沃德等,由于传统品种市场需求近于饱和,虽年产量较大,但价格较低,甚至有滞销的风险,因此农户收入很难提高。

3) 技术支持较少

农户种植基本依靠亲友邻居种植经验,少有机会学习先进科学的栽植、修剪、施肥技术,导致果品在外形、口感及单果重量上无优势,市场认可度低,农户致富较难。

(五) 楼某镇周某村产业科技扶贫对策

在对该区域进行产业科技扶贫工作时,科研团队充分发挥陕西某某学院地理学、管理学、生物科学与技术、应用化学等学科科研特色及优势,依靠地理实验室、植物生物学实验室、动物生物学实验室、微生物学实验室、细胞生物学实验室、分子生物学实验室、分析化学实验室、化工原理实验室等实验场所和实习基地,利用专业技术、科研项目和创新能力等方面的优势,为红心猕猴桃园地选择、品种选种、种苗培育、修剪施肥、病虫防治、储藏加工、管理推广提供科技技术支持和区域扶贫服务。

1. 扶贫产业选择

楼某镇周某村土地资源丰富,野生猕猴桃分布较广,但个头较小、口感偏酸、产量较低,总体品质较差,商品附加值低,人们渴望有更好的品种、品质及市场价格。鉴于该区域气候、土壤、水资源等状况适合猕猴桃生长,且红心猕猴桃是在相邻区经过精心选育并试种成功的优良品种,能1年栽培,连续30~40年收益,是一项符合当地实际,投资小、见效快、辐射带动面广,能快速实现稳定脱贫致富的项目。因此可选择红心猕猴桃产业对该区域进行产业科技扶贫,经调研,该村现有猕猴桃面积5 760亩,占耕地面积95%,均可对其进行品种更换指导及扶贫支持。

2. 产业项目选择

1) 猕猴桃鲜果种植

由于鲜果果汁多、酸甜适中、清香爽口、鲜食及加工俱佳,特别适合制作工艺菜肴。红心猕猴桃总糖高13.45%,比世界流行品种海沃特高近5个百分点,而总酸只有0.49%,可溶性固形物16.5%,富含钙、铁、钾等多种矿物质及十七种氨基酸,每百克维C含量高达135毫克,深受消费者欢迎,因此鲜果种植可作为该村最重要的产业项目。

2) 猕猴桃果汁、果干加工

基于消费者的多元化需求,为方便消费者随身携带补充能量,该村可将猕猴桃种植产业拓展至果汁、果干加工领域,果汁、果干易储存、方便携带、保质期长,可帮助村民在猕猴桃鲜果非成熟期增加收益。

3)维生素C提取

红心猕猴桃具有丰富的营养价值,被誉为"水果之王""维C之冠"。红心猕猴桃有人体必需的17种氨基酸,维生素B、C、E和钾、钙、镁、磷等矿物质,其每百克鲜果肉含维生素C 135毫克,比柑橘高5~10倍,比柠檬高11~13倍,比苹果高20~80倍,红心猕猴桃一株能产10斤,每亩110株,能产1 000多斤,现代人普遍崇尚健康、全面、安全的饮食理念,因此该村可进一步深化并延长产业链,开展维生素C萃取提纯产业,提高农产品的附加值,帮助农民迅速脱贫致富。

3. 红心猕猴桃产业技术支持

……(此处部分内容省略)

(六)楼某镇周某村产业科技扶贫政策建议

……(后续内容省略)

表8-5为周至县楼某镇周某村猕猴桃产业科技扶贫调查表。

表8-5 周至县楼某镇周某村猕猴桃产业科技扶贫调查表

序号	项目	内容
1	地形	
2	气候	
3	水资源	
4	土壤	
5	品种	
6	形态	
7	口感	
8	产量	
9	人口	
10	销售额	
11	人均收入	
12	销售渠道	
13	营销环境	
14	致贫原因	
15	鲜果栽培技术	
16	果汁生产加工技术	
17	果干生产加工技术	
18	维生素C提取技术	

课后练习

1. 乡村产业调查内容有哪些？
2. 简述乡村产业的特征。
3. 请依据教材中乡村加工业、制造业调查表（示例）完成某个村庄的加工业、制造业调查工作。

第九章 乡村经济调查

第一节 乡村经济调查的基础知识

一、乡村经济的含义

乡村经济指乡村地域内直接或间接从事物质生产和非物质生产经济活动的综合体,是乡村中各种经济活动和经济关系的总称。我国的乡村经济并不是单一的经济形式,而是由多种不同经济形式共同组成的多元化体系,它包括国有、集体和个体三种经济形式,具有多种所有制形式的共生化特点。具体来说,中国的乡村经济主要包括三大组成部分:乡村国有经济、乡村集体经济和乡村个体经济。其中,国家拥有的土地和自然资源属于乡村国有经济;乡村集体经济是指由乡村基层组织统一管理和监督的集体经济组织,如乡村企业、农村合作社、农民专业合作社等;乡村个体经济则是指以自然人为主体的独立经营的各类乡村私营企业和农民个体经济,如家庭农场、个体工商户等。

二、乡村经济调查的目的

乡村经济调查的目的是了解乡村经济发展的整体状况,了解当前乡村经济发展的现状、主要特征、发展模式、政策落实情况、存在的问题、未来发展方向等,把握农村固定资产投资的总量,以满足各级政府制定农村社会经济政策及农村社区发展战略的决策需要,向全社会提供优质的信息咨询服务。

三、乡村经济的调查内容

乡村经济的调查对象是乡村国有企业、集体企业和个体户,调查内容包括企业所有制性质、企业财务收支状况、家庭收支情况、劳动力外流情况、物流配套设施、对外交通状况、税收政策、金融政策等,具体内容可见《乡村企业经济状况调查表》和《个体户经营状况调查问卷》。

(1) 乡村国有企业、集体企业和个体户:乡村国有企业指乡村范围内的国家全民所有制生产经营单位;集体企业指由乡村农民集体举办,企业财产属于举办该企业的乡或者村范围内的全体农民集体所有的、自主经营、独立核算、自负盈亏的社会主义商品生产和经营单位;个体户指在农村土地承包经营的基础上,依法核准登记,从事工业、商业、服务业、修理业等经营活动的个人或家庭组织。

(2) 企业性质：不同企业按性质可分为全民所有制企业（即国有企业）、集体所有制企业、联营企业、三资企业、私营企业及其他企业。

(3) 财务收支：指企业以及其他有形资产，如个人、家庭和其他法人的收支情况。财务收支涉及收入和开支的总和。

(4) 家庭经济情况：指家庭经济收入来源、家庭消费支出次序及比例，人均年收入水平、贷款额度及用途等。

(5) 劳动力外流情况：指乡村流出的青壮年劳动人口数量及占乡村总人口数的比率。

(6) 物流配套设施：仓储、运载设施，以及计算机信息通信设备数量及规模。

(7) 对外交通：指乡村公路、村庄道路、公交场站、公共停车场、邮政快递以及旅游交通等设施的结构、密度及等级。

(8) 税收政策：包括支持农村基础设施建设、推动乡村特色产业发展、激发乡村创业就业活力、推动普惠金融发展、促进区域协调发展、鼓励社会力量增加乡村振兴捐赠等六个方面的税费优惠政策。

(9) 金融政策：包括强农惠农富农政策体系；从利率、期限、额度、流程、风险控制等方面入手创设的符合农业产业特点、满足农民需求的金融产品和服务；大灾风险分散机制；信贷风险补偿基金政策。

四、数据获取途径

（一）问卷调查

根据自填式问卷特点合理制作调查问卷。内容包括：个人一般情况，如职业、家庭人口数、家庭劳动人口数；家庭财政收支方面，如家庭的年收入、收入的主要来源、家庭每年的支出比重、家庭支出的主要项目；家庭设施方面，如日常的交通工具；家庭消费方面，如消费地点、消费金额、消费环境等；国家政策方面，如村村通工程、新型医疗合作政策、农税减免政策、小额信用贷款等；本村企业方面，如企业的行业性质、企业的所有制性质等。各题均采用封闭式设计，要求调查对象根据实际情况在各题所列的选择项中选取一项，作为对该题的回答。

（二）调查问卷的分发

调查问卷由指定人员在农村随机分发，当场回收。

（三）数据处理

调查问卷数据由SPSS统计软件处理。

五、调查结果用途

调查结果用途包括如下三种：

（1）找出所调查乡村的经济发展途径，调查农民的经济来源，以及该地区农村经济来源的总体模式和发展趋向。

（2）通过对该村经济发展的各个方面的调查和分析，找出制约经济发展的原因、经济发展模式中存在的问题、按照地理优势所忽略的某些经济发展渠道。

（3）针对调查分析后提出来的问题找出相应的解决方案，便于对该村经济模式进行完善，以促进农村经济的发展。

第二节　乡村经济调查表示例

一、农户经济概况调查表

农户经济概况的调查问卷

尊敬的农户：

您好！我是陕西某某学院某某某专业的学生。目前正在针对某某地区村域经济研究做一个问卷调查。这次调查主要是向您了解该地区村域经济的发展基本状况，为国家落实改进促进该地区发展、提高人民生活水平的决策提供参考，调查中您回答的问题将受到《中华人民共和国统计法》的保护，您填写的内容仅作为本人研究分析之用，本人承诺将严格保密绝不向外泄露。感谢您的配合和帮助！调查需要耽误您一些宝贵的时间，谢谢您的合作！

填写本表是不记名的，希望您在填表时不要有任何顾虑，实事求是地在"_____"内填写和在"□"内酌情打"√"。

调查时间：_____

调查地点：_____

基本情况

您的年龄：_____　性别：_____　民族：_____

政治面貌：_____　居住地：_____

您家的常住人口有_____人，其中劳动力有_____人。

1. 您的文化程度：

□高中/中专及以下　　　　　　□大专
□本科　　　　　　　　　　　　□硕士及以上

2. 您家劳动力的最高文化程度：

□高中/中专及以下　　　　　　□大专
□本科　　　　　　　　　　　　□硕士及以上

3. 您家属于哪一类型的家庭？

□在家务农　　□非农自营　　□半工半农　　□外出务工
□其他

4. 您家的主要的收入来源(可多选)：

☐产品种植 ☐带薪种植(职业农民)
☐社会救济和政策性生活补贴 ☐务工为主种植为辅
☐种植为主务工为辅 ☐种植为主养殖为辅
☐外出务工 ☐集体分红
☐其他_____

5. 您的家庭年均收入是：

☐1万元以下 ☐1万~5万元 ☐5万~10万元 ☐10万元以上

6. 家庭经营的土地总面积_____亩。其中：耕地面积_____亩、果园面积_____亩、菜地面积_____亩、山地面积_____亩、牧草地面积_____亩、养殖水面面积_____亩。

7. 您家种了哪些农作物？

(1)粮食作物：

☐水稻 ☐小麦 ☐玉米 ☐谷子
☐高粱 ☐其他谷物作物_____
☐豆类 ☐薯类 ☐其他杂粮作物_____

(2)经济作物：

☐蔬菜 ☐瓜类 ☐水果 ☐油料作物
☐花生 ☐棉花 ☐花卉 ☐苗木
☐烟草 ☐其他经济作物_____

8. 您家养殖了哪些畜禽或生产什么畜产品？

☐猪 ☐羊 ☐牛 ☐马
☐驴 ☐骡 ☐鸡 ☐鸭
☐鹅 ☐鱼 ☐兔子 ☐蚕
☐奶蛋 ☐蜜蜂和蜂制品 ☐其他养殖_____

9. 您家有哪些生产机械设备？

☐拖拉机 ☐播种机 ☐机械用犁 ☐发电机
☐水泵 ☐农用三轮车 ☐平板车 ☐打谷机/脱粒机
☐扬场机 ☐平板车 ☐马车 ☐其他_____

10. 家庭拥有生产性机械设备原值_____元。

11. 家庭拥有的住房情况：

①楼房面积_____平方米，建筑成本_____元。
②砖瓦平房面积_____平方米，建筑成本_____元。
③其他_____平方米，建筑成本_____元。

12. 家庭拥有的固定资产的总估计值_____元。

13. 您家有多少人外出打工？

☐0人 ☐1~2人 ☐3人 ☐3人以上

14. 打工者的去向：
□乡外县内　　　□县外市内　　　□市外省内　　　□省外
□港澳台　　　　□国外

15. 打工从事的工作类型：
□建筑业　　　　　　　　　　　　□纺织、皮革及相关产品
□餐饮业　　　　　　　　　　　　□日用品生产企业
□清洁、保姆等服务业　　　　　　□装修　　　　　□农业
□冶金业　　　□机械制造业　　　□其他_____

16. 获得工作途径：
□老乡介绍　　　□亲友介绍　　　□职业介绍所　　　□劳务市场
□自己找　　　　□其他_____

17. 今年的收入较往年有提高吗？如有，提高的原因是什么？
□没有
□有（□今年农产品价格好　□产量提高　□参加种植技术培训　□水量充足　□农资产品价格较往年低　□工资上调　□市场行情好）

18. 您所在的村庄有没有农业合作经济组织？（没有就请直接回答 21 题）
□有　　　　　　□没有

19. 您所在的村庄存在哪些农业合作行为？
□棉花种植业　　　□水果种植业　　　□蔬菜大棚　　　□红枣加工
□小麦等粮食作物种植业　　　　　　　□其他_____

20. 您家是否参加了农业合作经济组织？
□有　　　　　　□没有

21. 近两年住户收入与支出情况（表 9-1）

表 9-1　近两年住户收入与支出情况

指标		(1) _____ 年	(2) _____ 年
一、家庭总收入(元)			
1. 种植业销售总收入(元)			
1.1　水稻	产量(斤)		
	平均价格(元/斤)		
	自给消费量(斤)		
	销售量(斤)		
1.2　小麦	产量(斤)		
	平均价格(元/斤)		
	自给消费量(斤)		
	销售量(斤)		

续表

指标		(1) _____ 年	(2) _____ 年
1.3 玉米	产量(斤)		
	平均价格(元/斤)		
	自给消费量(斤)		
	销售量(斤)		
1.4 其他作物 (_____)	产量(斤)		
	平均价格(元/斤)		
	自给消费量(斤)		
	销售量(斤)		
2. 养殖业销售总收入(元)			
牲畜(_____)			
产量(斤)			
平均价格(元/斤)			
自给消费量(斤)			
销售量(斤)			
3. 当地就业工资性收入(元)			
4. 自营工商业收入(元)			
5. 外出打工带回现金以及汇回款(元)			
6. 财产性收入(利息、租金等)(元)			
7. 转移性收入(补贴、救济等)(元)			
其中:粮食直补			
退耕还林			
8. 其他收入(元) (请注明:_____)			
二、家庭总支出			
1. 生产经营性支出(元)			
1.1 购买/兴建农用设施			
1.2 购买农药			
1.3 购买化肥			
1.4 购买种苗/种畜禽			
1.5 购买地膜			
1.6 饲料			
1.7 兽药/防疫等			
1.8 租用农用设备、场地			
1.9 水费/电费/燃料费			
1.10 雇工支出			
1.11 税费/提留支出			

续表

指标	(1) _____年	(2) _____年
1.12 其他 （请注明：_____）		
2. 生活消费支出(元)		
2.1 食品和副食品支出		
2.2 衣着及日用品支出		
2.3 电话费		
2.4 网络费		
2.5 交通费		
2.6 水电费		
2.7 有线电视费		
2.8 燃气费/取暖费		
2.9 教育支出		
2.10 医疗支出		
2.11 建房/装修支出		
2.12 婚丧嫁娶		
2.13 购买耐用消费品		
2.14 人情往来支出		
2.15 其他 （请注明：_____）		

二、村集体经济调查表

某某村集体经济概况调查表

尊敬的基层干部：您好！我是陕西某某学院某某某专业的学生。目前正在针对某某地区村域经济研究做一个问卷调查。这次调查主要是向您了解该地区村域经济的发展基本状况，为国家落实改进促进该地区发展、提高人民生活水平的决策提供参考，调查中您回答的问题将受到《中华人民共和国统计法》的保护，您填写的内容仅作为本人研究、分析之用，本人承诺将严格保密绝不向外泄露。感谢您的配合和帮助！调查需要耽误您一些宝贵的时间，谢谢您的合作！

调查时间：_____　　调查地点：_____

被调查人姓名：_____

家庭住址：_____县(市、区)_____乡(镇)_____村

(一) 基层干部基本情况

1. 您所在的村庄名称是_____。
2. 您在基层所担任的职务是_____。

☐村支书 ☐主任 ☐秘书 ☐妇女主任
☐村民小组长 ☐其他

3. 您任职的年限是_____。

☐2年以下 ☐2～3年 ☐4～5年 ☐5年以上

（二）所在村庄基本情况

1. 村庄有_____村民小组。

2. 村庄有_____户家庭。

3. 村庄村民总人数_____人。

4. 村庄总面积_____亩。

5. 村庄总耕地面积_____亩。

6. 村庄单位耕地面积产生的经济效益为_____元/亩。

7. 村庄是否存在土地流转_____。（如回答"是"，请继续作答；如回答"否"，请跳过第8题）

☐是 ☐否

8. 村庄土地的流转模式_____。

☐转包流转 ☐出租流转 ☐其他_____

9. 您所在的村庄种植的主要经济作物是_____。（可多选）

☐油菜 ☐苹果、猕猴桃等水果系列产品
☐红枣 ☐板栗 ☐辣椒 ☐核桃
☐其他_____

10. 村庄本年度粮食总产量_____吨。

11. 村庄农业产业化率_____。

☐低于10% ☐10%～20%（不含）
☐20%～30%（不含） ☐30%～40%（不含）
☐40%～50%（不含） ☐等于或高于50%

12. 本年度村庄总收入_____。

☐100万元以下 ☐100万～200（不含）万元
☐200万～300（不含）万元 ☐300万～500（不含）万元
☐500万～1 000（不含）万元 ☐1 000万元及以上

13. 村庄上一年度的收入结构（表9-2）。

表9-2 村庄上一年度的收入结构

项目	金额（万元）
农村经济总收入	
农林牧渔业总收入	
农村工业总收入	
农村建筑业总收入	
农村运输业总收入	

续表

项目	金额(万元)
农村商饮业总收入	
农村服务业总收入	
其他收入	

14. 村庄生产性固定资产结构(表9-3)。

表9-3 村庄生产性固定资产结构

类型	金额(万元)
生产性固定资产原值	
集体所有	
农户所有	
股份制企业所有	
合伙企业所有	
私营企业所有	
其他所有	

15. 村庄居民人均年纯收入水平为_____。
□1 000元以下 □1 000~3 000(不含)元
□3 000~5 000(不含)元 □5 000~10 000(不含)元
□10 000元及以上

16. 村庄农户上一年度收入结构(表9-4)。

表9-4 村庄农户上一年度收入结构

类型	金额(万元)
农户总收入	
农产品种植收入	
村集体收入	
国家补助收入	
其他	

17. 制约本村经济发展的主要因素:_____。(可多选)
□种植比例不协调 □农产品价格不稳定
□资金投入少 □缺乏现代农业基础设施
□农民文化素质低

18. 村庄是否存在集体经济形式_____。(回答"是"请回答19题,回答"否"请跳过19题)
□是 □否

19. 村庄的集体经济形式是_____。
□直接经营　　　　　□委托经营　　　　　□租赁经营　　　　　□承包经营
□投资（资本）经营　　□其他
20. 村庄近几年来经济发展成效的最主要表现有_____。（可多选）
□改善了农村基础设施　　　　　□提高了农民生活水平
□减轻了农村税费负担　　　　　□明显改善了农村环境、面貌
□农村乡风得到明显提升　　　　□教育、文化、医疗等公共事业得以发展
谢谢您的合作！

三、基层村干部的访谈提纲

基层村干部的访谈提纲

1. 农村村债务形成的主要原因？
2. 目前地方和国家促进村级经济发展的优惠政策都有哪些？这些政策在本村落实时都有哪些困难？
3. 发展本村经济最大的困难是什么？
4. 你们村有多少农村合作社？发展情况怎么样？
5. 村庄为推动本村经济发展、提高人民生活水平采取的措施有哪些？

四、互联网对农村经济影响的调查表

关于"互联网对陕西农村经济收入提升的影响"的调查问卷

大家好，我是陕西某某学院的一名本科生，我现在正在进行"关于互联网对陕西农村经济收入提升的影响"方面的研究，为弄清乡村地区对"互联网＋农业"的了解程度，在实际的农业生产生活中互联网的使用情况，以及互联网对农户的经济收入有哪方面影响，特组织实施此次调查，希望大家结合自己的实际情况作答，本次调查将严格保护被调查者个人的隐私，调查结果也只用于专业研究，绝不向外泄露，请您放心作答，感谢您的配合。

队长：×××　队员：×××　×××　×××　电话029-8153××××

1. 您的性别是：_____。
□男
□女
2. 您的年龄在：_____。
□15～22岁
□23～34岁
□35～49岁
□50～60岁
□60岁以上

3. 您的职业是：_____。

□农民

□其他

4. 您的受教育水平：_____。

□初中及以下

□高中

□专科

□本科

□研究生及以上

5. 您家庭收入的主要来源：_____。

□农产品收入（例如种植苹果、猕猴桃、梨等）

□做小生意

□其他

6. 您的收入来源中网络销售占多大比重？

□0

□10％

□20％

□35％

□50％

□50％以上

7. 您听说过"互联网＋农业"吗？

□听过,很了解

□听过,但不太了解

□听过,觉得没啥作用

□没听过,但想了解下

□没听过,也不想了解

8. 您是否使用过智能手机？

□用过,很熟练,会用各种软件

□用过,偶尔使用软件

□用过,但不太会用软件

□用过,只是打电话

□没用过

9. 您平常使用智能手机都干什么？【多选题】

□上网查询资料

□在网站上买卖一些东西

□其他

10. 您所在的村子近几年来发展得如何？

□发展得又快又好

☐发展得一般

☐发展得很慢

☐没什么变化

☐发展退步，比别的村子差很多

11. 您身边使用互联网的人数_____。

☐非常多

☐多

☐一般

☐很少

☐几乎没有

12. 您是否在网上买卖过农产品？

☐让别人帮忙买过

☐没买过且不会在网上买

☐经常在网上买

13. 您在以下哪个环节中用过互联网？【多选题】

☐买化肥、种子等

☐查询种植方式、养护技术

☐销售过程

☐其他

14. 您觉得在互联网上销售农产品有什么困难？【多选题】

☐物流问题，由于路途遥远，不能够及时配送

☐质量问题（在包装上出现问题会导致退货）

☐成本太低，网购价格一般都低

☐其他

15. 您身边有没有人用互联网进行过农产品交易？

☐非常多

☐比较多

☐比较少

☐非常少

☐没有

16. 您所在的村子有没有人鼓励过用互联网进行农产品交易？

☐有鼓励，而且有人培训怎样使用

☐有鼓励，但没人教，不会用

☐没有

17. 最近几年来，互联网的普及与发展，对您的经济状况是否有所帮助？

☐有很大帮助

☐有些许帮助

☐没有帮助，因为不会用互联网

18. 您所在的村子农产品是以哪种方式销售出去的?【多选题】
   ☐自己拉到集市上去卖
   ☐等收购方来收购
   ☐其他

19. 如果有一个买卖农产品和农用物资的网络平台,您会把自己的农产品放上去卖吗?
   ☐肯定会
   ☐看情况,人多了就会
   ☐如果亏损后有赔偿的话就会放
   ☐不会
   ☐其他

20. 您希望有一个专门的网站做关于农产品的服务吗(包括农产品销售,提供农用物资、农业信息、技术等)?
   ☐很希望
   ☐希望
   ☐没想过
   ☐有了也不想学,关键学不会
   ☐无所谓

21. 在农村开展电子商务,您觉得村民们感兴趣的程度如何?
   ☐很感兴趣,觉得现代化真好,能赚大钱
   ☐有点兴趣,觉得能帮助自己,但要投入
   ☐不感兴趣,觉得对自己没什么用

22. "互联网+农业"是一种传统的模式与互联网相结合的新模式,您认为应该提倡吗?
   ☐应该,互联网改变了生活
   ☐不应该,互联网安全得不到保障
   ☐对此持保留意见

23. 您觉得推进"互联网+农业"前进的阻碍有哪些?
   ☐农产品卖不到好价钱,所以大多人不愿意用
   ☐村子里都是些老年人,不会使用互联网
   ☐农产品的产量低,用互联网去销售不划算
   ☐村子里没有互联网销售的站点
   ☐不安全
   ☐其他

24. 您认为用哪些方法可以促进互联网经济在农村的发展?
   ☐加大互联网的宣传
   ☐建立健全互联网诚信与安全体系
   ☐其他

第三节 乡村经济调查报告示例

一、农民合作社发展状况调查

那某村天某某农民合作社发展状况调查

×××调查组

农民专业合作社是在农村家庭经营基础上，以农民为主体，自愿联合、民主管理，为谋求共同利益开展专业合作的互助性经济组织。作为伴随着农村改革发展产生的新生事物，农民合作社在近几年的迅速发展，对促进农业农村发展和农民增收有着重要意义。中央和各级政府高度重视农民专业合作社的发展，先后出台了《农民专业合作社法》《农民专业合作社登记条例》《农民专业合作社税收减免政策》和《农民专业合作社示范章程》等一系列法律法规和扶持政策。本调查以天某某杂粮种植专业合作社为调研对象，考察该合作社发展现状，为同类型农民合作社发展提供借鉴。

（一）那某村天某某杂粮种植专业合作社概况

杂粮种植专业合作社是调整产业结构、实现农业增效和农民增收的重要载体和抓手，也是加快新农村建设的"助推器"。近年来，国家积极探索和推进农村专业合作社发展，通过"政府引导、政策扶持、典型带动、农民自愿"的方式，充分发挥能人、农户在经济发展中的主导作用，组建新型的专业经济合作社，搭建市场与农户的桥梁，以提高生产经营集约化和规模化程度，实现农业生产综合效益的提升。

那某村天某某杂粮种植专业合作社的前身天某某再就业经济联合社，是由下岗职工高某某把从事同类农产品生产、经营的农民、下岗职工及其他人员组织起来而建立的专业合作经济组织，其目的是在技术、资金、信息、购销、加工、储运等环节实行自我管理、自我服务、自我发展，以提高市场竞争能力，增加合作社成员收入。成立时该社占地3 000平方米，建筑面积381平方米，由天某某杂粮种植合作社、天某某高香坊、天某某修理部三个部门构成。该社拥有蔬菜试验田5 000平方米，农业试验田5公顷。在此基础上成立的那某村天某某杂粮种植专业合作社，主要业务范围为绿色杂粮生产、收购、加工、销售。合作社拥有办公面积381平方米，生产车间478平方米。

（二）天某某杂粮种植专业合作社的现状

1. 合作社现状

天某某杂粮种植专业合作社发挥领导核心作用，确定了主导产业。一是成立粮食加工企业，打造自己的品牌。投资20多万元购进了晾晒机、脱粒机、收割机、磨米机等设备，恢复传统工艺，推出优质稻米、白面、荞面、玉米面、玉米糁、小米、高粱等杂粮系列无公害产品，注册国家认证商标，培育自己的品牌。二是成立制香厂。经过几年的努力研究，结合本地自然资源，把现代加工工艺与传统方式相结合，制成了以艾蒿为主要原料的系列香料产品，确定了加工艾蒿香的合作社主导产业，解决了下岗职工再就业问题，促进了农民增收。到现在合作社拥有500平方米左右的厂房，年产值40多万元，这也为合作社的发展提供了充足的资金来源。

天某某杂粮种植专业合作社所在地某某市是商品粮食生产基地，也是杂粮种植基地，每年有9万吨的杂粮产量。近些年来，合作社把原料基地建设作为合作社发展壮大的核心工程，以农户为依托，通过自建基地、与农户合作建设基地、指导农户建设基地等方式，不断壮大合作社的规模。合作社中的员工由原来的45人发展到现在的123人。

2. 合作社的管理方式

天某某杂粮种植专业合作把农户的杂粮种植行为作为公司的行为进行管理。作为绿色无公害杂粮的生产基地，确保农产品成为无公害产品、绿色产品、有机产品至关重要。合作社把基地作为生产车间，把农民作为工人来管理，严格按照技术标准培育产品，从产品生产环节就做到严格把关。一方面严格对种源进行把关，确立种植荞麦、谷子、绿豆、高粱等杂粮，坚持自选自种；另一方面严格对标准进行把关，以农家肥为主、氮肥不超标、不打农药。对于严格按照标准化要求生产的农户，合作社优价优先收购其产品，对违规操作者，合作社除拒收其产品外，还将解除双方合约。截至目前，合作社的合作范围已扩大到周边四个乡镇及邻近省份的部分地区，拥有杂粮种植面积170多公顷，且全部通过合作社要求的无公害农产品产地认定和产品认证。

3. 合作社的经营方式

合作社在组织推动农业产业经营过程中，积极为农民提供信息，竭力为其生产生活排忧解难，与农户形成了密切的合作关系，具体表现在：(1) 合作社为每户加入的农民统一提供种子，由合作社根据农民生产经营实际需要将种子分发到户；(2) 合作社聘请了农业专家实地指导、培训员工，以加强对农民的技术服务，主要提供种植、管理、施肥等技术服务；(3) 合作社坚持以农为本的原则，对农民的关心和帮助从生产领域延伸到生活领域，每年合作社都拿出部分资金，通过聚会、旅游等方式加强农民之间的沟通，加深他们之间的感情，提高他们的向心力和凝聚力。

4. 农民利益维护措施

合作社把农民的利益作为合作社的利益来维护，建立了多项制度来保障农民稳定增收。一是与每个农民签订了合同，明确了利益分配原则和办法，对农民收入作了具体规定，使农民有明确的收入预期。二是向农民提供统一技术服务、统一种子供应、统一认定认证、统一销售，提高了农民的组织化程度。三是制定最低保护价，合作社与农民签订产销合同，当市价低于合同价时，以合同价格收购杂粮，当市价高于最低收购价时，则随行就市，这样就降低了农民的市场风险。

5. 党组织建设

合作社着眼于专业合作经济组织的现状，为了更好地适应形势变化，发挥党组织的最大作用，成立了天某某党支部，把抓党建与兴产业结合起来，依托产业促发展，真正起到了"建一个组织、兴一项产业、活一地经济、富一方百姓"的作用。党支部负责做好政策宣传、合作组织、服务农民的工作，基本形成了支部带头、党员带动、下岗职工和农户参与、专业合作社服务的格局,推动了杂粮产业化经营和下岗职工与农民共同致富的进程。

专业合作经济组织的产生和发展,对联结企业(公司)、农户和市场,对促进农村经济,推动农业产业化经营发挥着不可替代的作用。专业合作经济组织的产生,能够在更大空间、更广范围、更宽领域实现劳动力、土地、资金、技术等生产要素的优化配置,提高农民的市场主体地位和抵御市场风险的能力。同时专业合作经济组织也是增加农民收入,维护农民利益,解决"卖难"问题、提高比较效益、转变农业经济增长方式的有效途径。

(三) 天某某杂粮种植专业合作社发展中存在的困难和问题

1. 缺乏活动经费

天某某杂粮种植专业合作社的办公经费多来自生产收入所得或自筹,与开展经营活动需要的大量资金相比差距过大。目前合作社主要依靠内部进行经营服务活动,还未引起有关金融及职能部门的有效重视,政府部门对其的扶持力度较弱,经费筹措渠道不畅,以致出现贷款难、技术指导难等问题。合作者仅有的经费只能维持基本活动的需要,而在引进新品种、发展新项目方面资金不足。信贷资金匮乏,也从客观上削弱了合作社的服务职能,制约了合作社的发展壮大。

2. 组织规模不够大,辐射带动能力不够强

合作社规模偏小,其自身经济实力不强,服务功能较弱。仅起到单一的生产合作作用,难以实现"产供销、农工贸、产学研"一体化的目的。形不成合力,中介服务组织的功能并没有得到很好发挥,与农民的关系基本上处于松散状态,对产业的带动辐射能力还不够强。

3. 内部制度不完善

专业合作社虽然制订了章程,但不能完全按章程办事,董事会、理事会、监事会等组织不够规范,制度不健全,很多活动不能正常开展,同时合作社成员的素质不高,增加了合作社运作的难度。

4. 合作社成员的综合素质不高,人才缺乏

合作社成员素质不高与人才缺乏成为两大矛盾。一方面合作社的发展需要组织管理人员具有组织管理、统筹协调、对外交往等方面的知识和能力,但现实中大多数成员综合素质不高,适应市场经济的意识和能力不强,且缺乏创新能力;另一方面专业合作社需要一批有较高文化知识、懂技术、会管理、市场开拓能力强的复合型人才,目前这类人才的缺失,制约了专业合作组织的创新和发展。

5. 市场开发不够

专业合作社开发市场的力量薄弱,信息网络仍停留在较为闭塞的状态,在跨区域、跨行业、外向型发展方面信息量明显不足。市场信息缺乏,会导致市场功能弱化,合作效益不高。这都需要涉农部门建立综合信息分析处理平台,及时在网上发布信息,宣传并推荐天某某品牌,提升天某某对外形象,拓宽外地市场,帮助合作社实现和外界大市场的"接轨"。

6. 品牌效果不明显

品牌是产品的无形标识,有形价值。天某某虽然制成了某系列的产品品牌,并确定了以加工杂粮、艾蒿香为合作社的主导产业,但目前产业发展只限于本地,传统产业、特色产业的优势没有被放大。

(四) 对发展天某某杂粮种植专业合作社的几点建议

……(以下内容省略)

附录

农村经济合作社访谈提纲

一、合作社的成立背景

1. 合作社的发起人是如何产生的?初始成员是如何组成的?
2. 合作社的成立过程中有哪些关键事件和决策?
3. 成立合作社的原因和目标是什么?

二、合作社的组织结构

1. 合作社的组织结构如何?有哪些部门和职位?
2. 合作社的决策机制是怎样的?决策流程是怎样的?
3. 合作社的组织结构应如何适应其业务和发展需求?

三、合作社的运营模式

1. 合作社的主要业务是什么?如何运营这些业务?
2. 合作社如何与其他组织合作?合作的模式和内容是什么?
3. 合作社的运营模式应如何适应市场变化和需求?

四、合作社的财务管理

1. 合作社的财务状况如何?有哪些收入和支出?
2. 合作社如何进行财务管理和审计?有哪些财务制度和流程?
3. 合作社的财务状况如何影响其运营和发展计划?

五、合作社的成员管理

1. 合作社的成员有哪些权利和义务?如何加入和退出合作社?
2. 合作社如何管理和培训成员?有哪些激励机制和措施?
3. 成员的管理对合作社的业务和发展有何影响?

六、合作社的市场营销

1. 合作社的市场定位是什么?如何确定目标市场?
2. 合作社的市场营销策略是什么?如何推广和销售产品或服务?
3. 市场营销对合作社的业务和发展有何影响?

七、合作社的未来发展计划

1. 合作社的未来发展战略是什么?有哪些目标和发展方向?
2. 合作社将如何应对市场变化和挑战?有哪些计划和措施?
3. 未来发展计划对合作社的业务和发展有何影响?

八、合作社面临的挑战与解决方案

1. 合作社在运营和发展过程中面临哪些挑战和困难？如何克服这些困难？
2. 针对未来市场变化和挑战，合作社有哪些应对措施和计划？

二、农户经济调查报告

某某村农户经济收入情况调查报告
×××调查组

我国农民经济收入虽然逐年提高，但农民仍面临着巨大的经济压力，深入分析研究当前农民的经济情况，有助于国家乡村振兴策略的进一步部署和安排。虽然与农民最直接相关的是农业，但多数农民的收入并不仅仅依赖于农业。许多农民通过在外打工或商品经营等活动，在农村过得还不错。这些职业所创造的经济效益往往高于农业，在推动农村经济发展和农民致富方面发挥着不可替代的作用。农户经济是农村经济的基本单元之一，开展农户经济调查，能为深层次了解农民生活水平、农民活动轨迹、农民面临的主要问题等提供数据支撑。

（一）乡村基本情况

本次调查对象为某某市某区某某村，该村包括3个自然村，分别为张某村、北某村和孖某村，本次调查公调查100户农户，合计人口362人，其中有劳动力174人，占总人数的48%。外出务工80人，务农94人，务农人数占总人口的26%。农村实际务农劳动力，年龄在48～60岁的占71%，大多为年龄较大的男性和留守妇女，文化水平多为小学、初中。该村耕地面积为307.7亩，人均0.85亩。

（二）农民收入情况

1. 家庭农业经营收入

1）粮食作物

100户农户粮食种植主要以双季水稻为主，2022年粮食种植面积共307.7亩，粮食产量共计226.15吨，提供商品粮124.4吨。粮食总产按商品收购价（平均1.15元/斤）折算实现总收入49.76万元，粮食生产性成本总支出30.56万元，实际每亩人均纯收入450.7元。种植规模在10～20亩的种植大户中，有9户的粮食生产因实行机械化、集约化作业和订单收购使亩收益比普通种植户高出100元左右。冬季种植油菜面积共计55亩，占总耕地面积17.9%，油菜人均纯收入120.1元。

2）经济作物

该村落经济作物相对较少，仅有个别农户自行种植经营，以经济作物大户宋某某为例，其自建花卉和苗木基地达12亩，实现土地流转5亩，家庭经营性年总收入达20万元。

3）养殖业

从养殖业方面来讲，2022年该村生猪出栏61头，家禽共出笼1 002羽，人均养殖业纯收入828.6元，与往年相比所占比重大幅缩水。水产养殖年产量4.15吨，人均纯收入 64.9 元。

综上所述,从调查情况看,该村家庭农业经营收入稳步增长,2022 年家庭农业经营人均纯收入 1 106.9 元,比上年增加 114.3 元,增长 11.5%。在家庭农业经营收入中,粮食收入绝对值逐年增加,据统计,粮食收入约占家庭经营总收入的 49.7%,对农民收入的影响仍然较大,但它在总收入中的比重呈下降趋势。因粮食生产效益一直被农资价格上涨所挤压,导致农民人均粮食种植纯收入实际增长较少,如表 9-5 所示。从种粮生产成本与利润角度分析,粮食作物每亩生产成本上升,农民的纯收入相对减少,农民增收面临成本高收益低的压力。

表 9-5 水稻种植成本和利润统计表

项目		金额(2021 年)	金额(2022 年)
水稻种植成本	种子费用(元/亩)	50	100
	化肥费用(元/亩)	200	300
	农药费用(元/亩)	100~150	150~250
	机械费用(元/亩)	200	200
水稻种植利润(元/亩)		1 500~2 000	1 500~2 000
净收入(元/亩)		900~1 450	650~1 250

2. 工资性收入

农民外出从业得到的收入稳定增长。2021 年农民工资性人均收入为 4 078.9 元,2022 年人均工资性收入为 4 527 元,比上年增加 448.1 元,增幅 11.4%,农民工资性收入占农民纯收入的比重上升到 75%。

3. 其他收入

2022 年政策性人均收入为 71.5 元;其他收入 789 元。服务性收入、财产性收入略有下降,政策性收入稳中有增,加工收入稍有减少,以篾货、茶叶为主要农产品的加工收入受灾害性天气影响有小幅下降,人均收入水平不高。

综上可知,农民家庭收入主要有家庭经营收入、工资性收入、财产收入、政策性收入等,家庭经营收入和工资性收入所占比例较大,2022 年农民人均总纯收入达 6 883 元。

(三) 农民总支出情况

2021 年农民人均家庭总支出 8 151 元,比上年增加 187.1 元,增长 2.3%。2022 年农民人均家庭总支出 8 666 元,比上年增加 515 元,增长 6.3%。在家庭总支出中生产性支出和生活支出增长比较快。

1. 受农资、饲料等价格上涨的影响,农民的生产性支出逐年增加

2021 年种植业(粮食)生产性支出人均 407.5 元,2022 年种植业(粮食)生产性支出人均 480.3 元,比 2021 年增加 72.8 元,增长达 17.9%;2021 年养殖业生产性支出人均 347.6 元,2022 年养殖业生产性支出 448.1 元,比 2021 年增加 100.5 元,增长 28.9%。同时,购置生产性固定资产的支出也在增加,由于部分农机具享有政策性补贴,一家一户重复购置农用机械,会增大人均生产性支出。在家庭总支出构成中,生产性支出总额

占家庭总支出的近三分之一,达到29.6%。

2. 农民人均生活支出明显增加

通过对100户农户进行采访调查得知,2021年农村居民人均生活消费支出4 899元,比上年增加264元,增幅5.7%。2022年农村居民人均生活消费支出5 444元,比去年增加545元,增长11%。农民生活消费总支出随物价变化急剧上升,使农民家庭总支出明显增加。

(四) 当前影响农民增收的主要因素

近年来,农民收入虽取得较快的增长,但仍面临诸多不利因素。主要有以下几个方面:

1. 农业增收空间受限

一是农资价格上涨过快,远远超过农产品价格的增长幅度。全市农产品收入增长10.2%,而用于购买农业生产资料的支出则增长15%~30%不等,说明纯收益被农资价格上涨所挤压,投入产出率低,致使农民收入增速缓慢。以肥料为例,实际市场价连续几年涨幅都在15%以上。另外,杂交种子的价格也在不断上涨,其中一季稻种子价格上涨幅度最大,2022年C两优87、C两优396,V两优1、7、8号价格均为35元/斤,比2021年每斤又涨了至少10元,上涨40%。

二是农田基础设施不完善。目前一些中低产田基础设施脆弱,排水引灌、保旱保肥的能力不高,抵抗风险灾害的能力较差,成为制约农业生产增产增收的瓶颈。特别是近年来冰灾、水灾、病虫灾害等频繁发生,给农业生产增加了不稳定性。

三是养殖业收入因多种原因相对减少。近几年来,因劳动力外出、饲料涨价、疫病及生猪市场价格大幅波动等原因,饲养生猪的农户明显减少,导致农民的养殖业收入减少。从调查的100户农户看,2021年养殖业农户有62户,2022年只有43户。

2. 外出务工收入增长空间变小

农村劳动力素质普遍不高,对适用技术的应用差。劳动力年龄结构老化、文化程度低、劳动技能不强,出外打工经商的农民,多数只能从事一些劳动强度大的工作,工作环境往往较差且享受待遇不高,随着产业结构升级,用工单位对劳动力素质要求也愈来愈高,就业难度将不断加大,农民外出务工收入增长空间也将受到挤压。

3. 惠农政策对增加农民收入的直接作用有限

近年来,粮食直补、良种补贴、农机补贴、农资综合补贴、农业政策保险等一系列惠农政策的实施,一定程度上调动了农民的生产积极性,为广大农民增收创造了条件。随着新农村建设的全面展开,国家加大了对农村的投入,通过政府转移支付,加大补贴力度,但这部分资金中相当部分是用于扶持农村公共事业发展、改善农村生活条件的,能够直接增加农民收入的份额较少。

4. 农民生产负担较重,种粮积极性受到极大影响

近年来,农民承担的支出费用一直呈上涨趋势,有些不必要的开支影响了扩大再生产,如固定资产重复购置,另外,农民服务收入减少、财产性收入减少,使仅有的资金不能满足规模生产的投入需要。

(五) 促进农民增收的几点建议

1. 适当提高粮食等农产品的价格

要进一步完善市场调控,继续提高农产品尤其是粮食收购价格,进一步稳定农产品市场价格,确保农民正常收益。

2. 控制生产资料价格上涨过快的势头

要严格控制农业生产资料价格成本和市场定价,防止农资价格过度上涨。充分发挥农村价格监督网络作用,及时发现政策执行中的问题、查处举报案件,遏制农资价格的过快上涨。同时,工商、质检部门要规范农业生产资料市场管理,加强监管力度,净化市场环境,严厉打击哄抬农资价格和制售假冒伪劣农资的违法行为,确保农民用上放心农资。

3. 加强科技培训,增强农民转移就业致富的能力

要加大农民培训力度,开展科技下乡活动,普及农业生产知识和技能,让农民掌握新的生产技术,适应日益激烈的就业环境,使更多农村剩余劳动力转移就业,使农民能从物资、文化上"双双脱贫",增强整体就业致富的能力。

附录

访谈提纲

访谈时间:2023年××月××日

访谈地点:××村

被访谈人:×××

1. 你家多久更换一次农具,投入多少钱?
2. 外出打工的时间、地方、类型?
3. 平时的娱乐活动有哪些?娱乐场所在哪里?
4. 种植和养殖给家庭带来的好处是什么?
5. 对种植业、畜牧业市场现状进行评价。

课后练习

1. 乡村经济调查内容有哪些?
2. 乡村经济调查相关数据获取途径是什么?
3. 请依据教材中农户经济概况的调查问卷(示例)完成某个村庄的农户经济概况调查工作。
4. 编制一份农户经济现状调查报告。

第十章　乡村人居环境调查

第一节　乡村人居环境调查的基础概念

一、人居环境内涵

人居环境是人类工作劳动、生活居住、休息游乐和社会交往的空间场所，是人类在大自然中赖以生存的基地，是人类利用自然、改造自然的主要场所，主要包括乡村、城镇、城市等人类聚居场所。乡村人居环境主要指乡村住户居住的乡村空间，其关乎着乡村居民的身心健康和农村经济社会的发展。

二、乡村人居环境调查目的

乡村人居环境调查的目的是了解乡村住户居住条件、环保意识、健康状况和社会支持等现状信息，分析乡村人居环境建设过程中存在的问题及原因，能为乡村基层制定人居环境发展规划、拟定人居环境保护规定提供基础数据与决策参考。

三、调查对象

（1）普通农户。调查普通农户的目的是对农村生活环境和基础设施的状况进行了解。

（2）农村党员。调查农村党员的目的是对党员家庭的居住条件、环保意识、健康状况等进行了解。

（3）农村基层干部。调查农村基层干部的目的是了解基层干部对本地区农村人居环境的看法和满意度，以及他们的工作态度和能力。

（4）村委会和乡镇政府。调查村委会和乡镇政府的目的是了解村委会和乡镇政府对农村人居环境的投资和支持情况，以及社会各界对村委会和乡镇政府工作的评价。

四、信息获取途径

乡村人居环境调查可以通过不同的途径获得信息，如个人访谈、电话调查、网络调查、问卷调查等。其中，问卷调查是最常用的方法之一，因为其易于实施和收集信息，并且利于调查者在较短时间内全面了解受访者对问题的看法和态度。

(一) 问卷设计

问卷设计是乡村人居环境调查的关键环节。设计良好的问卷可以帮助调查者准确、全面地了解乡村居民对自身居住环境的认识和要求，反映调查目的和调查对象的需要，并能够提供足够的信息和数据来指导政策制定和措施实施。设计问卷时，应该考虑如下几个方面：

(1) 问题数量不应过多，以避免受访者疲劳或给出错误答案。

(2) 问卷中的问题应该是公正、全面、不含歧义的，并且应简明易懂。

(3) 问卷中的问题应该按照逻辑顺序进行排列，这样既能够帮助受访者理清思路，也能够提高问卷的可读性和易用性。

(二) 问卷发放

问卷发放是收集信息的重要过程，该过程会直接影响问卷回收率和问卷质量。在问卷发放过程中，应该注意以下几个方面：

(1) 确定调查范围和受访者数量，以确保问卷能够涵盖受访者群体的重要数据和信息。

(2) 制定一份完整的问卷发放计划，明确发放时间、发放位置和人员分配等细节。

(3) 确保问卷发放前受访者已经充分了解调查目的和问卷内容，以增加问卷回收率。

(三) 问卷回收与分析

问卷回收后需借助统计学的原理，对所采集到的数据进行处理和分析，以确保调查结果具有准确性和统计意义。问卷回收的方法较多，下面主要列举三种方法：

(1) 手动回收：即受访者完成问卷涂写后，工作人员亲自回收问卷。

(2) 邮寄方式：即将问卷通过邮局或快递公司寄给受访者，等待邮寄回收后统计处理。

(3) 网络回收：即将问卷通过互联网电子邮件、论坛等方式发给受访者，等待回收后统计处理。

问卷回收和分析的过程通常需要一定的统计分析技能和问卷回收系统的支持。

五、乡村人居环境调查内容

乡村人居环境调查主要包括居住条件、环保意识、健康状况和社会支持等方面内容的调查。其中居住条件包括住房面积、采光情况、通风情况、卫生条件，以及供水、供电、供暖情况等；环保意识包括对环境污染情况的认识、生态文明意识等；健康状况包括饮食、睡眠、运动、体检等与健康相关的情况，还包括村民对疾病的认识以及家庭医疗设施、医疗保障等情况；社会支持包括家庭和社区的支持、邻里关系、社会团体等方面的情况。具体内容可见《乡村人居环境调查问卷》。现对问卷中涉及的部分用词进行解释。

(1) 住房面积:包括人均住宅建筑面积。
(2) 采光情况:包括采光口、采光系数和有效采光面积。
(3) 通风情况:包括自然通风和系统通风情况。
(4) 卫生条件:公厕数量与分布、禽畜粪便处理、生活垃圾处理、生产污水治理、废气治理、土壤污染程度、排水管道及排水沟建设等情况。
(5) 供水、供电、供暖、天然气:指水、电、暖、天然气管网密度、服务能力、维修保障情况。
(6) 环境污染情况:指水体、土壤、空气、声音等环境要素的污染情况。
(7) 安全知识掌握情况:对水、电、暖、天然气设施安全使用规范的了解掌握情况。
(8) 生态文明意识:人与自然、人与人、人与社会和谐共生的认知与理解情况。
(9) 饮食情况:食物受污染状况、住户饮食结构及饮食习惯。
(10) 睡眠情况:睡眠时长、入睡与起床时间、失眠状况。
(11) 运动情况:运动类型、运动时长、运动效果。
(12) 体检:体检项目、费用分担、健康程度。
(13) 疾病的认识:疾病判断水平、治疗能力、治疗意愿。
(14) 医疗设施:包括常见病的监测与测量器械与设施,如血压计、温度计、听诊器、氧气罐、轮椅、救护车等设施数量与取用便捷性。
(15) 医疗保障:医保覆盖范围、医保报销比例及保险政策等。
(16) 家庭和村委支持:村委改造人居环境的政策及措施,家庭及村委承担改建费用。
(17) 邻里关系:乡村邻里之间在生产生活方面建立的多维人际关系。
(18) 社会团体:村委会、乡村合作组织、自乐团等生产生活集体。

六、信息获取方式

通过调查问卷、面对面访谈、实地观测获取乡村人居环境信息。

七、调查结果用途

调查结果是农村人居环境调查的核心内容,也是评估调查效果的最好标准。通过对与调查目标相吻合的调查结果进行分析和解释,可以找出调查中存在的问题和不足,并指导相关部门和专业人员制定相应的对策和措施,以促进农村人居环境的稳步改善和升级,为保护农村生态环境和提升居民生活质量打下坚实的基础。

第二节　乡村人居调查问卷示例

一、乡村人居环境调查问卷表(1)

某某村乡村人居环境建设调查问卷表

调研时间：_____

调研地点：_____县(市)_____镇_____村

您好！我们是陕西某某学院某某某专业的学生，为配合陕西省关于着力改善人居环境，推进美丽乡村建设行动计划的实施，提升村庄整治规划工作的有效性和针对性，特开展此次乡村人居环境整治的村民满意度抽样调查。

本问卷采取不记名形式，您所提供的信息我们将严格保密，问卷结果仅供学术研究使用，不会给您的生活带来任何不便。因此请您放下顾虑，放心作答。

非常感谢您对本次问卷调查的支持和参与！

调查负责人：×××　电话：029-8153××××

(一) 受访者及家庭基本情况

1. 您的性别：
   □男　　　　　□女
2. 您的年龄：
   □30岁以下　　□31～50岁　　□51～60岁　　□60岁以上
3. 您的职业：
   □在家务农　　□半工半农　　□外出务工　　□其他
4. 您家庭人口数为：_____人。
   其中：25岁以下_____人，25～45岁_____人，46～60岁_____人，60岁及以上_____人。
5. 您家庭的主要收入来源：_____。
6. 家庭的年均总收入：
   □1万元以下　　□1万～5(不含)万元　　□5万～10万元　　□10万元以上

(二) 居住条件

1. 您家的宅基地面积：_____平方米；农房总造价：_____万元。
2. 您有计划建房或买房吗？
   □有　理想地点：①原地翻建　②原村扩建　③规划布点村　④小城镇　⑤县城　⑥大中城市
   □无

3. 您希望对房屋进行哪方面改造？（可多选）
☐改建、扩建　　　☐内部装修　　　☐外貌改造　　　☐屋顶、外墙粉刷
☐庭院改造　　　☐宅院铺装绿化、宅院外绿化

4. 您理想的农房改造方式：
☐自己改造　　　☐政府代改　　　☐两者都有

5. 您出行方便吗？
☐方便　　　☐不方便　原因：_____

6. 您认为目前村庄供水存在哪些问题？
☐水质不好　　　☐水量较小　　　☐供水不稳定　　　☐其他_____

（三）环境建设

1. 您对村庄公共环境是否满意？
☐满意　　　☐不满意　原因：_____

2. 您对随意倒垃圾、排放污水的看法？
☐应该改　　　☐无所谓

3. 您认为村庄有无做到人畜分离？
☐有　　　☐部分有　　　☐无

4. 您是否同意人畜分离？
☐同意　　　☐不同意　原因：_____

5. 您认为厕所需要改造吗？若需要应怎样改造？
☐需要（改造方式：①自建　②政府补助　③合建）
☐不需要

6. 您认为雨水应怎样排放？
☐收集利用　　　☐不做处理

（四）配套设施

1. 您家孩子在哪里上小学？
☐本村　　　☐镇上　　　☐县城　　　☐其他_____

2. 您一般会去哪里就医？
☐村卫生室　　　☐镇医院　　　☐县医院　　　☐其他_____

3. 您平时有哪些文化娱乐活动？
☐跳广场舞　　　☐打麻将　　　☐参加村里文艺活动
☐其他_____

4. 您平时去哪些进行文化娱乐活动？
☐村级活动广场　　　☐自家门前或村口　　　☐其他_____

5. 您希望通过什么方式养老？
☐自己生活　　　☐去敬老院　　　☐子女养老　　　☐其他_____

6. 您家里做饭或者取暖采用哪些能源?
□煤气　　　□木柴　　　□电能　　　□煤炭　　　□太阳能

(五) 村庄风貌

1. 您对村庄环境的绿化、美化是否满意?
□满意　　　□不满意
2. 您认为村庄建房有无遵循传统技艺?
□有　　　□无　理由：_____
3. 您认为村里的特色有哪些?(假如有人来本村玩,您会带他到哪里参观?)
_____
_____

(六) 乡村人居环境整治意愿

1. 您是否听说过乡村人居环境整治规划或者美丽乡村建设? 您对乡村人居环境整治的看法?
□听说过,能为百姓带来幸福　　　□听说过,但不知道怎样改
□听说过,整治效果不明显　　　　□不了解
2. 您认为目前乡村人居环境存在哪些问题?
□住房条件差　　　　　　　　　□村内环境卫生状况不佳
□公共服务设施少　　　　　　　□缺乏文化活动场所
□其他_____
3. 您认为乡村人居环境整治最需要解决哪些问题?
□拆除危房及清理私搭乱建　　　□处理废弃宅基地
□清理房前屋后杂物、粪堆　　　□厕所改建
□垃圾、污水的处理　　　　　　□道路、河道及节点的绿化美化
□其他_____
4. 在乡村人居环境整治过程中您愿意参与哪些行动?
□资金投入　　□人力投入　　□参与维护　　□其他_____

二、乡村人居环境调查问卷表(2)

某某村乡村人居环境现状调查问卷表

尊敬的女士/先生:

您好! 感谢您积极参与并配合我们的调查工作。我们是陕西某某学院某某某专业的学生,本调查问卷是为了调查本村人居环境建设的现状与存在的问题,以便为地方政府提升乡村宜居建设水平提供参考。问卷实行匿名制,且不会收集您的个人信息及联系方式,所有信息仅用于统计分析。您的回答对我们的调查研究至关重要,请根据您的实际情况填写。本次调查会耽误您10分钟左右的时间,再次感谢您的积极配合!

1. 您的年龄是：
①18 岁以下　　　　②18 岁到 35 岁　　　③36 岁到 50 岁　　　④50 岁以上
2. 您的文化程度：
①初中及以下　　　②高中或中专　　　　③本科或大专　　　　④硕士及以上
3. 现在您的家庭收入来源：
①出租房屋　　　　②经商　　　　　　　③务农
④较稳定的工资　　　　　　　　　　　 ⑤打工或兼职
4. 您现在的家庭人口数：＿＿＿＿＿。
5. 您村上目前有企业吗？
①有　　　　　　　　②没有
6. 您认为目前乡村发展的整体状况如何？
①良好　　　　　　　②一般　　　　　　　③不太好　　　　　　④很差
7. 您觉得近年来村里最大的变化是什么？（可多选）
①村民收入增加　　　　　　　　　　　 ②村子的娱乐和公共设施增多
③居住条件改善　　　　　　　　　　　 ④村子医疗水平提高
⑤其他＿＿＿＿＿＿＿
8. 您认为乡村发展中存在的主要问题是什么？（可多选）
①政府管理不到位　　　　　　　　　　 ②缺乏有效的社会组织参与
③村民参与意识不强　　　　　　　　　 ④资金投入不足
⑤乡村基础设施不完善　　　　　　　　 ⑥其他＿＿＿＿＿＿＿
9. 您是否关心本村的人居环境？
①不关心　　　　　　②一般　　　　　　　③关心
10. 您是否愿意参与村内的人居环境建设工作？
①不愿意　　　　　　②愿意　　　　　　　③无所谓
11. 您对村庄道路的满意度如何？
①不满意　　　　　　②一般　　　　　　　③满意
12. 您家门口的路面是：
①水泥路　　　　　　②柏油路　　　　　　③泥土路
13. 您对村庄的路灯设置的满意度如何？
①不满意　　　　　　②一般　　　　　　　③满意
14. 您对村庄的整体环境绿化的满意度如何？
①不满意　　　　　　②一般　　　　　　　③满意
15. 您对本村垃圾清理情况是否满意？
①不满意　　　　　　②一般　　　　　　　③满意
16. 您对本村休闲服务设施是否满意？
①不满意　　　　　　②一般　　　　　　　③满意
17. 您愿意承担部分生活垃圾处理设施的费用吗？
①愿意　　　　　　　②不愿意

18. 您一般以什么方式度过春节?(可多选)
①独自在家庆祝　　　　　　　　②拜访亲朋好友
③参加庙会等庆祝活动　　　　　④积极准备年货
⑤打扫、装扮房屋　　　　　　　⑥贴春联,放鞭炮
⑦其他_____

19. 您获取的蔬菜和食材是否是自家种植的?
①几乎全都是　　②大部分都是　　③一小部分是　　④几乎不是

20. 您认为当前人居环境整治存在哪些不足?(可多选)
①垃圾池太少,扔垃圾不方便　　　②垃圾清运、处理不及时
③生活污水处理不到位　　　　　　④改厕进度慢
⑤村里公共区域的卫生无人打扫　　⑥道路整修进度慢,出行不方便
⑦没有或缺少路灯等公共照明设施　⑧绿化较差,环境不美观
⑨村庄建筑布局较乱,农房设计水平低　⑩其他_____

三、乡村人居环境满意度调查表

汉中市草某村人居环境治理参与度与满意度调查问卷

尊敬的女士/先生:

您好!感谢您积极参与并配合我们的调查工作。我们是陕西某某学院某某某专业的学生,本调查问卷是为了了解村民对本村人居环境建设的满意度情况,以促进本村人居环境朝更好的方向发展。本次问卷实行匿名制,且不会收集您的个人信息及联系方式,所有信息仅用于统计分析。您的回答对我们的调查研究至关重要,请根据您的实际情况填写。本次调查会耽误您 10 分钟左右的时间,再次感谢您的积极配合!

1. 您的性别:
   A. 男　　　　　　B. 女
2. 您的年龄:
   A. 30 岁以下　　B. 30~50 岁　　C. 51~60 岁　　D. 60 岁以上
3. 您关心您所在村的自然环境吗?
   A. 非常关心　　B. 比较关心　　C. 一般　　D. 较不关心
   E. 非常不关心
4. 您从哪儿了解到本地开展的人居环境整治工作?
   A. 从邻居那听说　B. 村干部宣传　C. 电视和广播　D. 本镇政府宣传
   E. 其他_____
5. 您是否参加过本地环境整治活动?
   A. 经常参加　　　B. 偶尔参加　　C. 从未参加过
6. 您选择了哪种方式参加本地人居环境整治工作?
   A. 在村民大会上谏言献策
   B. 积极配合村委会开展各项整治工作

C. 参加各项治理活动的宣传工作
D. 其他_____

7. 您对目前本村的居住环境满意吗?
   A. 非常满意　　　B. 比较满意　　　C. 一般
   D. 较不满意　　　E. 非常不满意

8. 您对本村的垃圾处理情况满意吗?
   A. 非常满意　　　B. 比较满意　　　C. 一般
   D. 较不满意　　　E. 非常不满意

9. 您对本村厕所改造情况满意吗?
   A. 非常满意　　　B. 比较满意　　　C. 一般
   D. 较不满意　　　E. 非常不满意

10. 您对本村生活污水排放处理的情况满意吗?
    A. 非常满意　　　B. 比较满意　　　C. 一般
    D. 较不满意　　　E. 非常不满意

11. 您认为本村医疗卫生室的设备配备情况怎么样?
    A. 非常齐全　　　B. 较为齐全　　　C. 不齐全

12. 您对本村文化娱乐设施建设情况满意吗?
    A. 非常满意　　　B. 比较满意　　　C. 一般
    D. 较不满意　　　E. 非常不满意

13. 您所在村公共照明设施是否完善?
    A. 非常完善　　　B. 较为完善　　　C. 不完善

14. 您对本村的交通的便捷程度是否满意?
    A. 非常满意　　　B. 比较满意　　　C. 一般
    D. 较不满意　　　E. 非常不满意

15. 您认为将来本村的人居环境会变得越来越好吗?
    A. 会　　　　　　B. 不会　　　　　C. 不关心

16. 您认为环境的完善和维护工作是谁的事情?
    A. 政府　　　　　　　　　　　B. 村委会
    C. 村民自己　　　　　　　　　D. 政府、村委会、村民共担

17. 您对促进本地人居环境的改善有什么意见和建议?
    _____

四、乡村人居环境访谈提纲

乡村人居环境建设村民访谈提纲

1. 您是否满意您所在村庄的人居环境整治工作的效果?
2. 您是否参加过本村镇的人居环境整治活动?
3. 您认为本村的垃圾处理、厕所改造是否为您的生活带来了便利?

4. 您认为下一步您所在村庄的人居环境整治活动还有哪些工作是必须要做的?

乡村人居环境建设乡镇干部、村委干部访谈提纲

1. 本镇(村)生活垃圾处理模式是什么?
2. 本镇(村)垃圾分类相关设施是否完备?
3. 本地农村生活污水排放配备了哪些工程设施?
4. 本镇设有几个污水处理点?
5. 本镇(村)厕所改造效果如何?
6. 本镇(村)是否引入社会资本参与环境治理?
7. 您觉得改善本地人居环境的最大阻碍是什么?

五、乡村人居环境调查观测表(表10-1)

乡村风貌建设观察记录表

调研时间：_____

调研地点：_____县(市)_____镇_____村

表10-1 乡村风貌建设观察记录表

观察项目	观察记录	观察内容
建筑现状		自建还是统一建设、层数、风格
道路条件		数量、长度、宽度、是否硬化
设施条件		自来水、有线电视、电力、网络、天然气
公共环境		垃圾处理、污水处理
公共服务		绿地、广场、休闲设施、公共卫生间
旅游资源		
乡村风貌		是否统一规划

第三节　乡村人居环境调查报告示例

一、汉中市草某村人居环境调查研究

汉中市草某村人居环境调查研究
×××调查组

党的十九大将乡村振兴战略上升为国家发展战略,实施乡村振兴战略的总要求是：产业兴旺、生态宜居、乡风文明、治理有效、生活富裕。这给新时代的农村工作提出了更高要求。人居环境作为人类工作劳动、生活居住、休息娱乐和社会交往的重要空间场所,其质量的提升有着多方面的实践意义。

开展农村人居环境整治工作能够全面提高农民的生活品质,能够改善农村生态环境、推动农村产业发展、促进农民脱贫致富、推进社会交流和文化传承等,对推动乡村振兴和农村发展起着重要作用,宜居的农村人居环境是推动乡村振兴战略实施的关键环节。近年来,我国许多农村地区开展了人居环境治理工作,农村发展正处于一个关键时期。然而人们的居住环境在人口迅速增长的压力下不断恶化,人居问题越来越受到人们的关注。

为了贯彻乡村振兴关于农村人居环境治理的相关政策、优化人居环境,汉中市草某村积极落实环境治理工作要求,实施人居环境治理工作。通过积极推进乡村发展项目的建设,发展稻田养鱼产业,优化和完善相关公共基础设施,本村的人居环境已得到较为明显地提升。但由于起步较晚,在治理过程中还存在一些问题。此次调研以提升汉中市草某村人居环境为目的,通过发现现阶段人居环境建设过程中存在的问题,为进一步提升该村人居环境质量提供决策支持。

(一)调研区基本情况

草某村(图10-1)位于陕西省西南边陲、汉中盆地西南部,北临汉江,南依巴山。与汉中市南郑区齐力村、高庄村、白马寺村、陶家湾村、杨家坝村等村毗邻,距汉中中心城区10千米,距汉中高铁站15千米,距汉中柳林飞机场31千米,距汉中市政府驻地12千米,距陕西省省会西安(经西汉高速公路)280千米。

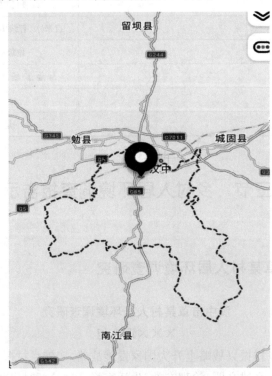

图10-1 草某村地理位置图

草某村属于亚热带气候区，北有秦岭屏障，寒流不易侵入，气候温和湿润，热量资源丰富。极端最低气温－10～－6摄氏度，极端最高气温36～37摄氏度；年降水量900～1 100毫米。作物生长期为4～9月，这几个月降水量800～900毫米，占全年降水的80%。稳定通过10摄氏度的初日在3月28日，终日在11月4日，初终日数长达222天，适合喜温作物的生长。土壤以黄棕壤类为主，占82.4%，其次是水稻土，占15.7%。棕壤、淤土、潮土分别占1.04%、0.5%、0.36%。

草某村现有耕地860亩，以粮油生产为主导产业，是典型的平川区域农业型乡村。该村村集体经济组织也是发展稻渔综合种植养殖的重要力量。为更好地发展乡村产业，带动农户增收，草某村去年以村股份经济合作社为主体，以"租金＋股金＋薪金"为利益联结机制，集中流转村民土地700亩，同时争取财政扶持资金210万元，建设了稻渔综合种植养殖基地，预计今年可收获优质稻谷300余吨、水产品13吨，产值可达280万元，净利润30万元。

草某村通过盘活整合土地资源，发展稻渔综合种植养殖，实现了传统粮油生产到绿色、高效农业的转变，实现了土地动起来到村集体富起来的转变。目前该村正在建设集粮食烘干、仓储、包装为一体的生产加工基地，同时注册了"草堰大米"品牌，以进一步夯实农业产业链，促进乡村产业振兴和农民增收。

（二）草某村人居环境调查结果分析

1. 调查方案与方法

本次调查采用问卷调查和访谈法相结合的方法，以问卷调查为主。共发放153份调查问卷，回收153份，其中有效问卷150份。问卷调查为后期深入分析存在的问题和给出对策奠定了重要的数据基础。在调查实施过程中，针对草某村的村民和相关村干部进行了调研问卷，以充分了解草某村人居环境的现状以及村民的切身感受，发现治理过程中存在的问题，为后期有关策略的提出提供现实支撑。

本调查同时辅以访谈法，主要采用非结构化访谈，调查者在与受访者交谈过程中获取所需信息。在实地访谈中，调查者通过与草某村当地村民和居民村委会成员等进行访谈交流，以获取更多有用的信息，来充分了解草某村人居环境治理现状。

2. 调查结果及数据分析

1）人居环境治理整体满意度

调查结果显示：草某村村民对人居环境治理的成果总体满意度相对较高，在调查人群中，较不满意和非常不满意的占比仅为11%，即只有少数村民对人居环境的治理成果不满意，如图10-2所示。说明在落实人居环境治理过程中，存在和少数村民没有沟通宣传到位以及存在治理盲区等问题。

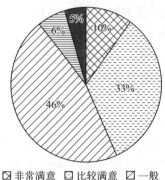

图 10-2　人居环境治理满意度饼状图

2）垃圾处理满意度

从图 10-3 可知,33%的村民对草某村的垃圾处理情况较不满意,11%的村民对垃圾处理情况非常不满意。在调查过程中,通过实地走访及与村民的交流发现,在草某村的整个移民搬迁安置区内,只设有一个垃圾回收站(图 10-4),部分村民会因距离垃圾站较远而选择就近焚烧垃圾(图 10-5),而且在垃圾处理站没有设置垃圾分类设施,尽管有相关的垃圾分类宣传语,但是都只是表面功夫,村内相关干部并未将垃圾分类落到实处,村民整体垃圾分类意识非常薄弱。

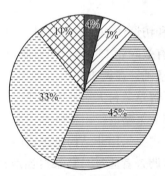

图 10-3　垃圾处理满意度饼状图

图 10-4　草某村垃圾处理站

图 10-5　垃圾焚烧残渣

3）污水处理满意度

草某村的人居环境治理工作,使村内污水治理取得了明显效果,村内给排水设施得到进一步完善,该村新建了排水管道,使村内污水排放得到了有效的治理。在对污水处理满意度的调查中发现(图10-6),非常满意和比较满意占比达到45%,说明污水处理有一定的效果,但村民整体满意度不高,原因在于草某村原本污水处理方面基础薄弱,排水设施覆盖率还不够高;且村民随意排放污水的习惯短时间内难以改变,导致被污染的沟渠夏季散发难闻的气味(图10-7)。

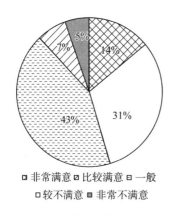

图10-6 污水处理满意度饼状图

图10-7 被污染的沟渠

4）厕所改造满意度

调查结果显示,仅有4%的村民对厕所改造非常不满意,7%的村民较不满意,整体满意度较高(图10-8)。草某村在进行厕所改造时,首先将过去家用的普通厕所统一改造成冲水式厕所,使村民卫生间环境得到了极大改善;同时,增修了公共卫生间,并安排专人管理,给村民带来了极大的便利。

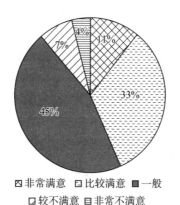

图10-8 厕所改造满意度饼状图

5）基础设施满意度

自从草某村进行人居环境治理以来,村内道路全部实现硬化,道路两旁路灯安装完成,且村庄内新建了休闲文化广场,并配备有健身器材,为村民娱乐提供了场所。调查结果显示,对村内文化娱乐设施非常满意和比较满意的村民占57%,不满意和非常不满意的村民占比为17%(图10-9);对于公共照明设施,94%的村民表示完善或非常完善(图10-10),由于村庄内路灯为太阳能照明,村民不满意的原因在于长时间阴雨天气时,路灯昏暗。

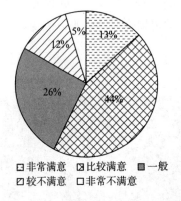
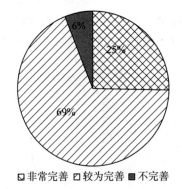

图10-9　文化娱乐设施满意度饼状图　　图10-10　公共照明设施完善度饼状图

(三) 草某村人居环境治理中存在的问题分析

通过对调查问卷数据进行整理分析后选取对应的人居环境评价指标体系对草某村人居环境现状进行打分评价,将草某村人居环境准则层各项指标得分的具体情况显示在柱状图中,如图10-11所示,能反映出草某村人居环境治理存在的相关问题。

基于村民打分的人居环境各准则层得分中,生态环境得分为88.312,居住条件得分为88.821,均低于人居环境总得分;基于村干部打分的人居环境各准则层得分中(图10-12),生态环境得分为87.74,基础设施得分为87.815,均低于人居环境总得分。说明草某村在生态环境、居住条件和基础设施等方面有待提升,具体问题表现在以下五方面:

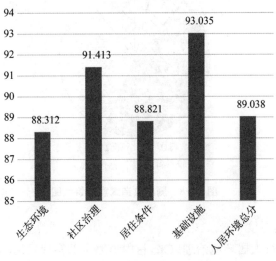

图10-11　基于村民打分的人居环境各准则层得分

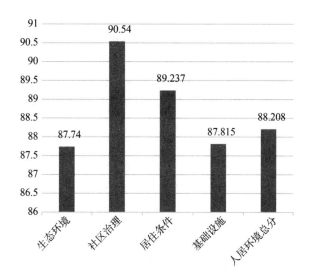

图 10-12　基于村干部打分的人居环境各准则层得分

1. 生态环境问题仍然存在

生态环境方面，草某村在治理农村人居环境的过程中，技术模式缺少专业性，同时缺乏统一的监管，导致出现了许多人居环境问题，主要表现在：村庄内植被覆盖率低，除村庄主干道两侧外，很少有连片的绿化，在人居环境治理过程中忽视了村庄的绿化美化问题；少部分村民仍随意倾倒生活污水，使得部分塘沟内有杂物或垃圾，形成了黑臭水体，夏季散发出难闻的气味，造成环境污染；在调查过程中还发现，一些较偏僻的地方有村民焚烧垃圾的痕迹，一些村民可能距离固定的垃圾堆放点较远，且每户村民家门口并未配置垃圾箱，因此部分村民将垃圾随意倾倒然后焚烧，造成空气污染，影响村民身心健康。

2. 居住条件有待提高

居住条件方面，厕所改造是人居环境治理中的重大项目。虽然村内已经修建了公厕，但是很少有人使用，厕所负责管理人员疏于打扫，导致卫生状况欠佳；在对村民厕所的改造中，尽管有专人进行过宣传，大多数村民仍因为资金问题不愿意进行改造，依然坚持使用以前的旱厕；还有一部分进行了厕所改造的村民（老人居多），认为改造的厕所浪费水，加上习惯问题，他们仍坚持使用旱厕。在乡村地区，农民要进行耕种，部分村民室内布局杂乱，耕种工具随意堆放，影响村容村貌。

3. 农村基础设施配套不足

随着生活水平的提高，村民在满足物质生活的基础上更加注重精神生活。在调研过程中有村民反映：连续阴雨天气情况下，夜间路灯照明状况不稳定，灯光昏暗；村内配套的文化娱乐设施单一，健身器材等设施的数量较少，无法满足村民的日常休闲活动；在生活垃圾处理方面，草某村虽安排了流动垃圾清运车，但缺乏垃圾分类的配套设施，导致村民随意丢弃垃圾，污染了环境；在生活污水处理方面，入住统一安置社区的村民将污水有序排入下水道，而部分居住在非安置社区的村民由于污水管道还未完全覆盖，只能将各类废水乱倒，特别是高温天气下易导致难闻气味。

4. 村民参与度不高

农村人居环境治理是一项全民参与、共同完成的惠民工程,不仅需要政府的支持和推动,同时也需要村委会和村民的配合与支持。村民既是农村人居环境污染的受害者,又是人居环境改善的最终受益者。草某村人居环境治理工作大多是由乡镇政府主导,村委会主要负责实施,而村民作为农村人居环境治理的最大的受益者,其主动参与的意识却相对薄弱。他们往往是在村干部监督之下被动地参与治理,没有意识到治理农村人居环境人人有责,问卷结果显示只有39%的村民经常参加人居环境整治工作,而剩余61%的村民表示从未或偶尔参加过人居环境整治工作,如图10-13所示;只有26%的村民认为人居环境整治工作需要由政府、村委会、村民三方共同完成,81%的村民认为人居环境整治工作是由政府或村委会完成,19%的村民则认为人居环境整治工作是由村民自己完成,如图10-14所示。

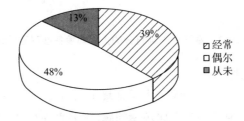

图 10-13　村民是否参加人居环境整治活动

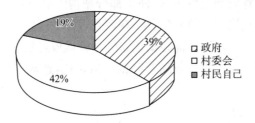

图 10-14　人居环境的完善和维护工作是谁的事情

5. 村干部治理动力不足

村干部与村民的关系非常重要,村干部可以有效发动村民积极投身到治理工作中去。在调研过程中发现,目前的村干部大多是由本村内具有较高声誉和威望的人担任,但是由于村干部的工资一般并不高,因此他们落实治理工作的积极性较低。此外,村委干部承担着乡镇政府与农民群众之间沟通桥梁的作用,实际担负着承上启下的巨大角色压力,吃力不讨好的现象时常发生,导致村干部工作有所懈怠,从很大程度上影响了本村人居环境治理工作的进程。而且,村里大多数村干部只有初高中的文化水平,且缺乏处理具体人居环境治理问题的实际经验,从而使治理工作进度缓慢。

(四) 草某村人居环境提升对策

1. 持续推进生态环境治理工作

良好的生态环境是实现乡村振兴的重要基础,草某村在过去的人居环境治理中,还有很大的提升空间。污水处理方面，虽然草某村已经铺设有排水管道，但是还未完全覆盖整个村庄，村干部要监督排水管道工程尽快完成，同时对仍然随意排放污水的部分村民进行宣传教育，制定合理的奖罚机制，对已经污染的沟渠实行责任到人的制度，及时清理垃圾杂物，清淤疏浚，严格对有关工厂的污水排放标准进行把关，可不定时进行抽查，对于排放不达标的工厂，要责令整改，直到合格；植被绿化方面，要因地制宜，利用乡土树种提升绿化水平，保证道路两侧和村庄的绿化达到人居环境治理的要求，并且安排专人管护到位；垃圾处理方面，要配备垃圾分类相关设施，引导村民树立垃圾分类观念，加大监管力度，禁止随意焚烧垃圾，为每户村民配备垃圾桶，做到垃圾不落地。村干部应当在草某村的村民主要活动场所围绕人居环境整治、美丽乡村建设等内容设立宣传栏、宣传画、宣传标语等，推进生态环境治理工作。

2. 大力发展村集体经济，加大投入

产业振兴是乡村振兴的龙骨，要以草某村经济合作社为引领，大力发展草某村集体经济。首先要利用草某村的良好水质和环境促进稻田养鱼发展，建立以草某村特色为导向的迎合市场的地方融合产业，以保证农民收入稳定增长，农村可持续发展，加大村集体经济提升空间，完善经济发展结构。其次要动员社会资本支持人居环境治理。社会资本的支持和参与会为草某村人居环境治理工作提供一定的帮助，能带动草某村整体的经济发展和人居环境的治理。要动员社会资本将农村人居环境治理与自身经营联系起来，进行专业化管理，通过经营为农村提供一定的集体收入，可通过购买服务的形式，既使自身直接获得经营效益，又为草某村人居环境治理提供服务和帮助。

3. 建立健全治理相关机制

要建立和完善农村环境卫生管理体制，建立科学的考评方法，每月进行排名，实施动态管理。例如可建立一套垃圾分类的回收体系，以使村民形成良好的文明健康习惯，促进村庄生活环境的改善；可设置公益性岗位，由乡镇政府、村干部、村民组成服务队和农村人居环境管护队，定期集中清理辖区村主干道路的生活生产垃圾，不留死角，全力攻坚克难。要始终坚持建、管结合治理，在建设基础设施的同时，相应的管理措施也要持续完善，要责任细化到人，建立健全有保障、有人管的督导机制，可由专人定期督导检查或不定时入村检查。对于存在的问题，可通过具体分析传达到具体的人，指定监督人并在规定期限内完成整改。综合分析考核结果，并将其与村民的利益直接挂钩，考核结果要作为评模范、评先进、集体经济分红等的重要依据，以加强考核结果的激励性。

要完善人才引进机制。首先要发挥大学生、党员的模范带头作用，鼓励大学生、党员深入基层，将勇于创新的思维模式融入草某村的发展中，为草某村人居环境治理工作注入新的活力。其次要鼓励在外务工的年轻人回乡创业，目前草某村大部分年轻人外出寻找工作机会，留在村内的大都是老人和小孩，村干部更应联合政府制定有吸引力的人才回流方案，为村民提供工作岗位，吸引更多的人才返乡创业，同时要建立健全社会保障机制。最后要成立管理、技术类培训班，对现有的农村干部进行培训，提升他们的管理理念和基层治理水平，更好地促进农村人居环境治理工作。

4. 切实发挥村民主体作用

政府应该深入乡村进行全面调研,与草某村村干部进行交流沟通,集思广益,听取、收集村民的意见,充分了解不同社会结构村民的真实需求,充分尊重村民需求,要重点考虑村民的生产方式和生活习惯。农村人居环境治理最直接面向的是广大村民,他们也是环境治理的最大受益者。因此,乡镇政府在制定农村人居环境治理的具体实施方案前,应当邀请各种类型的专业人士、村民代表积极表达想法和意见,还可通过举办党员组织生活会、村民代表大会等活动发挥村民主体作用,让他们积极表达意愿。从治理项目的立项、建设到管理的全过程,都可鼓励村民积极参与进来,促使农村人居环境治理效果深入村民内心,使村民满意。

要扩大群众的宣传范围,动员村民积极参加治理。可利用网络和其他各种方式进行宣传,做到真正带动村民。草某村的村干部应该积极主动走进基层,将目前农村人居环境治理的具体做法向村民详细介绍,并邀请一些村民代表评议治理成效,逐步使村民意识到自己是参与农村人居环境治理的最重要的主体,更是最直接享受治理成果的主体,从而大力激发村民积极参与治理工作的热情。

5. 提升村级自治组织治理能力

毋庸置疑,基层工作是繁杂辛苦的,而改善农村生活条件的项目又是关系到广大农民的切身利益的重要民生项目。所以,组建一支专业的基层管理队伍是非常必要的。因此要想方设法提高对村干部的教育和管理水平。草某村村干部要全面掌握治理方案的各项要求,严格按照上级有关部门的指示,依据制定的治理规划方案,明确自身的权力和责任,明确未来一定时期内草某村开展农村人居环境治理的工作要点,把各项工作认真落实到位,认真践行群众路线,针对当前村庄的人居环境治理现状,提出实施的具体步骤,并编制一份详细的村庄治理规划,确保实施农村人居环境治理方案能够落到实处,实现人居环境共治的良好局面,提高农民群众对治理工作的满意度。

二、宁某村人居环境适宜性评价调查

宁某村人居环境适宜性评价调查报告
×××调查组

(一) 绪论

党的十九大报告提出要全面实施乡村振兴战略,并在产业兴旺、生态宜居、乡村文明、治理有效、生活富裕五个方面提出了新的要求。那么,按照新的方针和目标对乡村人居环境治理的方法进行优化,在此基础上根据当地的实际情况提出提升策略是很有必要的。人居环境的建设和改善是人类社会发展过程中的一个永恒的主题,伴随着经济社会的发展,人们对人居环境的关注日益增强,而良好的人居环境能增强区域协调持续发展的能力。要将党中央关于建设社会主义新农村的战略部署贯彻下去,按照生产发展、生活富裕、乡风文明、村容整洁、管理民主的目标要求,进一步把乡村的整治工作进行下去,把村庄规划建设好,让农民的居住条件得到改善,让农村的面貌发生变化,营造出一个良好的人居环境。

乡村人居环境与村民生活质量息息相关,然而,由于城乡发展差异,乡村人居环境面临着公共设施建设无序、经济发展不足以及环境污染等诸多问题。这些问题已成为掣肘乡村可持续发展的重要原因。

(二) 调查对象概况

本研究以陕西省某某市宁某村作为调查对象,宁某村位于陕西省某某市眉县金某镇,区位示意如图10-15,全村总面积4.9平方公里,辖14个村民小组,共1 080户,4 150人。该村耕地面积6 900亩,其中主导产业猕猴桃种植面积6 500亩。先后荣获全国农村幸福社区示范村、全省基层党组织标准化建设示范村、省级文明村、全省"美丽乡村"文明家园建设示范村、全省"村务公开民主管理"示范村、全市"美丽乡村"试点村、市级"美丽乡村"示范村、全市民主法治示范村等荣誉称号。

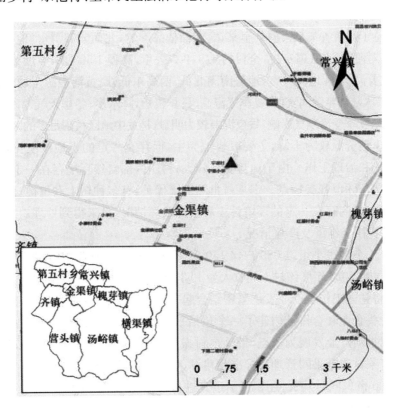

图10-15 宁某村区位图

(三) 问卷的设计与调查的实施

1. 问卷设计

本调查结合已有成果,从自然生态环境、村庄基本规模、乡村经济发展、乡村基础设施、社会服务系统五个方面对宁某村的人居环境进行调查。自然生态环境方面的调查内容包括高程、坡度、水资源、地质灾害等四项;村庄基本规模方面的调查内容包括乡村占地规模、乡村人口规模、乡村外出务工人员比例等三项;乡村经济发展方面的调查内容包括村集体经济收入、村民人均收入两项;乡村基础设施方面的调查内容包括垃圾无害化处理率、污水处理率、对外交通三项;社会服务系统方面的调查内容包括教育、医疗卫生、乡村文化、环保公厕覆盖度、商业设施便捷度五项调查内容。

2. 调查的实施

在对宁某村调查过程中调查人员对该村进行了为期 5 天的问卷调查,并通过村委会宣传、对村干部及部分村民进行访谈、问卷调查、记录并拍照等多种途径进行了全面的资料收集。本次调查对 383 户村民参与旅游就业的类型进行了调查,每户选取一人作为调查对象,调查的对象包括务工者、返乡创业者、务农者等,其中有效问卷 3 716 份,经计算问卷有效率为 96.90%,认为本次调查有效。

(四) 宁某村基本情况调查结果

1. 自然环境情况

宁某村位于陕西省某某市眉县金某镇,南面依靠秦岭,北面紧邻渭水,地处山前平原地区,交通相对便利,有县道穿过,全村约 4.9 平方公里,高程 1 500 米,坡度约 8 度,村庄临小溪,无主要河干,无地质灾害,地势南高北低、西高东低,属黄河中游川塬沟壑区。宁某村属暖温带大陆性半湿润气候,夏季气温高、昼长夜短、降水多;冬季天气寒冷且干燥,容易受寒潮影响;秋季受冷空气影响,昼夜温差较为明显,是关中地区秋雨最多的区域之一。

宁某村土地资源较为丰富,主要以耕地为主,但存在一定的土地沙漠化现象,需要加强土地保护和治理工作。由于地势高差较大,村庄内部自然环境存在一定的差异,不同区域的自然条件也各有特点。宁某村自然环境优美,有多种树木和植被,但近年来随着经济的发展,村内存在一定的环境污染和生态破坏情况,且未得到处理。

2. 宁某村社会经济及产业情况

全村有 14 个村民小组,1 080 户,4 150 人,有 6 900 亩的农业用田,其中有 6 500 亩用于种植猕猴桃,2020 年度该村人均收入为 19 370 元,外出人员务工比例约为 35%。

宁某村将党建工作与产业发展紧密结合起来,以猕猴桃产业为切入点,加强示范点建设,借助龙头企业和合作社构建了一个包括平台、企业、合作社和农户在内的产业联合体模式,以推动产业发展为重点,带动乡村振兴,实现共同致富。为提高产业质量并增加效益,宁某村注重果园管理和标准化建设,建成了国家级现代农业猕猴桃产业示范园,占地 3 000 亩。同时,该村还积极引进先进科技,并全力推动主导产业的转型升级,推广智慧农业技术,该技术覆盖面积达 310 亩。村集体年收益已达到 30 万元,成为全国乡村振兴产业综合服务示范村。

宁某村将村里 7.2 亩的空闲土地,以"党支部+合作社+公司+农户"的方式,建立了一个绿色健康的现代渔业示范园区,探索出了"在水桶中养鱼""在水面上种植蔬菜""在水桶底收集肥料"的"智慧养鱼"新模式,在村内推广养殖业,传授村民养殖技巧,带领全村村民共同走向致富的道路。

3. 宁某村乡村文化情况

宁某村是眉县的一个具有悠久历史的文化古村落,这里的风俗和文化非常淳朴。

自古以来，宁某村就十分重视教育，重视传承文化。现在，宁某村还建有一所农家书屋，该书屋有2 000多种各类图书和党报、科技资料，长期对村民开放，方便大家学习。除了学习，村里还重视文明建设，特别是精心打造了一条文明街道，将法律、文化、礼仪传统等内容系列呈现，街道上的展画达200多幅，让人们领略传统美德。为了照顾年长的村民们，宁某村还开设了"幸福院"，每天中午免费提供饭菜，并且在院内还有浴室、理发室、活动室等设施供村民享用。

另外，宁某村党支部在乡村环境整治问题上，一直坚持采用吸引群众参与、协调群众利益的方式，而不采取强制执行的方式。举例来说，党员会带头执行政策，在涉及村民利益的问题上确保程序公正，并及时化解行动过程中的矛盾和异议。正因如此，宁某村村民对党支部的做法从一开始的不理解甚至抵制转变为积极认可，因此，在这样的党支部的带领下，该村环境从脏乱差逐渐变得整洁。随着美丽乡村建设的深入推进，在相关资金的支持下，宁某村党支部将环境整治工作进一步拓展至文化领域。由于之前在环境整治方面积累了不少经验，在党支部的优化保障下，再加上全村动员、共同建设，宁某村的生活环境和文化环境都得到了明显改善。

4. 宁某村公共基础设施建设情况

宁某村进行了多项基础设施建设，包括修建排水沟、铺设管网、修建花坛；同时还建造了幼儿园和小学，但入学率仅为30%；此外还修建了村部活动室，但利用率小于50%；开了3家便利商店，服务半径介于500米到1 000米之间；栽植了超过10万株乔木和绿篱，美化了河营路的绿化景观。该村通过改造厕所达到优化居住环境的目的，共有816户村民享受到了项目的益处。村内还有一些服务行业，例如有餐馆、修车店等。随着城市化进程的加速推进，宁某村也逐渐发展出乡村旅游产业，吸引了大量游客前来游览和消费，全乡的建设成效不断提升，形象得到极大提高并持续保持稳定和良好的发展态势。

（五）调查结论

1. 宁某村人居环境适宜性评价

1) 宁某村人居环境适宜性评价指标体系

通过查阅有关适宜性乡村建设的相关文献资料，结合该村适宜性方面的自身情况，判断、分析、筛选出可用于本研究的评价指标，以构建宁某村人居环境适宜性评价指标体系，如表10-2所示，该体系共5个一级指标和17个二级指标。

表10-2 宁某村人居环境适宜性评价指标体系

一级指标	指标权重	二级指标	二级指标绝对权重	相对权重
自然生态环境要素	0.441 5	高程	0.102 2	0.045 1
		坡度	0.145 6	0.064 3
		水资源	0.533 9	0.235 7
		地质灾害	0.218 3	0.096 4

续表

一级指标	指标权重	二级指标	二级指标绝对权重	相对权重
村庄基本规模	0.053 1	乡村占地规模	0.593 2	0.031 5
		乡村人口规模	0.254 2	0.013 5
		乡村外出务工人员比例	0.161 5	0.008 1
乡村经济发展	0.257 6	村集体经济收入	0.334 6	0.086 2
		村民人均收入	0.665 4	0.171 4
乡村基础设施	0.156 3	垃圾无害化处理率	0.316 7	0.049 5
		污水处理率	0.408 8	0.063 9
		对外交通	0.274 4	0.042 9
乡村社会服务系统	0.091 5	教育	0.237 2	0.021 7
		医疗卫生	0.225 1	0.020 6
		乡村文化	0.333 3	0.030 5
		环保公厕覆盖度	0.119 1	0.010 9
		商业设施便捷度	0.085 2	0.007 8

2）宁某村人居环境适宜性评价结果

参考已有的人居环境适宜性评价指标评分标准，运用综合指数法，计算得出2020年宁某村人居环境适宜性得分，见表10-3。

表10-3 宁某村人居环境适宜性综合得分

年份	自然生态环境要素系统得分	村庄基本规模系统得分	乡村经济发展系统得分	乡村基础设施系统得分	乡村社会服务系统得分	适宜性综合得分
2020	1.479	0.080 1	0.772 8	0.214 5	0.198 4	2.744 8

宁某村人居环境适宜性得分区间为0~5分，由表10-3可知，宁某村人居环境适宜性综合得分为2.744 8，整体人居环境适宜性一般，为进一步提升宁某村人居环境适宜性等级，创建更加宜居、舒适的乡村生产、生活及生态环境，还需深入分析宁某村人居环境适宜性的影响因素。

2. 宁某村人居环境适宜性影响因素分析

1）自然生态环境因素

宁某村村庄高程整体在2 000米以下，坡度处于5~10度范围内，较适宜进行生产建设、房屋建设和基础设施改建，也方便人们日常生活；村庄临小溪，可基本保障农业用水需求和当地生态用水量，小溪还可为村庄未来水景设施改造提供资源基础；村庄无地质灾害隐患，生产生活环境安全性较高。

2）村庄基本规模因素

宁某村整体规模不大，乡村人口数量4 150人，人口规模适中，乡村外出务工人员人数有1 453人，比例占总人口35%，可见该村流出人口比例较高，空心化现象严重，乡村发展的人力资源不足,不利于乡村经济建设,同时乡村经济建设水平不高,也很难吸引外出人员返乡就业,迫于生活、学习、就业压力,外出务工人员数量可能还会继续增加,乡村人口规模会继续降低,可能会形成恶性循环。

3)乡村经济发展因素

宁某村年集体经济收入约30万元,总产值不高,村民人均收入19 370元/年,人均收入水平不高,村庄主要依靠传统的3个个体户发展种植业、养殖业获得经济收益,村内无中小型民营企业,无法创造更多就业岗位,难以带动村民致富,农忙时间外出人员暂时返乡进行农业耕作或收割,农闲时间基本依靠外出务工获得收入。

4)乡村基础设施因素

宁某村村庄内生产、生活垃圾均由农户自行处理,未采取统一的、集中的垃圾无害化处理方式;生活污水也由农户或养殖户随意排放,未建设集中的污水处理厂,可见宁某村基础设施建设严重不足;对外交通方面,宁某村村旁500米处有县道穿过,相比较而言,对外交通较为便利,为居民外出对外交流提供了便利。

5)乡村社会服务因素

宁某村村内有幼儿园和小学,但幼儿园和小学入学率不到30%,村内大多适龄学生随父母外出务工就近入学,村内学校学生数量较少,教师数量不足,整体教学水平不高,学校教学质量不高,难以满足年轻父母们的择校需求;村内有卫生院布点,但卫生院药品及设备不全,乡村医生只能满足群众一般疾病看病需求,难以诊治疑难杂症,同时卫生院也缺少护士及护工,医生经常身兼多职,看病效率也较低;村内有文化活动室,但活动室利用率小于50%,乡村村委很少组织村民开展文化娱乐活动,仅有的各类老年自乐班和舞蹈班也较少利用文化活动室空间,可见村集体管理人员社会服务水平较低,难以满足民众文化发展需求。

(六)宁某村人居环境提升策略

1. 维持自然生态环境

自然生态环境是村庄生产发展的基础。在村落形成与发展过程中,一般有其特定的自然环境,其结合了山、水、田、植物等多种自然元素。乡村有着独特的自然风光,应注重保留其美丽独特的自然风光,充分利用其地理环境条件,实现特色化、科学化规划设计,减少农村居住环境的营造难度,增加资源的利用率;加大河流利用率,保证村庄的可持续发展,推动人与自然和谐发展。宁某村的生态环境较好,但是在旅游业的发展过程中,也需要注重生态环境保护,防止过度开发对生态环境造成破坏。同时,也需要注重环境治理和污染治理,确保环境质量的持续改善。

2. 合理改变村庄基本规模

村庄基础规模是其发展的内在驱动力,规模大、人口多的农村,其发展速度一般会较快,居民的生活水平就会不断提升。建议对村庄布局进行优化,对于居民点分布零散的村庄,可以采取有偿退出宅基地、异地置换等方法,来改变传统农村零散分布的现状。同时,还需要加大财政支持力度,对村庄的重要景观进行整治,挖掘村庄的文化内涵,从而打造出一个宜居宜游的村庄人居环境,真正提高宁某村人居环境建设的内生动力。

3. 促进乡村经济发展

经济条件是提高村民人居环境适宜性的基础。宁某村地处自然风光优美的区域,可以通过开发农家乐、采摘、观光等旅游项目,吸引更多游客前来,带动当地经济发展,提高居民收入。同时,宁某村还可以依托当地资源和人力拓展非农业领域,如手工艺、农村电商等,为村民提供更多就业机会和增收渠道。此外,宁某村可以通过优惠政策和扶持资金支持小微企业和创新创业,培育农村新型经济主体,为村民创造更多就业机会。宁某村要发挥已有资源优势,发掘潜能,多渠道发展集体经济。在发展集体经济的过程中,不能复制其他地方的发展模式,要根据当地的实际情况,宜工则工,宜农则农,宜商则商,将第一、二、三产业进行合理的布局,为集体经济的发展注入新的活力。

以上经济发展方面的策略,可以促进宁某村经济的发展和居民收入的提高,从而为宁某村的人居环境提升打下坚实基础。

4. 科学规划村庄基础设施

基础设施是支撑乡村发展的重要基础,根据现状及评价结果得知,宁某村需要注重提高基础设施的覆盖面和服务质量,确保村民的生活便利和安全,为更好地为新时代下的农村发展提供服务。宁某村基础设施建设应进一步加强,要立足于已有的现状,对一些基础设施进行补充,构建一个综合性基础设施系统,并对基层的职责进行明确,提高系统的建设质量与水平。与此同时,还应当对外部基础设施进行相应的完善,例如,要强化乡村外部交通,促进城乡间的生产要素流动,疏通主干通道,改善乡村的交通状况;另一方面,还应该加大对农村污水处理设施、垃圾处理设施的建设力度,让农村的基础设施覆盖率得到提高,构建出一套长效的基础设施管护机制,从而对农村的生活条件进行改善,让农村的人居环境质量得到提升。

5. 提高乡村社会服务水平

农村的公共服务水平在某种意义上决定着农村的社会发展水平,城乡之间的差异会在现实层次上反映出来,其本质就是农村公共服务的差异。目前,我国农村公共服务设施建设存在着供给主体单一、资源配置效率低下、资金投入不足、忽视了农村的差异等问题。构建一个与新时期乡村社会发展相适应的乡村公共服务体系,从而对乡村社会的服务能力进行提升,这不仅是一项符合农村社会内在要求的惠民举措,同时也是一项提升乡村治理能力的必要选择。

宁某村应健全社会服务设施,提高教育质量,推动教育的发展;要健全医疗卫生所,配备更多优质资源,提升服务水平,为村民提供更加优质的医疗服务;要重视乡村文化,扩建文化室,定期举办文化汇演,增加村民的积极性,把村子置办得更加鲜活;要建设商业设施,便捷村民的生活,增加环保公厕数量,倡导使用环保公厕,共同保护环境。同时政府应该充分发挥自己的主导作用,构建和完善农村的社会公共服务体系,以村庄的发展规模、自身特色、人口数量等为基础,对农村的公共服务设施进行配套和完善,最终使农村的公共服务均等化覆盖,提高农村的人居环境。

宁某村人居环境适应性调查表如表10-4所示。

表 10-4 宁某村人居环境适应性调查表

类别	指标	评分标准
自然生态环境要素	高程	1. 村庄高程范围处于2 000~2 500米之间,5分;2. 村庄高程位于2 500~3 000米,4分;3. 村庄高程位于3 000~3 500米,3分;4. 村庄高程位于3 500~4 000米,2分;5. 村庄高程位于4 000~4 500米,1分
	坡度	1. 乡村范围内坡度基本在5度以下,5分;2. 乡村范围内坡度基本处于5~10度范围内,4分;3. 乡村范围内坡度基本处于11~20度范围内,3分;4. 乡村范围内坡度基本处于20度以上,2分
	水资源	1. 村庄临河流主流,5分;2. 村庄临河流支流,4分;3. 村庄临小溪,3分;4. 村庄无河流,2分
	地质灾害	1. 村庄无地质灾害隐患,3分;2. 村庄有地质灾害隐患,1分
村庄基本规模	乡村占地规模	1. 乡村占地规模大于15平方千米,5分;2. 乡村占地规模处于5~15平方千米区间范围内,3分;3. 乡村占地规模小于5平方千米,1分
	乡村人口规模	1. 户籍人口规模大于5 000人,5分;2. 户籍人口规模处于3 000~5 000人范围内,3分;3. 户籍人口规模低于3 000人,1分
	乡村外出务工人员比例	1. 外出务工人口比例低于15%,5分;2. 外出务工人口比例高于15%低于30%,3分;3. 外出务工人口比例高于30%,1分
乡村经济发展	村集体经济收入	1. 乡村集体收入在50万元以上,5分;2. 乡村集体收入低于50万元但高于30万元,3分;3. 乡村集体收入低于30万元,1分
	村民人均收入	1. 村民人均收入高于50 000元/年,5分;2. 村民人均收入低于50 000元/年,但高于10 000元/年,3分;3. 村民人均收入低于10 000元/年,1分
乡村基础设施	垃圾无害化处理率	1. 村庄垃圾无害化处理,5分;2. 村庄垃圾收集集中处理,3分;3. 村庄垃圾无处理,0分
	生活污水处理率	1. 生活污水达标处理,5分;2. 生活污水集中处理,3分;3. 生活污水不处理,0分
	对外交通	1. 乡村内有县道穿过,5分;2. 乡村内无县道穿过,0分
乡村社会服务系统	教育	1. 乡村内幼儿园和小学入学率超过80%,5分;2. 乡村内幼儿园和小学入学率小于80%但大于50%,3分;3. 乡村内幼儿园和小学入学率小于50%,1分;4. 乡村内无幼儿园和小学,0分
	医疗卫生	1. 乡村内有卫生院布点且药品及设备齐全,5分;2. 乡村内有卫生院布点,但药品及设备不全,3分;3. 乡村内无卫生院布点,0分
	乡村文化	1. 乡村内有文化活动室,且活动室利用率超过50%,5分;2. 乡村内有文化活动室,但活动室利用率小于50%,3分;3. 乡村内无文化活动室,0分
	环保公厕覆盖度	1. 乡村内有环保公厕,且公厕服务半径小于1 000米,5分;2. 乡村内有环保公厕,公厕服务半径大于1 000米小于3 000米,3分;3. 乡村无环保公厕,0分
	商业设施使用便捷度	1. 村庄有便民商店,且商店服务半径小于500米,5分;2. 村庄有便民商店,商店服务半径大于500米小于1 000米,3分;3. 村庄无便民商店,0分

三、农村社区生态安全调查

某市上某村新型农村社区生态安全评价调研报告
×××调查组

(一) 绪论

2018年2月4日,国务院公布了2018年中央一号文件,即《中共中央国务院关于实施乡村振兴战略的意见》,意见指出要坚持农业农村优先发展,按照产业兴旺、生态宜居、乡风文明、治理有效、生活富裕的总要求,统筹推进农村经济建设、社会建设和生态文明建设,要加快推进乡村治理体系和治理能力现代化,让农村成为安居乐业的美丽家园。实施乡村振兴战略,既要有效增加乡村居民的经济收入、提升他们的生活质量,也要站在人与自然和谐共生的高度保护乡村生态环境,构建可持续生态化的乡村发展格局,促进农业农村生态化发展。在此背景之下,新型农村社区作为统筹城乡发展、美丽乡村建设、乡村振兴战略等多重战略驱动下催生的农民生产、生活新兴载体,其生态安全事关农户生产、生活水平提升,农村生态环境优化等多个方面,也是推进新农村建设和生态文明建设的主要抓手,党的十九大也明确提出建设"生态宜居、和谐美丽乡村"的奋斗目标,并对农村社区生态安全提出了更高的要求。

新型农村社区,既不同于传统的村落村庄,也不同于既有的城市社区,而是在政府规划主导下,以缩小城乡差异,优化产业结构,改善生产、生活、生态环境,提高生存质量为目标,以农民为主体构成,包含多种经济、社会关系的现代化农村社会生活共同体和新型居住区。生态安全是指生态系统的健康和完整情况,即指自然和人工生态系统中,生物与环境相互作用下不会对个体(包括动物、植物、微生物)及系统(包括水资源、空气、土壤、生物等系统)产生威胁的保障程度,本质是实现生态系统健康、可持续发展与满足人类需求。

新型农村社区生态安全则是指在一定时空尺度内,新型农村社区生态系统在各要素相互作用下,既能维持系统自身正常、可持续运转,又能满足各要素对生态、经济、社会等方面的发展需求的状态。

调研新型农村生态安全现状,分析新型农村生态安全影响因素,建立城市生态安全的衡量指标体系,不仅是研究的需要,更是现实掌握新型农村生态安全信息动态、建立预警机制、发动民众、克服障碍、具体实施新型农村生态安全规划的需要。

(二) 调查对象概况

本研究调查对象为长某区上某村,上某村隶属于陕西省某市长某区某镇街道,位于秦岭青华山下,北有省道107环山公路擦肩而过,西临210国道,人口596人。上某村地理位置非常优越,交通十分便利。整个村庄宅基地与耕地地形平坦,农作物与果树种植地沿秦岭山脚向南为坡地。上某村共有3个村民小组,163户,总人口数596人,耕地面积320亩,宅基占地100亩,果树种植占地400亩。本村适龄劳动力350人,其中

90%从事农家乐产业,外来劳动力约 100 人。2019 年该村农业总产值为 280 万元,农家乐产业创值 600 万元,人均年纯收入 8 000 元。

(三) 问卷的设计与调查的实施

1. 问卷设计

参考已有的关于新型农村社区生态安全的研究成果,本研究将新型农村社区生态安全分为自然、经济、社会安全三个方面。自然方面指新型农村发展的自然资源条件,包括气候、地形、土壤、水文、物种等方面的调查内容;经济方面指新型农村产业经济发展方面的内容,包括产业技术、工业产值、恩格尔系数、人均 GDP、农药及化肥使用情况等调查内容;社会方面指影响新农村社会事业建设发展的各项因素,包括人口、政策法规、管理水平等调查内容。

2. 调查的实施

在上某村调查过程中调查人员对该村进行了为期 5 天的问卷调查,通过村委会宣传、对村干部及部分村民进行访谈、问卷调查、记录并拍照等多种途径进行了全面的资料收集。本次调查对 213 户村民进行了调查,每户选取一人作为调查对象,调查的对象包括务工者、返乡创业者、务农者等,其中有效问卷 192 份,经计算有效率为 90.1%,认为本次调查有效。

(四) 调查结果

1. 自然资源条件调查结果

1) 农村地区生活用水存在不同程度的污染

本次调查中有 75.84% 的被访者表示当地农村地区生活用水存在不同程度的污染。仅有 17.17% 的被访者表示当地生活用水无污染。

2) 农村污水治理效果待提高

本次调查中不足三成的被访者表示污水治理效果好或较好,有 8.08% 的被访者表示水体非常干净,32.83% 的被访者表示当地水体比较干净。

3) 生活污水排放较为分散

对于该村是否缺乏能有效处理生活污水的方式,仅有不到 10% 的被访者表示村里会集中收集生活污水,村民更多的是选择将污水排入明沟暗渠或水体(占比 49.60%)与直接泼洒在院落周边(38.62%)的方式。

4) 农膜回收利用率低

在使用过农膜的被访者中,有 56.60% 的被访者表示无人回收农膜,75.32% 的被访者会将农膜"直接丢弃在地里"或"扔到垃圾箱里"。33.15% 的被访者表示农膜对于环境影响较大或很大,其他人还未充分认识到废弃农膜对土壤的污染危害。

5) 秸秆焚烧现象仍存在

随着国家对环境保护与空气质量的重视,农村地区焚烧秸秆的情况得到了很大改善,多数村民会选择用秸秆饲养牲畜或还田做肥料的处理方式。32.04% 的被访者表示从未见到焚烧秸秆的情况,52.79% 的被访者表示会偶尔见到焚烧秸秆的情况,15.17%

的被访者表示能经常见到焚烧秸秆的情况。

6）禽畜养殖污染较重

本次调查中有34.13%的被访者表示本村禽畜养殖粪污对于环境的影响较大或者很大。39.13%的被访者表示禽畜粪污对本村环境没有影响或影响较小。

7）生活垃圾日常清运及时，但垃圾乱丢现象发生较为频繁

51.80%的被访者表示村内生活垃圾存放点垃圾清理比较及时或很及时，但仍然存在随意丢弃生活垃圾、任意排放禽畜污水现象。57.09%的被访者表示在村内偶尔见到生活垃圾随意丢弃的现象，33.83%的被访者表示在村内经常见到生活垃圾随意丢弃的现象。

2. 经济发展情况调查结果

上某村利用良好的自然条件和交通条件，自2003年开始抓住旅游业的发展机遇，鼓励和引导村民开办农家乐，将农家乐作为主导产业，通过编制产业规划、制定帮扶政策、开展技术培养等措施做强做大农家乐产业，已形成一定规模。农家乐经营户达到98家，约占总户数60%，2019年以经营农家乐为主的第三产业创值600万元，经济增长率达100%。经营农家乐已经成为农民经济收入的主要来源。除从事农家乐经营的人员之外，其余农户的经济来源基本为外出打工及果树种植业。在农业产业领域，主要以多种优质果树品种种植为特色，

3. 社会事业发展调查结果

上某村道路已全部硬化，硬化长度共2 075米。道路排水系统完善，道路两侧安装了44盏高亮路灯。"三改"全部完成，电视与有线入户率均达100%。为方便游客，该村修建了3 500平方米的停车场和一个高级公厕。另外，为打造上某村农家乐形象，该村耗资28万修建了一座具有代表性的门楼，并利用秦岭自然水势修建了长1 500米的景观型阶梯水渠，该水渠具有排水与观赏的双重作用。村委会组织了治安巡逻队，可保证旅游高峰期治安良好、秩序稳定，使游客的人身安全和财产安全得到保障。

（五）调查结论

1. 新型农村社区生态安全影响因素分析

1）农户因素

经实地调查发现，上某村中虽已建成并安装了天然气管道，但农户仍然沿用传统的做饭方式；农村社区虽有清洁工集中收集清理垃圾，但村民依然就近向河道沟渠倾倒垃圾；道路两旁虽增添了绿植，但除农田庄家外，绿化覆盖率仍较低；此外，农户依然有占用公共空间进行家禽养殖、蔬菜种植等现象。经实地访谈交流发现，农户在短时间内难以彻底改变长期以来形成的传统村落生产生活方式，大多数农户还是坚持原来的做饭模式；在传统节俭节约思想指导下，人们依然希望利用公共空地进行种植养殖活动；由于农户整体公共卫生环境意识有待提高，导致环境状况较差。

2）政府因素

经调研与访谈发现，上某村在政府投资、个人投资、国家扶贫等各级各类帮扶振兴措施下虽已建立了花果苗圃、个体经营、农家旅游等项目，但整体经济收益不达标，有的

项目形同虚设,难以保障农户基本开支。调查结果表明,农村社区组织管理者更关心自身政绩提升、政府的主导地位巩固等政治问题,对社区农户关心的可持续生产及生活需求关注较少,新型农村社区经济与城市社区经济差异仍然存在。

3) 社会组织因素

实地探访与问卷调查结果显示,上某村组织机构虽对社区生产、生活、环境工作进行了相应的维护改善,但在提升社区形象、完善基础设施配置和提高公共服务水平和效率方面依然落后。调查显示,农村社区工作者普遍收入较低,难以激发其积极工作的热情,导致工作效率较低,加之政府未及时对其进行业务培训,导致其工作能力较弱,支援社区管理力度不大。

2. 新型农村社区生态安全评价

1) 指标体系构建

本案例在国内相关部委已颁布的评价指标和国家标准等文献基础上,依据科学性、整体性、针对性及公众参与原则选取 DPSIR 模型(驱动力—压力—状态—影响—响应模型,一种基于因果关系组织信息及相关指数的框架,能准确反映人类活动及环境间的相互作用,诠释生态安全形成机制),基于区域生态安全的关键性影响因素,构建一套面向西安地区的新型农村社区的生态安全评价指标体系,如表 10-5 所示。

表 10-5 新型农村社区生态安全评价指标体系

目标层	子目标层	指标	指标含义
新型农村社区生态安全评价指标体系	驱动力	农户生活需求	弱＝1;一般＝2;强＝3
		农户生产需求	弱＝1;一般＝2;强＝3
		政府政治需求	弱＝1;一般＝2;强＝3
		社会组织经济需求	弱＝1;一般＝2;强＝3
	压力	人均生活垃圾排放量	人均生活垃圾排放量(千克/天)
		公共空间利用方式	公共空间利用方式(养殖种植＝1;晾晒物品＝2;娱乐锻炼＝3)
		政府组织培训职业技能次数	政府组织工作人员参与培训职业技能次数(次/年)
		政府生态卫生宣传次数	政府对农民进行生态知识宣传次数(次/年)
	状态	绿化覆盖率	植被面积占社区总面积(%)
		垃圾集中处理率	垃圾集中无害化处理与总垃圾量比值(%)
		基础服务设施密度	各类服务设施占社区总面积(%)
	影响	社区宜居度	新型农村社区宜居度(%)
		农户满意度	农户对社区生产生活功能满意程度(%)
	响应	农户对社区环境的维护	弱＝1;一般＝2;强＝3
		政府对绿化工作的投入	弱＝1;一般＝2;强＝3
		政府对环卫工作的投入	弱＝1;一般＝2;强＝3
		政府对服务设施工作的投入	弱＝1;一般＝2;强＝3
		社会组织对社区环境的维护	弱＝1;一般＝2;强＝3
		社会组织对服务设施的维护	弱＝1;一般＝2;强＝3

2) 新型农村社区生态安全评价

(1) 选取评价模型:基于新型农村社区中存在生态系统可持续发展目标与客观条件不一致的矛盾问题,研究采用物元分析法构建生态安全评价物元模型(包括确定新型农村社区生态安全物元、生态安全节域、待评物元、物元关联度、评价质量等级);

(2) 评价程序:通过专家打分法确定指标权重;并进行生态安全等级确定(共有不安全、较不安全、临界安全、较安全、安全五个等级)。

(3) 评价结果:运用新型农村社区生态安全评价指标体系对上某村进行分析测算,结果显示 2019 年上某村新型农村社区生态安全处于"临界安全"等级,且具有向"较不安全"等级转换趋势,社区生态安全水平较低。

(六) 新型农村社区生态安全调控对策

针对西安农村地区生态安全现状,从降低生态安全压力、改善城市生态状况、改善法律措施和提高公民环境保护意识角度提出新型农村社区生态安全建设调控对策与建议。

1. 政府方面

各级政府应尽快制定生态安全建设制度,提出具体整改措施,进一步推进落实农村社区清洁生产工作,加大清洁能源使用优惠力度,引导农户充分利用已有的天然气设施,改善农村社区空气质量;投资兴建社区垃圾处理站,避免垃圾随意倾倒污染水体、土壤;进一步改善农村街道绿化景观,改变农村社区风貌;加大生态环境、卫生安全内容培训宣传力度,进一步提升居民生态安全意识,为新型农村社区生态安全建设提供制度保障。

2. 社会组织方面

社区为社会组织(社区个体户、经济单位)提供了运营场所和各类基础服务设施来保障其正常运营,因此社区组织应肩负起自身的社会责任,积极学习先进的经营管理理念、技术、方法,努力提高经营利润,自觉维护好公共服务配套设施,积极缴纳税费,并配合社区进行社区形象改善及安全管理工作,为新型农村社区生态安全建设提供资金支持。

3. 农户方面

农户应积极参加政府组织的各类生态安全讲座与培训活动,自觉增强生态意识,改变传统落后的生活模式,学习使用清洁能源,改变粗放式的生产方式,积极参与社区集体集约生产活动,树立良好的主人翁意识,自觉维护社区基础服务设施,为新型农村社区生态安全建设提供主体保障。

表 10-6 是新型农村社区生态安全评价研究调查表。

表 10-6 新型农村社区生态安全评价研究调查表

序号	生态安全评价指标	单位	内容	备注
1	人均 GDP X1	元/人		
2	城镇化率 X2	%		
3	恩格尔系数 X3	%		
4	人口自然增长率 X4	‰		
5	万元 GDP 水耗 X5	米^3/万元		

续表

序号	生态安全评价指标	单位	内容	备注
6	化肥施用强度 X6	千克/公顷		
7	农药施用强度 X7	千克/公顷		
8	单位工业产值废水排放量 X8	吨/万元		
9	生活污水排放量 X9	吨/人		
10	年平均降水 X10	毫米		
11	年平均气温 X11	摄氏度		
12	干旱指数 X12	/		
13	人均水资源量 X13	米^3/人		
14	水质状况指数 X14	/		
15	水土流失率 X15	%		
16	物种多样性 X16	%		
17	水源稳定状况 X17	%		
18	物质生产 X18	%		
19	湿地面积退化率 X19	%		
20	湿地水资源开发利用率 X20	%		
21	污水处理率 X21	%		
22	工业废水排放达标率 X22	%		
23	用水普及率 X23	%		
24	物质生活指数 X24	元		
25	环保投资指数 X25	%		
26	政策法规实施力度 X26	%		
27	湿地管理水平 X27	%		

课后练习

1. 乡村人居环境调查内容有哪些?
2. 乡村人居环境数据获取途径是什么?
3. 请依据乡村人居环境调查问卷表(示例)完成某个村庄的人居环境调查工作。
4. 编制一份乡村人居环境调查报告。

第十一章 乡村民俗与文化调查

第一节 乡村民俗与文化调查基础知识

一、乡村民俗与文化内涵

乡村民俗是民间文化中带有集体性、传承性和模式性的现象,其主体部分形成于过去,而流传于现实生活中。乡村民俗主要由物化民俗、制度民俗和精神民俗构成。物化民俗是指当地人们模式化了的物质产品和创造方式,如饮食、服饰、住宅、特产、田园、牧场及生产交通工具等;制度民俗是当地社会组织体制和运作方式,对个人参与社会活动具有规范性意义,如婚丧民俗、节庆民俗、礼仪民俗等;精神民俗主要是当地集体性意识形态,如道德观、伦理观等心理习惯和语言习惯、民间文学等。

乡村文化是乡民在农业生产与生活实践中逐步形成并发展起来的道德情感、社会心理、风俗习惯、是非标准、行为方式、理想追求等,表现为民俗民风、物质生活与行动章法等,它以言传身教、潜移默化的方式影响人们,反映了乡民的处事原则、人生理想以及对社会的认知模式等,是乡民生活的主要组成部分,也是乡民赖以生存的精神依托和意义所在。

二、乡村民俗与文化调查目的

乡村民俗与文化是传统文化传承和发展的根本,是中华传统文化的精神命脉。了解乡村民俗、传统文化及特色,传承良好的民俗文化精神,重新认识优秀的民俗文化资源价值,有助于融入乡村社会经济产业链,进一步凝聚民心、教化民众,催生乡村文明,推动乡村和谐发展,为乡村振兴提供不竭动力。

三、调查内容

(1) 精美的民间工艺,如陶瓷、编织、笔、墨、纸、砚。
(2) 民间艺术,如戏剧、剪纸、美术、音乐等。
(3) 风俗习惯,如衣、食、住、行、节日、婚丧、嫁娶等。
(4) 民间文学,如谜语、绕口令、故事、笑话、传说等。
(5) 民间建筑、名胜古迹、方言土语、名人逸事等。
(6) 文化思想。一方面指文化思想派别,如儒家、道家、法家等,另一方面指文化活动阵地,如综合文化服务中心、党群服务中心、文化广场、演艺舞台、文化站、多功能活动厅、农家书屋、新时代文明实践中心等。

四、数据获取方式

通过采访式调查、查文献资料等方式获取民俗与文化信息。

五、调查结果用途

调研乡村民俗文化主体意识、乡村民俗文化建设主体、乡村民俗文化建设体制,可为建设特色乡村提供基础,为乡村振兴的可持续发展提供源源不断的文化支撑、智力支持和精神动力。

第二节 乡村民俗调查示例

一、传统民俗文化调研(1)

关于陇某县传统民俗文化社火的调研
×××调查组

(一) 前言

乡村振兴是中国政府长期以来的战略目标,旨在促进农村经济的持续发展、社会的和谐进步以及生态环境的改善,实现乡村全面振兴的战略目标。在乡村振兴的进程中,除了经济和社会建设外,文化作为乡村的灵魂和独特的精神财富,不仅可以增强乡村居民的归属感和认同感,还可以促进乡村居民对当地文化的热爱和自豪感,乡村居民对当地文化的认可和传承可以促进自身的文化创造力和创新精神的发展,为乡村振兴战略的全面实施提供坚实支撑。陕西省某某市陇某县社火有固定脸谱、服饰、道具和表演时间,是群众性的传统民俗文化艺术娱乐活动,已从民间趋吉避凶的社祀方式逐渐演变成了迎春贺年的娱乐活动,可谓集传统艺术之大成,融民族精华于一体。陇某县当前具有以"人文历史"与"自然观光"为主基调的乡村旅游格局,为了助力乡村振兴政策的进一步实施,该县借助国家全民健身的号召,从体育的基础功能出发,提出社火民俗体育旅游资源的开发路径,这既可以丰富陇某县当地乡村旅游的形式与内涵,又可以促进陇某县乡村旅游产业的多元化发展。要引导村民树立正确的精神文化生活观念,改良村民生活习惯,促进村民强身健体,从而培育乡村体育文化氛围,以实现增强乡村凝聚力,增强农民社会适应力的目的。

（二）陇某县社火概况

陕西省某某市陇某县，因陇山而得名。陇某县在传承发展的过程中形成了其独特的地域文化，其中尤以陇某县社火为最。社火的起源最早可以追溯到秦汉时期，迄今已有2 200余年，盛于宋、明、清时代，历史的积淀赋予了它浓厚的文化底蕴。据《陇某县旧志》记载，早在秦汉时期，陇某县民间就有"百戏"游演活动。作为陇某县当地极具特色的民俗体育活动，陇某县社火自诞生以来始终热度不减，对于两千年前陇某县社火热闹景象的描述，我们仍可从"每以正月望夜，充街塞陌，聚戏明游。鸣鼓聒天，燎炬照地"的记载中窥见一斑。作为传承千年的传统民俗，时代给社火刻上了种种惊艳的印记，同时也造就了其表演形式丰富多样的特点，从"村翁歌贺社，演戏成风，耍社火、扮院本、唱西调、演杂剧盛行"的记载中就可看出其精彩绝伦。

近年来，陇某县社火被广泛传承并不断发扬。2003年，陇某县被陕西省命名为"民间社火之乡"。2007年，陇某县社火成功入选第一批陕西省非物质文化遗产保护名录。2010年上海世博会，陇某县"木锨疙瘩"社火脸谱在上海世博园A片区陕西馆内展出。2013年，陇某县举办"中国首届社火艺术节"，被中国民间艺术协会授予"中国社火文化之乡"荣誉称号。2017年，中国民间艺术协会正式授予陇某县"中国社火艺术之乡"荣誉称号。2018年，由陇某县社火为故事蓝本创作的电影《秦火》上映，该电影斩获国内外多项大奖。2019年，陇某县社火亮相北京世界园艺博览会。目前，陇某县可独立组织成立"社火会"（社火表演组织）的自然村共计104个；2011年，陇某县先后成立县级组织"陇某县社火协会"1个，"传习所"3所（所涉领域分别为脸谱、社火和小调）。同时，为了保持并促进社火联动旅游、就业、文化等产业发展的良好态势，陇某县设立了县文化馆。

（三）调查时间、方法、对象

1. 调查时间

本次实地调研活动时间为2023年2月4日至2月6日，共3天。

2. 调查方法

1）文献法

分别以"陇某县社火""社火民宿""民俗体育"等为关键词在中国知网（CNKI学术）、万方数据知识服务平台、维普数据、中国科技论文在线、百度学术、PLOS公共科学图书馆、世界数字图书馆、中国国家数字图书馆、中国科学文献服务系统等文献检索网站进行查询、阅读及整理。

2）访谈法和网络法

在对陇某县社火有较为全面的前期准备的基础上，制定出较为全面的访谈提纲，结合当地实际情况和管理政策，分别采用线下走访陕西省某某市陇某县上某泉村、刘某咀村等若干村落村民、社火会负责人和社火演员等相关人员和线上采访陇某县社火协会成员刘先生的方式进行调研。调研过程中深刻交流探讨了陇某县社火的发展现状，了解到目前发展的一些困境，从而更深层次地了解陇某县社火民俗。

通过网络视频资料深入了解陇某县社火民俗,主要包括当地表演视频、陇某县文化馆节目及其他表演性节目视频、新闻报道及对传承人采访的视频等。

3) 实地观察法

本次调查实地观察了陇某县社火表演,并通过陇某县县文化馆的陇某县社火专栏搜集了各种类型的演出信息。调查人员还前往了陇某县社火文化广场,以获得当地居民的生活习惯、幸福度等相关信息。该广场依托社火民俗,以"光芒四射,璀璨明珠"为主题,为广大居民提供健身运动的理想线路,为社火民俗表演提供场所,是居民生活的重要场所。

3. 调查对象

本次实地调查的主要对象为上某泉村、刘某咀村、小某村和马某村等村落,调查人员拜访了当地威望较高的老人、负责社火相关事宜的村民和几位参加过社火表演的青少年,记录了调查对象的年龄、负责事项、职业及其对陇某县社火的渊源的了解等方面的信息。

(四) 调查内容

1. 社火表演题材

社火表演时有锣鼓队和社火队,有时也会加入一些秧歌的表演,其中社火分为很多种形式,比如车社火、马社火、地台社火、高芯社火、背社火、血社火等主题各异的表演形式共计有30余种。地社火曲、词有着民间艺术的综合特征。一般来说,马社火、车社火、高芯社会、高跷社会、挈社火等多为仙佛精道、神头鬼面;忠臣烈士、披袍秉笏;逐臣孤子、悲欢离合;钗刀赶棒、叱奸骂谗等。

社火内容多取材于神话、传说和历史演义,也有上古祭祀舞、傩舞及求吉庆、颂政通人和、宣传经济发展等内容。近年来的社火表演多以车社火为主,有时候也因地制宜,比如景区内可供表演的地方不大,则以地台社火为主。

2. 社火表演经费

陇某县属于山区县,虽然经济发展并不是很快,但是民风淳朴,村民们在社火表演过程中大多有着约定俗成的所负责的主要事物,比如筹集资金、后勤保障、人员调配、化妆等工作基本上每年都是固定的人在负责。

大多数道具都是村民用手边现有的木材和布料等自己制作的,道具一般没有统一的标准,更多的情况下是根据手边材料决定其规格。以前的服饰有很多都是当地裁缝手工制作的,现在更多的都是购买成衣了。更新道具和服饰没有固定的周期,一般都是坏了就换,或者是某一年集资到的钱比较多就会统一换掉一些不太好用的道具和服饰。

陇某县社火组织大多以自然村为单位,有超过230多家社火会,举办一次社火表演大约需要1 000~2 000元,多为群众自发组织,自愿投资,全社会广泛参与。社火表演的经费也可能是与村上庙里的香火钱联系起来的,每年到了社火表演时会有人负责收集整理集资得来的钱款,再由庙上牵头举办。一场表演大约需要20多名演员,还有5~6人负责其他工作,如果是车社火的话需要10多辆三轮车作为彩车参演。每个社火会都有 2～3 名精通社火装扮技艺的匠人。每年除过春节期间的表演外演员们还会前往关山草原的景区表演，为景区吸引游客。有时他们会作为陇某县特有的民俗活动代表前往某某市进行交流演出。演员的收入不是很固定，一般取决于集资的多少，表演前集资到的钱除去一些必要的开销之外，剩余的一般会分给演员，演员表演一次的收入约为 50～100 元。根据调查可知不论道具、服饰，还是演员的演出费用，可用的经费都非常有限。

3. 社火表演人员

当地的社火队伍大多以自然村为单位组建，陇某县可独立组织社火表演的村落共计 104 个。2011 年前后，陇某县成立了县级组织"陇某县社火协会"1 个，"传习所"3 所（分别为社火脸谱、陇某县社火和陇某县小调）。每个自然村所组建的社火队伍中大约有 2～3 人掌握社火装扮的技术，大多是村里比较有威望的老人。最近几年表演的车社火、血社火一般不需要非常高的专业技能，演员基本上以村内年轻人为主。除组织人员外，演员的平均年龄需要在 18～35 岁，有时候需要装扮的人物是小孩子，也需要 12 岁左右或更小的演员。演员多为临时组织的，经验不足，整个表演过程需要有经验的年长者指导和培训。

因为社火表演的收入并不高，难以支持大多数人的生活，所以专门从事社火表演的人比较少，在社火表演的时间以外，大多数人还是在务农，还有部分人会外出打工。社火是一个比较传统的项目，现在的年轻人大多都对这个不感兴趣，这几年学习了解社火民俗的人大多数都是 50 岁以上年纪的人。虽然最近几年从事社火脸谱绘制的人数有所增加，但专门学习社火这门手艺的人并不多。

4. 社火表演宣传与管理

村落间的表演主要集中在春节期间，村落间互相下请帖邀请社火队伍前来演出，平均每个村子的社火队伍能表演 2～3 场。社火表演有一个送福的讲究，就是社火队伍要转遍村子的每一户人家，为每户人家祈福驱邪，有的村子比较大，一天转不完就可能会表演两天。最近几年社火表演跟关山草原等自然景区以及山水庄园等农家乐园相结合，平时表演的次数大大增加，但也不固定，除春节以外的表演时间都比较短，一场表演大约在 2～3 小时左右。

陇某县每年基本都组织比赛，但是要根据具体情况确定比赛规模大小。比赛一般由陇某县社火协会牵头主办，协会给县里部分队伍发出请帖，邀请他们来社火文化广场参加比赛。陇某县地区的社火表演大同小异，比赛主要从社火表演的规模、服装、化妆、道具和所装扮的人物等多方面综合评比。

前些年社火表演的宣传主要是以村口张贴大字报和村委会广播宣传为主，近些年随着自媒体的发展，社火表演宣传的主要方式逐渐向抖音、微信公众号，以及县文化馆官网等网络宣传转移。每年春节观看社火表演的游客很多，有时候基本的通勤都没法保障，为了维持秩序，一般都会封闭表演经过的道路以保持秩序。景区表演有淡旺季，人流不固定。游客基本以陇某县当地人为主，也有很多来自某某市各县区和西安的游客，从陕西省其他市来的游客较少，省外游客就更少。陇某县社火只在宝鸡地区比较知名，站在全省乃至全国的角度来看，陇某县社火的知名度并不高。

5. 社火表演相关政策

从乡村振兴战略提出以来，陇某县社火是陇某县实现文化振兴的一大重要项目，政府比较重视社火脸谱的保护和传承。陇某县设立了一个社火脸谱传习所，社火脸谱传习所同时与学校进行合作，开展"非遗进课堂——我是小小社火传承人"等活动，让社火脸谱走进学校，希望从小培养孩子们对这一非物质文化遗产的兴趣。陇某县曾多次举办"文旅中国"、陇某县"慢火车里年味浓"等活动，通过多种途径将社火融入生活，让更多的人去了解、学习它。社火丰富了陇某县群众文化活动，开辟了文化自信和文化繁荣的美好局面，传承发展了民间艺术，激发了全县群众决胜脱贫的精神士气。在当地政府牵头和引领下，社火虽有很大的发展，但由于社火脸谱是纯手工制品，精通这项技艺的人并不多，社火脸谱目前盈利情况并不乐观。目前的政策虽大大提高了社火出演次数，让大量观众不止在春节期间才能看到社火表演，但社火年轻队伍需要积极学习、创新，为陇某县社火的传承与保护积累更多的经验。

目前，陇某县正在开发陇某县社火文化产业园建设项目，项目拟投资1亿元，旨在以陇某县社火为主题，建设社火文化展示区、社火系列工艺品研发区、精品社火展演区等项目。项目建成后，陇某县社火文化产业园将成为国内唯一的社火文化展示和体验基地，预计每年可接待游客30万人次，实现相关收益5 000万元以上。

（五）陇某县社火发展存在的问题

1. 与流行文化存在冲突的表演内容限制创新

陇某县社火的表演题材大多都取材于神话、历史演义等民间传说故事。此外其表演形式单一，道具老化严重。守成有余而创新不足，存在很大的局限性。这导致社火与当下流行文化的结合不是很紧密，从而使当下的年轻人对于社火的认知严重匮乏，社火逐渐脱节于时代发展需求。在如今这个快速发展的阶段，社会的发展导致人们的见识更多，千篇一律的表演激不起人们的兴趣，而且会使人们审美疲劳，没有创新的社火迟早是会被社会所淘汰的。

社火与当前社会经济发展不协调。随着抖音、快手等新媒体平台的崛起，快节奏、碎片化成为人们生活的主流态势，这无疑进一步淡化了大众对于陇某县社火这一传统文化民俗的认知。

2. 资金不足成为重大难题

社火表演需要庞大的经费支持，而各村社火表演多由群众自发筹集活动经费。虽然陇某县文化馆也一直在对非物质文化遗产传承人组织培训和技术交流，但许多社火表演组织仍被经费问题所困扰，资金的严重缺乏成为阻碍陇某县社火传承与发展的重要原因之一。

3. 人员短缺阻碍社火发展

陇某县社火表演队伍老龄化严重，正处于青黄不接的尴尬境地。由于社火表演的经济收入不高，社会各界的支持力度较弱，社火从业人员的收入不足以养家糊口，因此大部分人不愿意学习这门手艺。随着城市化进程的加快以及时代的变迁，人们对社会现存的一些新鲜事物拥有浓厚的兴趣，他们对传统的民俗文化失去了曾经的热情，社火随时可能被娱乐感较强的活动所代替。再加上对于社火传承人的培养力度不够大,很大程度上导致了陇某县社火艺人的人员短缺,这是社火文化传扬的主要困境。

4. 宣传与管理工作不到位导致社火传播范围有限

陇某县社火的宣传力度不足,导致陕西省外的人对陇某县社火知之甚少,无法让其他地区的人民了解到社火表演及其文化意义。从而也使得很多潜在的社火爱好者无法投身到陇某县社火的保护与传承中去。在陇某县对社火有浓厚的感情并对此有深刻了解的几乎都是老一辈的人们,大多数年轻一代对社火文化了解较少,重视程度非常低,保护意识缺乏。社火表演一般都是由没有体系的民间组织承担演出,社火的组织者中缺乏一定的管理者,大多社火表演都是由爱好者自行组织排演。极度匮乏的管理与宣传,是社火民俗走向更大舞台的绊脚石。

(六) 发展建议

1. 开设地方特色课程,增强社火创新意识

如今大部分年轻一代对自己当地的文化并不了解,同时又缺乏热爱。让非物质文化遗产走进课程,开设社火民俗兴趣小课堂可以更加有针对性地解决本地区在文化发展中所面临的困境,也可以让学生们的理论与实际相结合,通过老师讲解的文化知识来理解和探究社火的形式和表演的文化,使学生更加清楚地了解当地的文化特色,更能增加学生对当地文化的热爱,这对当地的特色文化传承与发展有所帮助。从学生时代开始渗透本地区的社火文化,可以逐渐改变目前人们对社火文化了解不足的境遇。兴趣是最好的老师,特色社火民俗文化的传承与发展应该从培养兴趣开始。在当地设置与社火相关的地方课程以及在各高校成立相关社团,可以让年轻一代不仅对社火文化有很大程度的了解,也可以让他们学习社火的表演、化妆等技术,为培养传承人提供便利。从学校教育做起,帮助年轻一代了解社火脸谱代表的人物,以及社火中每个动作代表的意义,从小培养对社火的感情,从而拉近他们与社火之间的距离,进而提高他们对社火的参与度。就像陕北地区会给当地学生开设安塞腰鼓和秧歌的课程一样,特色课程的开设能使学生更加深刻地认识到民俗文化的精华,为后期传播当地特色民俗文化奠定基础。

2. 与旅游紧密结合,形成文化产业体系

当今的陇某县社火民俗发展模式较为单一,大多数村落还未将其发展成特色旅游产业,其发展面临着太多的限制因素,如时间、人员、场地等。如果能与当地自然风光旅游景区紧密结合起来,景区为社火民俗提供表演场地,社火民俗为景区吸引游客,可以为寂静的山水添加一抹乐趣。随着社会经济的发展,人们的旅游需求不断增加,抓住节庆假日这一有效时间,我们就可以在自然风光旅游景区里举行与景区相关的社火表演,其特定的主题和文化氛围可以带给游客多形式、多层次的体验,这可以提高当地民俗文化的发展速度与宣传力度,带动当地经济的发展,不仅能使当下的经济效益提高,更能刺激后续旅游效益和社会文化效益。村庄亦可以开发社火主题特色小镇,例如,可以修建社火特色雕塑,以及脸谱加工作坊等,以体现当地特色文化,提高游客的认同感与参与感。同时,可以进行高台、高跷、舞狮、舞龙、秧歌等等的演出,让游客们体验"闹社火"

的氛围与感觉,这可以引起旅游者极大的好奇心。对此,我们可以设计一系列的社火文创产品,这样不仅可以传播文化,也可以增加村民收入,还可以让自然风光旅游资源变得有烟火气。

将传统社火民俗文化与产业挂钩,形成文化产业体系,让原本单一的社火表演变得多元化,带动相关产业的发展,例如餐饮业、交通运输行业等,可以在一定程度上促进当地的经济发展和社会文化建设。

3. 提高全民参与度,加强传承人培养

由于经济全球化和现代化进程的加快,一部分人对自己家乡的文化了解程度较低,对自己家乡固有的传统文化拥有的自信心不足。所以要保护和传承社火的表演就要树立人们对社火的文化意识,增强自信心。农村地区文化意识薄弱,大多数人只将社火民俗看成逢年过节时娱乐的项目,而并非一种文化遗产。可以通过宣传教育提高村民的文化意识,在演员遴选过程中不局限于性别、年龄等条件,让更多的人参与到"装身子"、表演等各个环节中来,而非闭门造车,关起门来搞艺术。要让更多的爱好者跟着非遗传承人画脸谱,跟着社火演员演绎一个个生动的故事,让人人都参与其中,感受几千年的灿烂文化。

文化振兴是乡村振兴的有力支撑,乡村振兴战略极大程度上对乡村文化的发展起到了促进作用。陇某县社火民俗作为陇某县农村的一大特色,其发展所面临的主要困境是人才短缺,应该重视培养人才、留住人才、吸引人才、壮大社火非遗传承人的队伍,打破传统观念,将社火传统技艺传授给每一位感兴趣的年轻人。要发挥社火协会的作用,培养专业人员,吸引更多的人返乡从事这类工作,改变演员要临时培训的现状,把陇某县社火发扬光大。

4. 进一步加强政府支持,加大宣传和管理力度

地方政府应该高度重视社火的基础设施以及相关政策的支持,进而推动社火民俗的发展。社火表演活动需要场地、化妆、戏服,要制作悬台框架、折子等,需要有相关的配套设施和经费的支持。面临社火民俗表演者的老龄化问题和传播的地域性问题,政府要提出一系列保护措施,如扶植民间社火会,组织春节社火游演评比,组织春节群众娱乐活动,对民间社火项目保护单位给予支持等。要由政府主导来培养民间社火的优秀管理人才,促进新一代传承者创出新活力,创出新热情。

陇某县社火近年来热度不高的一大原因是宣传力度不够,人们对社火民俗文化的了解甚少,社火发展与传承必须借助进一步扩大影响力,要不断为社火吸引更多社会的关注度。但是单纯地将社火与旅游结合起来是不够的,要打造社火的特色品牌,各村镇都有其最擅长的节目,如城关镇北关村挈社火、河北镇底渠村驴社火、东南镇闫家庵村血社火等,应该使其自成体系,同时要与其他地方加强合作,要在兼容中突出各村特色,打造各村特有的精品龙头节目,让一场场完美的社火表演变成一个个活招牌。除此之外,在如今的互联网时代,我们需要善于利用互联网的共享性和开放性,可以通过拍纪录片或者如今大火的短视频来广泛宣传社火,这样可以让更多的年轻人了解社火。县文化馆也可以将元宵节当天的社火表演以及社火排练时的实际情况进行剪辑处理后制作成视频,不仅可以在当地电视频道上进行播出,还可以在当地的公众号上进行宣传,

将这一璀璨的民俗文化和传统技艺传授给更多的人,让陇某县社火的特色品牌走出关中,将社火民俗展现于全国人民面前。

(七) 总结

社火文化其实质是对人们现实生活的真实反映,它记载了人们物质生活和精神文化生活的演变。而目前社火民俗的发展存在很多弊端,它们是社火民俗发展道路上的绊脚石,使得社火这一民俗体育特色资源的开发研究之路并不平坦。社火民俗的保护传承迫在眉睫,有效合理的开发利用才会将关中社火民俗的作用发挥得淋漓尽致。因此,社火的发展需要整合其现有的各种特色文化资源,紧密结合当前民俗体育旅游行业出现的各种问题进行深刻反思,并在开发国内市场的基础上,做好社火民俗的国际化开发,让更多的人了解陇某县社火民俗。总之,陇某县社火是寓教于乐的传统民俗文化,作为文化事业,需要当地政府与社会各界更多的关注和参与,否则将很难传承与发展下去。

附录:访谈提纲

访谈时间:2023年2月4日—6日

访谈对象:村民、社火会负责人、社火演员、陇某县社火协会工作人员等

1. 社火表演都包含哪些项目?
2. 当地有多少支社火队伍?
3. 社火表演通过何种方式宣传?
4. 社火表演每年大概演几场?每场大概多长时间?
5. 村民是否会参与社火相关活动?
6. 当地有多少人具备社火装扮的技术?
7. 社火装扮材料或服饰是自制还是购买?多长时间更新一次?
8. 多长时间举办一次相关赛事?如何举办?比赛包括哪些项目?比赛由什么单位组织?
9. 每次举办社火表演大约需要多少钱?钱从哪来?是否有企业或个人赞助投资?
10. 观看社火表演的游客都是从哪来的?
11. 一场社火表演大概需要多少演员?演职人员是否有偿?
12. 社火表演演员是否经过社火表演相关的专业学习?
13. 参加社火表演的演员的平均年龄大概是多少?最小多大?最大多大?
14. 是否有人专门从事社火表演?
15. 专业演员除社火表演以外从事什么工作?
16. 学习社火表演的学徒多吗?学徒一般多大年龄?
17. 乡村振兴战略对社火民俗的传承是否有推动作用?
18. 是否有人专门返乡从事社火相关工作?
19. 与社火民俗相关的文创产品(例如社火脸谱)产业是否形成体系?
20. 在社火民俗传承过程中遇到过哪些困难?

表 11-1 是实地观察表。

表 11-1 实地观察表

观察内容	观察时间	观察内容	备注
陇某县社火文化广场	2023 年 2 月 5 日	建设规模	社火活动举办时间：2023 年 2 月 5 日（农历正月十五）9:30~12:30
		基础设施情况	
	2023 年 2 月 5 日 10:00~14:00	主要作用	
		人流量	
陇某县文化馆	2023 年 2 月 4 日	主要工作内容	
		非物质文化保护	
		陇某县社火宣传、交流	
		陇某县社火活动	
		陇某县社火管理	
陇某县社火表演	2023 年 2 月 5 日	表演内容	
		表演地点	
		演员年龄	
		演员服装	
		演员道具	
		演员化妆	
		观众人流量	
		观众精神状态	

二、传统民俗文化调研(2)

乡村民俗文化活动现状调查报告

(一) 绪论

民俗文化是民间民众的风俗生活文化的统称，是某一地区集居的民众所创造、共享、传承的风俗生活习惯。民俗文化既丰富了人们的生活，又增加了民族凝聚力，具有物质生活价值、精神生活价值和社会生活价值。乡村是维护和推动社会稳定发展的重要基础，根植于乡土的民俗文化已经深深嵌入乡村社会生活的方方面面。通过基层党组织、民间社会组织等多方面的关联互动，民俗文化可以发挥出助力现代乡村治理的独特功能。本次调查将以某某镇某某村为例，调查该村镇现存民俗文化现状，以了解该村镇民俗文化类型及发展过程中的问题，为该地进一步实施乡村振兴战略、制定民俗文化策略及乡村治理规划方案提供支撑。

(二) 调查区域及调查对象概况

1. 调查区域概况

某某镇某某村地处陕西省西安市某县东南部秦岭北麓，距西安市 60 千米，总面积 294.55 平方千米，地势南高北低，境内地形以山区、平原为主，属暖温带湿润半湿润大陆性季风气候,四季冷暖干湿分明,光、热、水资源丰富。截至2020年6月,某某镇下辖14个村(居),其中有2个社区、12个行政村,户籍人口35 255人;某某镇农业总产值1.4亿元,工业总产值1.68亿元;某某镇有文化站1个,村文化活动中心9个。

2. 调查对象

本次实地调研活动时间为2022年2月23日至2月28日,共6天,主要对象为上东某村、西某村、北某村和新某村等村落,调查者拜访了当地村委会干部和曾经参与相关民俗活动的村民,调查了村庄各类民俗文化渊源、表现形式、传承情况等。本次调查主要采用访谈法进行,调查者依据访谈提纲,对村庄管理者、技艺传承人、其他村民进行面对面访谈,深入交流和探讨民俗文化活动类型、开展现状与发展过程中存在的问题。

(三) 调查结果

1. 调查对象基本信息

本次调查对象主要为东某村、西某村、北某村、新某村4个村庄,相关民俗文化活动基本信息如表11-2所示。

表11-2 民俗文化活动基本信息

类别	内容
民俗文化涉及村庄	东某村、西某村、北某村、新某村
总人口(人)	35 255
人均收入(元)	6 390
民俗文化活动类型	鼓乐、社火、黄会、戏曲、腊八节、走亲戚等
非物质文化传承人数量(人)	2(鼓乐)
技艺传承人平均年龄(岁)	78
技艺传承人主要职业	农民
民俗文化活动开展频次	1年1次
民俗文化活动辐射人数(人)	5万
民俗文化活动经费来源	主要为民间自筹
民俗文化活动机构类型	鼓乐社、社火团体、皇会团体、戏曲社

2. 主要民俗文化类型

某某镇某某村民俗文化活动主要有鼓乐、社火、黄会、腊八节等。

1) 鼓乐

某某村鼓乐是西安鼓乐的重要分支。根据史料记载和现存的古曲谱本、乐器种类以及演奏形式,某某村鼓乐实属隋唐皇家宫廷宴乐。音乐界专家称某某村鼓乐是唐代音乐的活化石,现被列入国家级非物质文化遗产名录。

某某村鼓乐源于隋唐,隋时杨坚由长安去仙游寺途中经过某某村时传入。唐安史之乱时,由宫中一王姓乐人避乱至圣寿寺传入某某村。现今某某村鼓乐分东西两社,共有乐人80余名,陕西省文化和旅游厅为将这一鼓乐保留下来,划拨专项资金购置了乐器和服饰,开展鼓乐培训,并组织在我国西安、北京、深圳和德国部分城市上演,成为国内外友人了解中国文化的一个重要窗口,充当着中外文化交流使者的角色。

某某村鼓乐的乐器分打击和吹奏两部分。打击乐器有鼓、锣、镲和梆等;吹奏乐器有筝、阮、笙、管、笛、箫、琴等;服饰一般为古装(如唐装);乐曲分行乐、坐乐和韵曲。行乐有:红沙、路由、满园春等;坐乐有梢板、歌章、天发芽、霸王鞭、四季平安、南吕一枝花、破阵、群英宴等;韵曲有柳青娘、朴灯蛾、葫芦峪、茶叶词、九条龙赞、四合四、点点小、深沟担水、耍社虎、三拿业、德胜令、官门子、九九艳阳天、十板头、坐帐、石榴花、斩狐狸、打棍、柳生芽、水龙峪、粉红莲、过潼关等。总体来讲,某某村鼓乐将鼓的雄浑、笛的悠扬、古筝的苍劲、琵琶的绵密融合成妙韵天成的乐曲,整个声乐既刚柔并济、虚实结合,也层次分明、色彩绚丽,听起来时而激越高亢、热烈生动、气势恢宏,时而音色柔和、委婉低回、清幽高远,好像回到千年前的大唐盛世,蕴含着东方声乐独特的音韵之美。

为了让某某村鼓乐世代相传下去,某某村鼓乐先人们把村里乐队分为两个乐社。东村乐社称作"香会",西村乐社称作"水会"。在某某村中间隔着一条河边,以河为界,每年正月开展"斗乐"比赛,两个乐队分坐小河两边,隔岸轮流吹奏乐曲,正月十五的晚上在南十字,正月十六的晚上在北十字。从夜晚一直"斗"到清晨。在接龙比赛中,不能表演重复的曲目,如果哪一家接不上,哪一家就要认输。输家在观众的嘘声中退场,回去苦练一年,来年再接着继续"斗"下去。这种"斗乐"比赛的好处显而易见,既有利于利用年轻人争强好胜的心理,激励对鼓乐感兴趣的后生不断学习,提高技艺,也使鼓乐得以传承至今。

2) 社火

某某村的社火是男子们在过农历年时的数九寒天,光着膀子打起来的,尽情展示了男子汉魅力十足的阳刚之美,蕴含着一种敢于挑战、敢于胜利的英勇无畏精神,传承着欢乐向上、催人奋进、活力迸发、激情四射的春节民俗文化。大伙在"打社火""耍社火"的娱乐中,去除消解了平日所有的劳累和重压,而且对阵各方的关系反而更加亲近。耍社火每年从正月初二开始,一直到正月十六七才逐渐结束。

某某村的社火分为"打社火"和"耍社火"两个步骤,根据人们居住的相对集中的街区形成不同的社厢,社厢主要有十个左右。社厢有公推的厢主,由当地名望威信较高的人士担任,平时负责村民家的红白喜事,调解邻里家长里短,到了年关他们会主持本社厢的耍社火等相关事宜。每年从正月初一、初二开始,由历史上形成的固定的两个对垒的社厢互相挑战,他们骑着骡马,手拿铁锨、锄头到对方街道,按一定规则进行叫阵挑衅,这样的互相叫阵甚至略带"羞辱"性,以便激怒对方,使双方的情绪不断高涨,场面不断"升级"。领头年轻小伙子骑着骡马,手拿铁锨、锄头,身跨响铃,带着一大群光着上身的本社厢的青壮小伙,骑着骡马,拿着爆竹,到对方社厢所在的街区挑战示威,燃放鞭炮,对方也会以同样方式回敬过来。这就是所谓"打社火"。

双方你来我往数个回合,等到火候到了,其中的一方会派出有名望的人士到对方说明接受"挑战",一同开始"耍社火"。于是从第二天开始,"耍社火"便开始互相斗智慧。你家的"征南蛮",我家的"罗通扫北";你家的"薛仁贵征东",我家"薛丁山征西";你家

"铡美案",我家的"斩秦英";你家的"三滴血",我家的"火焰驹",比谁家社火具有压住对方的气势,谁家社火历史文化内涵深厚丰富。马社火、车社火、芯子社火千姿百态,多姿多彩,竹马、秧歌和鼓乐演奏红火吉祥,场面热烈。

3) 皇会

之所以称为皇会,顾名思义是皇帝下谕旨钦立下的会。清嘉庆年间(1796—1820年),白莲教一部由城固县和洋县一带进入某某村杀人,村民们亦自发组织,奋起自卫,死七千余人,致村中河流成血河,时称杀河(即现村中南北大道之地)。道光年间(1821—1850年),道光皇帝感于村民奋勇自卫、保护家园、宁死不屈的抗敌精神和英雄气概,宣付史馆立传,颁旨敕旌,周至知县吴曾贯奉旨在某某村创建"忠贞节烈祠",道光帝御笔"忠贞祠"匾额,钦定于每年2月23日至28日为悼殇祭日,并赐给御用仪仗1套,御棍24根,以壮会威,御旨祭祀,遂形成皇会,每年农历正月二月二十三到二十八举行皇会,由村主任读祭文,并进行秧歌、社火表演和鼓乐演奏,现已形成物资交流大会。

4) 腊八节

每年腊月初八,村民一大早会自己熬煮腊八粥,并将腊八粥分送给邻里,如果在过去的一年里邻里之间有什么矛盾纠纷或不愉快的事情发生,可借着这个节日通过送腊八粥的活动使以往的结怨得以化解。这个传统节日反映出中国农业社会时期村民自治的重要社会整合功能,在今天仍有着十分重要的现实意义。

此外腊八节还有祭祖、拜年、走亲戚、送灯笼等活动。其他节日的仪式也独具特色,在一定程度上体现出民间文化的原始性。

(四) 民俗文化的发展困境与发展对策

1. 民俗文化传承与发展困境

1) 乡村人口外流

随着城市化进程的推进、生活节奏的加快,民俗文化产业的发展面临着新的挑战。近年来,农村消费水平持续提高,大量农村青壮年劳动力常年外出打工,以补贴家用,农村人口从农村向城市大范围流动,村落中年轻人缺乏,"空心化"严重,致使传承人数少,很多民俗文化的传承出现断层危机。

2) 外来文化影响

当前许多年轻人受外来文化冲击和当代快速变现思潮的影响,漠视传统民俗文化,加之长期离开农村环境,得不到乡村文化的熏陶,没有时间更没有兴趣去接受相关技艺的传承。

3) 管理机构缺失

民俗文化没有专业社团和行业协会,也没有相对固定的表演场所,缺乏群体传承和社会传承,仅仅依靠个人传承或者家族传承是远远不够的,传统手工乐器、乐谱、手工艺品无正规保管及修复场所,有些古老物件已破损或丢失,难以促进民俗文化的可持续发展。除此之外,有些营利机构出高薪将民俗文化传承人挖走,造成文化断层,传承后继无人的情况。

4) 保障经费不足

目前我国非遗保护经费来源主要是政府投入,从国家到各省到各市再到各县乡村,虽然各级财政投入每年都在增加,对民俗文化发展的资金投入力度逐年递增,但投入资金依然不足,难以留住民俗文化人才及保护民俗文化工具。

2. 民俗文化传承对策

1) 树立"乡村振兴,文化先行"思想

从思想层面着手,加强对民俗文化的重视程度。当前我国进入新时代,随着乡村振兴战略的强力实施,纲领性文件提出要坚持传统文化创造性转化和创新性发展,因此必须结合新时代大背景,对民俗文化内涵加以补充拓展和完善,赋予其新的时代内涵,传承文化基因的同时,要继承发展,推陈出新。

2) 开展乡村民俗文化教育活动

民俗文化传承人已出现"普遍老化"的现象。为了避免乡村民俗文化失传,应采用各种形式推进民俗文化人才队伍建设。民俗文化的传承发展应从小抓起,大中小学校可以开设地域性课程,通过实地参观民俗文化博物馆、亲身体验传统民俗工艺制作、举办相关技艺竞赛等方式,让学生在游览和体验中认识到民俗文化的真正内涵,培养与社会主义核心价值观相符的民俗文化认同感和荣誉感,让优秀民俗文化根植于青少年内心。

3) 设立专业的民俗文化管理机构

以村委会为主体,在乡村设立专门的民俗文化管理机构,以健全民俗文化活动政策体系、法律体系、基金运作体系、组织管理体系,尽快完善民俗传承人及民俗文化产品工具的认定、保护、修复制度,从民俗文化的地域性、群体性和综合性入手,大力扶持文化传承活动。

4) 提供充足的民俗文化活动经费

地方政府应给予文化产业一定的优惠政策,以实施乡村振兴战略、建设和美乡村为契机,增加民俗文化活动经费,创新融资机制,吸引社会各界人士参与,形成良好的发展环境,让民俗文化活动在实践中发展和传承。

附录:访谈提纲

访谈时间:2022年6月5日—10日

访谈对象:村干部、民俗文化传承人、其他村民

您的村庄有多少人?有多少位非遗传承人?年龄都多大了?

您主要从事什么职业?年均收入是多少?

您所在的村子有哪些民俗文化活动?

这些民俗活动都有什么样的传说故事(民俗活动的由来)?

民俗活动每年表演几次?参与人数大概有多少?参与人年龄集中在那一阶段?

村庄是怎么对民俗文化活动进行宣传的?

村庄有无民俗文化活动管理机构、制度或约定?

民俗文化活动传承困境是什么?

您认为民俗文化活动开展的意义是什么?

您认为该如何传承并发扬传统民俗文化？

课后练习

1. 乡村民俗与文化调查内容有哪些？
2. 乡村民俗与文化信息获取途径是什么？
3. 请依据教材中乡村民俗与文化访谈提纲（示例）完成某个村庄的乡村民俗与文化调查工作。
4. 编制一份乡村民俗与文化调查报告。

第十二章 乡村旅游调查

第一节 乡村旅游调查基础知识

乡村旅游是乡村产业振兴的重要产业,旅游业作为扶贫产业、综合产业、美丽产业、幸福产业,能为乡村产业振兴发挥引擎作用。乡村旅游为农村产业转型发展提供了新的方向,能够挖掘农业产业的附加价值,促进三产融合发展,丰富并激活农村产业潜力,延伸产业链,实现农业现代化。

一、乡村旅游内涵

乡村旅游是以旅游度假为宗旨,以村庄野外为空间,以人文无干扰、生态无破坏、游居和野行为特色的村野旅游形式,是以具有乡村性的自然和人文客体为旅游吸引物,依托农村区域的优美景观、自然环境、建筑和文化等资源,在传统农村休闲游和农业体验游的基础上,拓展开发的会务度假、休闲娱乐等新兴旅游方式。

二、乡村旅游调查目的

乡村旅游调查的目的是了解乡村旅游业发展类别、开发模式、政策支持、发展意义等信息,分析当前乡村旅游发展存在的问题,提出乡村旅游可持续发展对策建议,为指导乡村振兴、和美乡村建设提供基础。

三、乡村旅游调查内容

(一)乡村旅游类别

乡村旅游的主要类别如下:
(1)以绿色景观和田园风光为主题的观光型乡村旅游。
(2)以农场、观光果园、茶园等为主的体现休闲、娱乐和以增长见识为主题的独家型乡村旅游。
(3)以乡村民俗、民族风情以及传统文化、民族文化和乡土文化为主题的乡村旅游。
(4)以康体疗养和健身娱乐为主题的康乐型乡村旅游。
(5)以体验农事活动、民间传统手工艺等为主题的体验型乡村旅游。

(二) 乡村旅游开发模式

1. 城市依托型

这种开发模式的乡村一般靠近大城市,拥有客源优势和交通优势,因此以发展周末度假客源为主,也称城郊型,是典型的乡村旅游地发展模式。适宜开发集疗养、娱乐、运动健身等产品为一体的层次较高的乡村度假村,这种模式对基础设施等辅助服务质量要求较高。

2. 景区依托型

成熟景区巨大的地核吸引力能为区域旅游在资源和市场方面带来发展契机,周边的乡村地区借助这一优势,往往能成为乡村旅游优先发展区。

3. 历史文化依托型

古村、古镇旅游是当前国内旅游开发的热点,也是乡村旅游体系中一个比较独特的类型,古村和古镇以其深厚的文化底蕴、淳朴的民风和古香古色的建筑遗迹等特点受到游客的喜爱。

4. 交通依托型

顾名思义,采用这种开发模式的乡村一般分布在高速公路、国道等交通主干线附近,主要客源也是交通干线附近的居民。随着经济的发展以及私家车的增多,高度压力下的白领阶层们对于这种交通方便的乡村旅游的需求热情高涨,乡村也是人们逃离城市、寻觅清净、远方探奇的绝佳之地。

5. 产业经济依托型

产业融合衍生出来的旅游新业态为乡村旅游的产业经济依托型发展模式提供了契机,将乡村旅游业与农业、林业、渔业相结合,依托产业经济发展,通过开发农业休闲、渔业休闲、林业休闲、果业休闲产品,开展类似乡村美味品尝、渔村垂钓等旅游项目来发展乡村旅游,不但能满足游客的旅游基本需求,还可以让游客学到相关产业的一些知识,这样有教育意义的活动客观上会吸引大量的青少年客源。

6. 民俗依托型

该模式是指依靠民俗文化,展示自身文化特色,打造独具区域特色的乡村旅游目的地。

7. 创意主导型

民间艺术具有非常独特的区域性,正逐渐成为乡村文化创意旅游的一个重要方面,传统艺术创新,不仅能丰富乡村旅游体验,更能强化旅游目的地的品牌形象。

8. 科技依托型

当代科技在生活生产中体现出越来越重要的作用,在科技引导下展现农业风貌,形成集教育、体验、观光、展示为一体的现代乡村旅游业,成为我国乡村旅游未来发展的重要方向。

(三) 政策支持

政策支持是指当地政府及相关部门在旅游业开发与运用过程中制定的政策与提供的帮助,如产业分红、基础设施建设、环境建设、助业贷款、金融利率、商业保险等方面的政策文件。

(四) 作用和意义

作用和意义指乡村旅游在促进当地经济发展、带动劳动力就业、改善人居环境、完善基础设施等方面的作用和意义,具体体现在旅游业年收入、带动就业人数、环境卫生(绿化、生态)状况、基础设施(道路、线路、信息网络)建设等信息上。

四、信息获取方式

可通过调查问卷、面对面访谈、查文献资料等方式获取乡村旅游产业信息。

五、调查结果用途

对乡村旅游产业进行调研,了解乡村旅游发展与乡村经济、生态、环境、社会各方面的相互关系与相互作用,可为未来制定旅游发展规划提供支撑,为助力乡村振兴提供政策依据。

第二节 乡村旅游调查表示例

一、乡村旅游可持续发展调查表

乡村旅游资源可持续发展情况问卷调查表

尊敬的游客朋友:

您好!

我们是陕西某某学院的学生,为持续有效地进行乡村旅游资源的开发,科学监测乡村旅游资源的开发态势,提升乡村旅游品质,助力乡村振兴发展,特进行此次社会调查。希望您根据自己的真实感受进行认真填写,您的回答将对我们的专业学习和区域旅游开发带来重要作用。

本问卷采取不记名形式,您所提供的信息我们将严格保密,结果仅供学术研究使用,不会给您的生活带来任何不便。因此请您放下顾虑,放心作答。

非常感谢您对本次问卷调查的支持和参与!

调查负责人:×××　电话:029-8153××××

(一) 基本情况

1. 您的性别:

□男　　　　　　　□女

2. 您的年龄是：

□18～25 岁　　　□26～35 岁　　　□36～55 岁　　　□56～60 岁
□60 岁以上

3. 您的受教育程度：

□高中以下　　　□高中/中专　　　□大专/本科　　　□硕士及以上

4. 您的职业：

□学生　　　　　□事业单位员工　　□政府单位员工　　□国企员工
□私营企业员工　□自由职业者　　　□外资企业员工　　□合资企业员工
□农民　　　　　□离退休人员　　　□全职照顾家庭　　□其他

5. 您的身份为：

□当地居民　　　□游客　　　　　　□管理人员

(二) 旅游资源可持续发展情况调查(表 12-1)

表 12-1　旅游资源可持续发展情况调查表

类别	指标	评价等级		
		高	中	低
乡村旅游资源开发	乡村民俗文化开发水平			
	乡村非物质文化遗产保护			
	乡村景观特色度			
	乡村文物古迹保护			
乡村旅游环境质量	乡村绿化率			
	乡村空气质量			
	乡村水体质量			
	乡村景观呈现度			
	乡村环境卫生清洁度			
乡村旅游经济发展	乡村基础设施建设水平			
	乡村街道修建养护水平			
	乡村旅游投资机会			
	游客密集度			
乡村旅游社会发展	乡村旅游服务质量			
	旅游从业人员素质			
	乡村旅游休闲性			
	乡村旅游扶贫效应			
	当地村民参与度			
	乡村文明建设水平			

(三) 访谈提纲

关于乡村旅游发展可持续性的无结构式访谈提纲访谈

1. 对象一：农户

（1）乡村旅游是旅游产业，并不为大多数人所了解。请问您眼中的乡村旅游是怎样的呢？

（2）根据你们当地乡村旅游发展的实际情况，您认为当地有没有大规模地开展实施乡村旅游政策？目前主要是以什么样的发展模式展开实施的？

（3）您认为乡村旅游发展过程中还存在哪些问题，如何去改进？

（4）在发展当地乡村旅游的过程中村民自觉地采取了哪些措施吸引游客？取得的效益如何？

（5）政府部门对你们当地的乡村旅游发展有什么扶助或者特别的优惠政策吗？

（6）你们当地自从发展了乡村旅游，生活都有哪些大的变化？（家庭收入、就业水平、居住环境等方面）

2. 访谈对象二：当地政府部门工作人员

（1）根据你们当地农业发展的实际情况，您认为当地有没有大规模地开展乡村旅游政策？目前发展的乡村旅游业发展模式都有哪些？

（2）请问在发展乡村旅游的过程中，政府部门都采取了哪些措施规范乡村旅游的可持续性发展？这些措施效果如何？

（3）目前当地乡村旅游的可持续发展方面面临哪些困难？应该如何去解决？

（4）请问当地对乡村旅游的可持续发展是否适应当地经济以及生态环境和谐发展的需求？

二、乡村旅游评价调查表

乡村旅游发展评价效益调查表

尊敬的朋友：

您好！我是陕西某某学院某某某专业的学生，正在做有关乡村旅游开发效益评估的研究，为了深入了解本地旅游开发的情况，引导该景区优化管理、提升服务质量，特开展此次调查。本次调查采取不记名方式，我们也将保证您的个人隐私不会泄露，请您放心作答。

您的意见是我们研究的基础和依据，感谢您的支持！

请您根据题意，在您认可的选项前打钩。

调查负责人：×××　电话：029-8153××××

1. 您的年龄段：

□18～25 岁　　□26～35 岁　　□36～55 岁　　□56～60 岁

□60 岁以上

2. 您来自:
☐西安市(☐新城区　☐碑林区　☐莲湖区　☐雁塔区　☐灞桥区　☐未央区
　　　　☐阎良区　☐临潼区　☐长安区　☐高陵区　☐鄠邑区　☐蓝田县
　　　　☐周至县)
☐某某市　　　　☐咸某市　　　　☐铜川市　　　　☐渭南市
☐延安市　　　　☐榆某市　　　　☐汉中市　　　　☐安康市
☐商洛市　　　　☐省外_____(市)

3. 您的职业是什么?
☐学生　　　　　☐事业单位员工　☐政府单位员工　☐国企员工
☐私营企业员工　☐自由职业者　　☐外资企业员工　☐合资企业员工
☐农民　　　　　☐离退休人员　　☐全职照顾家庭　☐其他_____

4. 您是通过什么方式知道本景区的?
☐电视　　　　　☐手机APP　　　☐广播　　　　　☐亲朋推荐
☐宣传广告　　　☐旅行社　　　　☐其他

5. 您是通过什么方式来到这儿的?
☐自驾游　　　　☐旅行社组织　　☐单位集体组织
☐乘坐公共交通工具　　　　　　　☐其他_____

6. 您选择来这游玩的原因是什么?(可以多选)
☐喜欢民俗　　　☐交通便利　　　☐亲朋推荐　　　☐没有门票
☐餐饮有特色　　☐名气较大　　　☐喜欢乡村游　　☐景色空气好
☐陪朋友或家人　☐吃饭住宿方便　☐游玩项目较多　☐其他_____

7. 您认为本景区的可参与项目如何?
☐很丰富　　　　☐丰富　　　　　☐一般　　　　　☐不丰富
☐没有任何参与性

8. 您在本景区的游玩时间多长?
☐小于3小时　　☐3~6小时　　　☐1天　　　　　 ☐2天
☐2天以上

9. 您认为本景区与其他同类乡村旅游点相比如何?
☐特色很明显　　　　　　　　　　☐有一定特色,但不明显
☐没有差别　　　☐不如人家　　　☐差太多

10. 您会再次选择来本景区游玩吗?
☐肯定会　　　　☐可能会　　　　☐说不来　　　　☐不太可能
☐完全不可能

11. 请结合您自己的游玩感受,在您认为合适的框内打钩(表12-2)。

表12-2　游客满意度调查表

	非常满意	较满意	一般	不满意	非常不满意
民俗体验					

续表

	非常满意	较满意	一般	不满意	非常不满意
文化氛围					
景区环境					
景区秩序					
建筑布局					
特色餐饮					
服务态度					
服务水平					
卫生条件					
住宿环境					
停车便利性					
游玩项目数量					
商品购物					
智慧化服务					
总体印象					

12. 请结合您自己的游玩消费，在您认为合适的框内打钩（表12-3）。

表12-3　游客消费情况调查表

	太高	略高	正常价格	不贵	便宜
餐饮价格					
住宿价格					
购物价格					
单项游玩消费					

13. 您对本地旅游发展有哪些建议和要求？
_____

三、乡村旅游游客旅游行为调查

乡村旅游游客行为调查表

尊敬的朋友：

您好！我是陕西某某学院某某某专业的学生，正在做有关乡村旅游游客行为的调查研究，目的是深入了解乡村旅游游客的特征、爱好以及出游动机，以便为当地拓展乡村旅游产品、优化服务质量、合理规划发展路径提供服务。本次调查采取不记名方式，我们也将保证您的个人隐私不会泄露，请您放心作答。

您的意见是我们研究的基础和依据，感谢您的支持！

请您根据题意,在您认可的选项前打钩,其中1~12题为单选题,其余均可多选。

调查负责人:×××　电话:029-8153××××

1. 您的年龄段:
☐18~25岁　　☐26~35岁　　☐36~55岁　　☐56~60岁
☐60岁以上

2. 您来自:
☐西安市(☐新城区　☐碑林区　☐莲湖区　☐雁塔区　☐灞桥区　☐未央区
　　　　☐阎良区　☐临潼区　☐长安区　☐高陵区　☐鄠邑区　☐蓝某县
　　　　☐周至县)
☐某某市　　　☐咸某市　　　☐铜川市　　　☐渭南市
☐延安市　　　☐榆某市　　　☐汉中市　　　☐安康市
☐商洛市　　　☐省外:_____(市)

3. 您的职业:
☐学生　　　　☐事业单位员工　☐政府单位员工　☐国企员工
☐私营企业员工　☐自由职业者　　☐外资企业员工　☐合资企业员工
☐农民　　　　☐离退休人员　　☐全职照顾家庭　☐其他

4. 您的学历:
☐高中/中专及以下　☐大专　　　　☐本科　　　　☐硕士及以上

5. 您的月收入属于以下哪个档次?
☐2 000元以下　☐2 000~4 000(不含)元　☐4 000~6 000(不含)元
☐6 000~8 000元　☐8 000元以上

6. 如果天气允许,您一般多久会出来游玩一次?
☐每周一次　　☐两周一次　　☐每月一两次　　☐两月一次
☐三至四个月一次　　　　　☐一年玩不了两三次

7. 您是通过什么方式来到这儿的?
☐自驾游　　　☐旅行社组织　☐单位组织　　☐乘坐公共交通
☐其他

8. 您计划在此处游玩多久?
☐小于3小时　☐3~6小时　　☐1天　　　　☐2天
☐2天以上

9. 您是否了解乡村旅游?
☐非常熟悉　　☐知道一些　　☐有了解,但说不上来
☐不了解　　　☐完全没概念

10. 您认为此处的乡村旅游是否有特色?
☐特色很明显　　　　　　　☐有一定特色,但不明显
☐没有差别　　☐不如人家　☐差太多

11. 您会再次选择来这里游玩吗?
□肯定会　　　□可能会　　　□说不来　　　□不太可能
□完全不可能

12. 您在选择乡村旅游目的地时,对以下因素的重视程度如何(表12-4)?(请在合适的位置打钩)

表12-4　游客重视程度调查表

	非常重视	重视	一般	不重视	非常不重视
自然风光					
民俗文化					
田园氛围					
景区名气					
交通可达性					
环境卫生					
住宿条件					
餐饮条件					
娱乐项目					
硬件设施					
服务水平					
接待能力					
消费水平					
门票费用					
治安状况					
广告宣传					
熟人推荐					

注意:以下题目均可多选。

13. 您获得乡村旅游信息的途径是什么?
□电视　　　　□APP推送　　　□自己搜索　　□亲朋推荐
□宣传广告　　□广播新闻　　　□杂志　　　　□其他

14. 您一般什么时间出游?
□周末　　　　□五一、端午、国庆等节假日　　□周内随时

15. 您是和谁一起来这里游玩的?
□子女　　　　□爱人　　　　　□父母　　　　□其他亲戚
□朋友　　　　□同事　　　　　□同学　　　　□独自一人

16. 您到此处旅游的原因是什么？
□ 体验田园风光　　□ 休闲度假　　　　□ 感受民俗文化　　□ 探寻美食
□ 学习考察　　　　□ 网络打卡　　　　□ 随便看看　　　　□ 其他

第三节　乡村旅游调查报告示例

一、村民参与乡村旅游的条件调查报告

村民参与乡村旅游的条件调查总结

×××调查组

（一）绪论

乡村旅游是实施乡村振兴战略的重要力量，在加快推进农村现代化、城乡融合发展等方面发挥着重要作用。发展乡村旅游能充分利用农村的旅游资源，调整和优化农村产业结构，拓宽农业市场，促进村民转移就业，增加村民收入，为新农村建设创造良好的经济基础。同时乡村旅游的发展，也可推动当地改善村容村貌，改善乡村卫生条件，推进生态宜居建设，实现乡村可持续发展。据《全国乡村产业发展规划（2020—2025年）》预测，到2025年，全国乡村年接待游客人数将超过40亿人次，经营收入超过1.2万亿元。但是当前西安市乡村旅游存在村民参与度低，参与方式单一等问题，为探索以上问题，本调查以长安区清某某村为调查点，通过调查当地村民参与乡村旅游的现状，评价当地村民参与乡村旅游的条件等级，以期为提高村民参与条件提供建议。

（二）调查对象概况

清某某村（图12-1）地属暖温带半湿润大陆性季风气候区，雨量适中，雨季多集中在7~8月，四季分明，气候温和，春秋短冬夏长，雨热同期。该村位于西安市长安区东南部，属王某街道办事处管辖。该村交通条件优越，东靠西安汤峪公路，南依秦岭终南山北麓，西接西安柞水高速，北临107省道环山旅游公路。

清某某村行政村划分有清南和清北两个村级组织，现全村有12个村民小组，共794户3 143人。全村现有耕地2 649亩，山林地35亩，河滩地360亩。现有劳动力1 981人，年人均可支配收入14 500元。该村依托其自然生态优势名声远扬而旅游发展效果显著。近些年产业结构得到了优化调整，种植荷花、桃树等经济作物，可促进农业增效、带动农民增收，加快产业融合发展。清某某村如今环境整洁、物产丰富，荷香远近闻名。该村还通过合理规划产业布局，有序引进新品种，持续加大科技培训力度，投入资金并完善配套设施。

清某某村绿色资源丰富，有着优越的地理区位条件，该村基于此优势量体裁衣探索出一条"田园观光饮食一条街"的农旅融合发展之路。作为休闲农业旅游一体化的农业

示范区,清某某村的特色景观例如"王莽千亩荷花观光园"已被游客所熟知,该村同时兼具传统活动、饮食、民宿等,旅游人数逐年攀升,该村旅游旺季为4月至10月。

(三) 问卷的设计与调查的实施

1. 问卷设计

本调查结合已有成果为更利于研究将村民参与旅游类型分为直接参与(A)与间接参与(B)两大类。直接参与(A)是指村民开展与旅游具有直接关联的经营类活动或表演活动,包括:住宿类经营(A1)、饭店类经营(A2)、旅游商品售卖(A3)、娱乐活动项目经营(A4)、歌舞表演(A5)、采摘园体验项目(A6)等六项调查内容。间接参与(B)指非劳务支出参与以及除经营者以外的其他人员等参与情况,包括:住宿和餐饮服务人员(B1)、景区安保和环卫等员工(B2)、为餐饮和景区经营活动提供原材料(B3)、农用地土地流转承包获益(B4)、农用地入股分红(B5)等五项调查内容。

2. 调查的实施

调查人员对清某某村进行了为期3天的问卷调查,通过村委会宣传,对村干部及部分村民进行访谈、问卷调查、记录并拍照等多种途径进行了全面的资料收集。本次调查对368户村民参与旅游就业的类型进行了调查,每户选取1人作为调查对象,调查的对象包括务工者、返乡创业者、务农者等,其中有效问卷354份,经计算有效率为96.20%,认为本次调查有效。

(四) 调查结果

本次调查的对象均为该村村民,其中参与旅游就业的人数共计174人,参与比例为49.15%,未参与人数为180人,占总调查对象的50.85%,表明有一半村民都能参与到乡村旅游中。导致村民未参与乡村旅游的原因包括:①因年纪太大、疾病、伤残等失去劳动条件无法参与;②家庭劳动力严重不足,无法参与;③无旅游参与条件或在政府部门动员引导下仍无参与意愿。为方便调查分析,后续内容不再讨论未参与乡村旅游的村民。

1. 总体情况

根据问卷统计的结果可知,在间接参与乡村旅游的人群中,参与客栈、餐饮等服务的人员人数最多,共59人,占比为33.91%;在直接参与乡村旅游的人群中,参与歌舞表演的人数最少,有13人,占比为7.47%。参与类型统计结果表明,最多参与人数是最少参与人数的近5倍。其中直接参与人群中参与旅游商品售卖与间接参与人群中参与客栈、餐饮服务的人员重合最多,有24人。同时兼具两种参与方式参与歌舞表演与参与土地流转承包人员重合最少,共7人。经调查发现,直接参与的村民同时参与2项以上的人数较多,体现为直接参与就业机会的集中化不明显。间接参与人群中住宿、餐饮等服务人员与景区安保服务人员不能重合,因此该参与类型集中化明显。基于问卷调查数据,整理统计出能胜任各类型就业机会的户数,分别绘制直接参与、间接参与人数及其所占该次调查参与总人数百分比情况,如图12-1、图12-2所示。

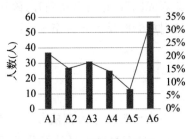
图 12-1　直接参与情况

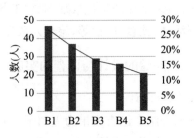
图 12-2　间接参与情况

2. 参与条件调查

参与条件的调查采用问卷自评赋分的形式开展,赋分方式采用 5 分制,分值从高至低分别为 5 分、4 分、3 分、2 分、1 分。被调查者认为自己具备很高的参与条件时,给自己赋 5 分,认为自己条件一般时,给自己赋 3 分,认为自己完全没有参与的条件时,给自己赋 1 分。将所有指标得分取均值后可以得出每个指标的平均得分,如图 12-3 所示。可以看出,清某某村村民在 A6(采摘园体验项目的经营)和 B1(住宿和餐饮服务人员)得分最高,平均分超过了 4 分,表明大多数村民都具备很好的参与这两项活动的条件;得分在 3~4 分之间的分别为 B2(景区安保和环卫等员工)、A1(住宿类经营)和 A3(旅游商品售卖),表明有近半数以上的村民认为自身具备参与住宿类经营、旅游商品售卖和作为安保和环卫员工的条件,但条件有高有低;得分最低的为 A5(歌舞表演),表明大多数村民都不具有参与歌舞类表演的条件或能力;分值在 2~3 之间的是 B4(农用地土地流转承包获益)、B3(景区经营活动提供原材料)、A2(饭店类经营)、A4(娱乐活动项目经营)、B5(农用地入股分红),表明多数村民参与以上五项活动的条件均不理想。

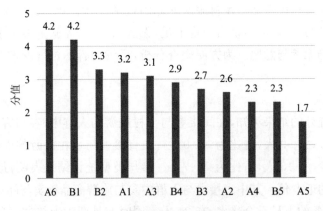

图 12-3　村民各项参与条件赋分均值

在问卷设计时,直接参与(A)涉及 6 个子指标,最高得分为 30 分,间接参与(B)有 5 个子指标,最高得分为 25 分,村民参与条件为 A、B 得分的合值,其中 A 和 B 的得分为各项子指标的赋分总和,最终将得分值折算成百分制后即可获得村民参与乡村旅游条件的百分制得分。村民参与条件得分成几字形分布,即大多数村民的参与条件得分在51~70之间,该区间共有101人,占总参与人数的58.05%;其次为41~50分的村民和81~90分的村民,分别为23人和22人,占比几乎相等,分别为总参与人数的13.22%和12.64%;得分低于40分的村民最少,仅12人,占参与人数的6.90%,详见图12-4所示。

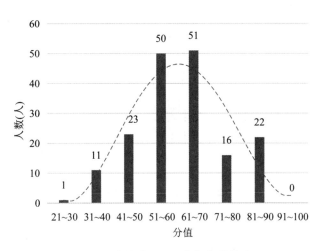

图 12-4 清某某村村民参与条件得分图

参照同类调查的划分标准,从40分开始,以20分为跨度,可将村民的参与条件划分为一级、二级、三级、四级,具体情况见表12-5。其中,四级的村民为参与条件最高的,三级为较好,二级为一般,一级为较差。

表 12-5 村民参与条件等级划分

评价总得分	0~40分	41~60分	61~80分	81~100分
参与条件等级划分	一级	二级	三级	四级

结合清某某村村民参与旅游条件的调查结果可知,最终参与条件为一级的有22人,二级73人,三级67人,四级12人,其中参与条件为二级、三级的村民分别占参与人数的41.9%和38.5%,占比最大,如图12-5所示。总体来说,清某某村村民参与乡村旅游的条件水平为二三级,本次调查最高分89.6分,最低分23.2分,最高分是最低分的近4倍。

3. 参与条件空间区位调查

在调查过程中调查人员分别记录了该村主观光道路、次观光道路和中间区域村民住宅的门牌号和位置。主观光道路位于该村东部,连接107省道直通王莽千亩荷花种植园,是游客到访的重要道路。次观光道路为236乡道,多为本村村民或相邻村落通勤使用,虽236乡道等级高于主观光道路,但由于236乡道在王莽乡村旅游过程中处于不可动摇的地位,因此236乡道在该研究中归于次观光道路。中间区域的村民则处于主观光道路与次观光道路之间。

本次调查(表12-6)共回收问卷354份,针对主观光道路、中间区域、次观光道路的问卷分别收集124份、119份、111份,其中参与乡村旅游户数占比为83.06%、

45.38%、16.22%，数据整理见表 12-6，调查可得参与户数以主观光道路为起点向次观光道路递减。

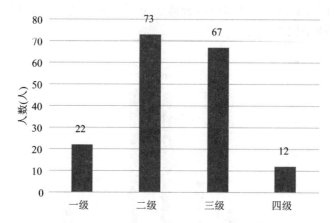

图 12-5　村民参与条件等级分布

表 12-6　不同区位村民参与情况统计

	调查人数(人)	参与人数(人)	百分比(%)
主观光道路	124	103	83.06
中间区域	119	54	45.38
次观光区域	111	18	16.22
合计	354	175	49.44

根据门牌号以及参与数据的整理绘制出该村村民参与情况与住宅所处地理位置关系示意图如图 12-6 所示，图中黑点表示参与乡村旅游的村民在清某某村的分布情况，点数密集地区代表参与人数多，点数越密集则参与人数越多，所对应的参与度越高；反之点数越稀疏则参与度越低。通过数据整理分析绘制的示意图可得出该村村民的乡村旅游参与情况与住宅所处的地理位置具有显著相关性。位于主观光道路的村民参与度显著高于其他两个地区，次观光道路由于游客罕至，因此村民参与度极低。

通过调查分析可得，住宅位置的优越与否是村民是否积极参与乡村旅游的重要影响因素，其中地理位置优越程度与村民参与条件等级也有显著相关性，地理位置越优越则村民参与等级越高，呈现正相关。

图 12-6　村民参与密度距离衰减示意图

(五) 调查结论

1. 村民参与条件等级不高且较单一

清某某村村民参与等级主要集中于二级和三级,等级为一级和四级的村民较少,数据符合正态分布规律。村民具有参与乡村旅游的条件主要集中于采摘园体验项目的经营和住宿餐饮服务人员两类,参与的条件类型相对单一。

2. 住宅区位影响村民参与度

在调查过程中发现,村民评价得分差异明显,住宅地理区位、家中劳动力情况都影响着村民的参与度与积极性,以主观光道路向次观光道路辐射,参与度逐渐降低。在次观光道路附近居住的村民参与度明显低于主观光道路附近居住的村民,即村民参与度与居住位置存在距离衰减规律。

3. 村民对政策了解甚微

通过对清某某村民参与条件的调查可知村民通过旅游所获得的收入微薄,村民对旅游政策了解甚微且积极性不高,结合访谈,许多村民表示对政府扶持乡村发展的政策了解较少,也没有受过相应的培训,因此多数村民在很多方面的参与条件都较低。

(六) 发展建议

1. 划分合理路线,提高次观光道路附近村民参与条件

划分合理的旅游路线,丰富游客进村游玩的路径选择,在次观光道路附近建设新的娱乐设施吸引游客,丰富旅游产品类型,同时完善清某某村内外部交通体系,建立完善的乡村旅游道路网,提高道路的通达性,带动次观光道路附近村民的参与度。

2. 积极组织就业培训,提高村民参与水平

乡镇政府应积极组织就业培训,为该群体村民提供优惠可行的政策、多样化的岗位,为提高收入和就业率创造条件,以确保村民参与条件的提升。同时,加大对村民有效扶持的力度,打消村民参与乡村旅游的后顾之忧,鼓励村民积极参与乡村旅游。

3. 结合村民现有的条件,提升村民的参与水平

清某某村可以结合村民现有的条件,利用紧邻山区的地理区位优势发展其他特色旅游项目,如打造避暑山庄项目、汽车营地、发展乡村博物馆等,在保护乡村文明的同时吸引游客,充分利用自然资源以及该村的优势产业打造具有该村特色的文旅项目,提升村民的参与水平。

二、乡村旅游游客消费行为调查

某某村乡村旅游游客消费行为调查
×××调查组

民俗旅游兴起于 20 世纪 80 年代,近几年,伴随着国家经济的高速发展,一批还没有受到现代化冲击的民俗小镇,以其独特的自然资源、宝贵的历史文化、独特的民俗风情得到了迅速的发展。随着国家旅游业的蓬勃发展,保证和提高游客在景区的消费成

为旅游业的生存之本。陕西省是"一带一路"经济带上的新起点,又是内陆旅游大省,拥有着丰富的自然资源和历史文化资源。某某村是陕西民俗旅游的一个成功案例,它是陕西旅游集团下的一个景点,从2016年开始营业到现在,已经有一千多万游客,开业不到两年的时间,它就被评为了AAAA级景区,凭借着强大的文化底蕴,它对游客的吸引力也一直很强。某某村的观光活动,不但可以丰富人们的休闲娱乐,还能带动当地的经济,进一步实现乡村产业振兴,并且解决了一部分当地百姓的就业问题,实现了农民的共同富裕。我们对某某村的公共空间进行了实地调研,发现游客的消费行为存在着偏差,但是偏差太大会影响该景区的均衡发展。

(一)某某村概况

某某村坐落在陕西省西安市前某镇蓝某县,是一个集观光、文化娱乐和休闲度假于一体的综合性旅游景区,成立于2013年。某某村的主要景区有生态景观区、栈道水景、创意文化区、游乐场等,并选择5个关隘构成了环抱之景,总用地约1050亩。有工作人员1200多人,其中本县户籍员工占比约63%,某某村项目为当地村民提供了直接就业岗位830个,间接就业岗位180个。在蓝某县,共有83个商店和摊点,42个是当地的商店和摊点,占比为50.6%。从2016年7月开放到2023年4月,蓝某县当地的商户已经实现了4852万元的营业收入。截至2022年12月,已有116个家庭居住在该地区,为该地区提供了1940个停车位和16个餐厅。从2023年4月29日到5月3日,某某村共接待游客20.6万人次,同比增加30%,在假日期间,某某村的客流和收入都创下了新的纪录。

(二)调查设计与实施情况

为深入了解某某村游客的消费特征,本调查设计了21个问题,分为4个部分。问卷的第一部分用于调查人群的基本信息,包括受访者的性别、年龄、职业、收入和受教育程度;第二部分是对旅游消费者的出行方式、出行动机以及玩伴选择的调查,包括三个问题;第三部分是旅游具体消费行为调查,共十个问题,主要是针对游客在某某村内食、购、行、娱四个方面的消费情况,以及各个部分在消费总支出中的占比情况;第四部分用于调查游客对某某村整体消费水平的满意程度,以及需要改进的地方和提出的建议,主要包含三个问题。游客基本消费特征分析问卷发放周期为2023年1月至2023年3月,实际发放问卷210份,回收有效问卷156份,分类删除不完整问卷后实际有效问卷回收率为74%。

(三)调查结果

1. 某某村游客概况

1) 某某村游客基本信息

(1) 就性别构成而言,在被调查的游客中,男性占46.15%;女性占53.85%。可以看出,游客中女性比男性更多。从年龄结构方面来看,年龄在18岁以下的占3.85%;年龄在18~24岁的占15.38%;年龄在25~35岁的占37.18%;年龄在36~45岁的占

28.20%;年龄在46~60岁的占12.18%;年龄在60岁以上的占3.21%。说明受访者以18~35岁的青壮年为主,说明青壮年更喜欢去某某村游玩。

(2) 在文化水平方面,游客学历为高中以下的占6.92%,专科占18.59%%,本科及以上占74.49%,表明高学历的游客会更喜欢去往某某村游玩。

(3) 在职业构成方面,游客中企业单位管理人员占16.28%;工人占14.92%;学生占39.24%;其余为个体工商户、政府或事业单位职工、农民等,分别占18.59%、6.41%和2.56%,还有2.00%为父母所带领的小孩。

(4) 从游客的收入水平来看,个人月收入3000元以下的占37.18%;3 000~5 000元(不含)和5 000~7 000元(不含)的占比最高,分别达到27.57%和21.79%;7 000元及以上的占比为13.46%。由此可见,旅游者个人月收入情况以中等水平为主。游客基本特征如表12-7所示。

表12-7 游客基本特征分析

受访者特征描述		占比(%)
性别	男	46.15
	女	53.85
年龄	18岁以下	3.85
	18~24岁	15.38
	25~35岁	37.18
	36~45岁	28.20
	46~60岁	12.18
	60岁以上	3.21
职业	学生	39.24
	工人	14.92
	农民	2.56
	个体工商户	18.59
	政府或事业单位人员	6.41
	企业单位管理人员	16.28
	其它	2.00
个人收入/月	3 000元以下	37.18
	3 000~5 000(不含)元	27.57
	5 000~7 000(不含)元	21.79
	7 000~9 000(不含)元	7.69
	9 000元以上	5.77
受教育程度	初中及以下	1.92
	高中	5.00
	本科	49.36
	大专	18.59
	研究生及以上	25.13

综上所述,去某某村的游客中 25~45 岁的女性较多;本科和大专以上的企业单位管理人员和学生以及工人较多,游客收入水平大多在 7 000 元以下。

2) 某某村游客出行方式

根据对某某村游客出行方式的统计,发现乘坐大巴车去往某某村的人最多,占比为 21.41%;自驾游的游客占比为 68.27%,相对于团体出游,自驾游行程相对自由,所以自驾游的方式受更多游客欢迎;跟团或单位组织旅行的游客占比为 8.19%;最后是骑行的游客,只有 2.13%。

3) 某某村游客出行动机

游客出行的动机构成不是单一的。通过对问卷数据的归类进行总结,发现在某某村中游玩的游客主要是为了感受文化价值,因为受到影视作品的影响,想领略关中文化;还有一部分游客由于平时工作忙,游玩的目的是度假休闲;还有一小部分游客是为了学习和体验关中的传统文化;少部分游客是为了拍照打卡,或者录制短视频。调查结果如表12-8 所示。

表 12-8　游客出行动机调查

	项目及内容	占比(%)
旅游动机	调节心情	17.91
	度假休闲	25.55
	学习体验	23.99
	感受文化价值	56.82
	拍照打卡	5.73

感受文化价值包括感受民俗文化价值和影视文化价值,民俗文化包括陕西关中的房屋建筑物、四合院、相声、民俗、小吃、穿着打扮以及祠堂的演出,还有各种民俗演义,例如华阴老腔、舞狮等,这些都能让游客体验民俗文化特色;影视文化主要包括影视拍摄基地和在某某村内拍摄的多部电影作品,它们能让游客感受到电影的氛围效果。

4) 某某村游客玩伴选择

根据调查结果显示,游客和家人出游的频率最高,其中亲子游占比为 64.71%,与朋友出游的占比为 25.13%,与同事出游的占比为 7.45%,独自出游的占比最低,为 2.71%。

2. 某某村游客消费情况

1) 游客消费项目构成

我们可以把游客消费项目分为五个类别(娱乐、购物、饮食、交通、住宿),对每个游客的消费项目占比进行分析,发现占前三位的分别是娱乐、购物、饮食。在 156 个在景区消费的游客中,有 40.81% 的游客在娱乐上进行消费,20.95% 的游客在购物上进行消费,72.30% 的游客在餐饮上进行消费,10.23% 的游客在交通上进行消费,还有 2.01% 的游客在住宿上进行消费,如图 12-7 所示。在五个消费类别中,存在交叉消费现象,既进行娱乐消费又进行饮食消费的有 30 人;既进行购物消费又进行饮食消费的有 15 人;既进行交通消费又进行饮食消费的有 6 人;既进行住宿又进行饮食消费的有 2 人,既进行娱乐消费又进行购物消费的有 10 人。娱乐消费还包括门票费用,由于某某村本身的门票是免费的,但是村内部的游玩项目需要单独付费,所以娱乐消费中的门票费用主要包括各种演出的门票费用、娱乐设施的费用、科技体验类项目的费用等。

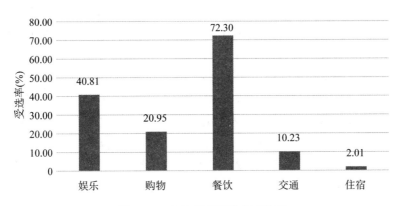

图 12-7　各消费项目游客受选率

2) 人均消费金额分布

对 156 个游客的消费总金额进行分析,发现这 156 个游客中消费在 100～200(不含)元的最多,占比为 49.18%;在 400 元及以上的为 2.68%;在 100 元以下的为 29.53%;在 200～300(不含)元的为 11.00%;消费 300～400(不含)元的为 7.61%,具体情况如图 12-8 所示。

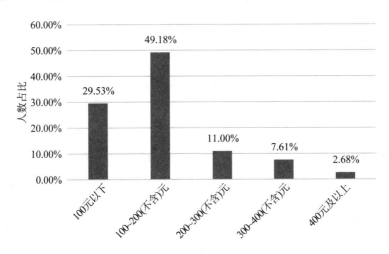

图 12-8　游客消费金额分布

调查结果显示,大多数游客比较注重关中的文化价值,某某村的精彩演艺让游客感受到了当时历史的震撼。游客购物主要是购买一些具有地方特色的纪念品和旅游特色产品,娱乐项目主要是游乐场的游玩项目,其中还包含一些亲子项目,但住宿的人较少,因为住宿的价格在 400～500 元之间,所以住宿不太划算,游客几乎都是当天去当天返回。

3) 各大类别总消费金额占比

将消费分成五个类别,分析156个游客各大类别的消费金额占比,调查结果显示,虽然在饮食上进行消费的游客较多,但总消费金额中饮食消费占比并不大,为17.73%;由于娱乐项目包含演出门票和游乐场的花销费用,而演出门票价格略高,游乐场消费主要包括亲子项目,一般都是以亲子票为主,所以整体花销也比较高,在总消费金额中,娱乐项目花销占比最大,为40.15%;交通消费主要包括景区内部的乘车费用、扶梯费用、停车费用,占比为15.38%;购物消费主要包括购买当地的特色产品的消费,例如当地的特色大樱桃和秘制油泼辣子酱料等等,占比为25.84%;住宿的人比较少,根据问卷可知,大部分游客都不愿在某某村内住宿,仅有极个别游客选择在某某村内住宿,住宿费用占比仅为0.90%。游客不愿在某某村内住宿主要有三个原因:一是因为某某村离西安市不远,交通比较便捷,西安市内有更好的选择;二是因为景区内酒店价格昂贵;三是因为景区内酒店环境不太符合游客的预期,所以综合起来住宿的人太少,游客在住宿上消费太低,产生的经济效益不明显,就不再进行详细分析。统计结果如图12-9所示。

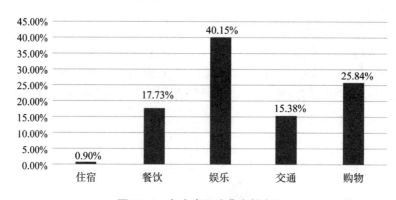

图12-9 各大类总消费金额占比

3. 某某村游客具体消费行为

1) 餐饮方面

调查结果显示,85.66%的游客更乐于品尝当地的民俗特色饭菜以及小吃,7.49%的游客表示会以自己的固有口味选择食物,还有4.16%的游客会以服务档次来选择自己的吃饭地点,2.69%的游客表示无所谓,没有明确的目标。可以看出,大多数的消费都在25~50元之间,大部分游客都会根据当地的饮食特色来选择餐饮,主要是为了体验关中的美食,我们对这些游客的饮食消费情况进行了详细分析,结果如图12-10所示。

对就餐游客选择的食物进行分析,村内的美食主要分为这几大类:面食类(油泼面、臊子面、刀削面、牛羊肉泡馍、肉夹馍、凉皮、饸饹等等),小吃类(豆皮涮牛肚、油炸菜盒子、炒凉粉、红油米线、梅菜扣肉饼、脆皮五花肉、章鱼小丸子、饺子、煎糕、油条、炸饼、糖葫芦等等),炒菜类(川香私房菜、川人川菜等等),烧烤类(烤鸡腿、烤肉串、烤面筋等等),对游客的饮食选择进行分析,结果显示,50.00%的人选择吃面食,选择炒菜类的为

32.86%,选择烧烤类的为17.68%。由于小吃类比较方便,品种比较多,游客可以吃完再继续品尝其他美食,因此小吃类占比最大为77.59%。结果如图12-10所示。

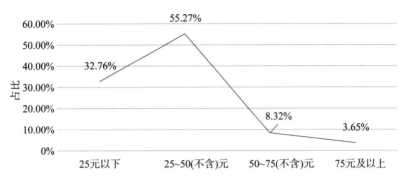

图12-10 游客人均餐饮消费情况

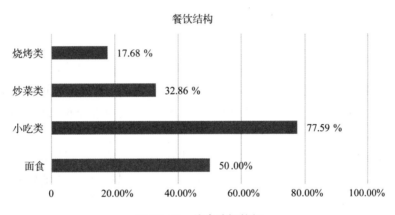

图12-11 饮食选择偏好

2) 交通方面

交通消费主要包括乘车费用(电动三轮车40元/时,观光车20元/趟)、扶(电)梯费用(20元/次)、索道费用(20元/次),调查发现,大部分游客都会选择乘坐扶梯或观光车,具体调查结果如表12-9所示。

表12-9 交通工具选择情况

消费项目	选乘比例(%)
乘车	60.41
扶(电)梯	91.82
索道	12.87

3) 购物方面

据统计,有62.54%的游客会购买旅游纪念品或当地的特色产品,其中有35.71%的游客愿意购买当地的特产,有26.83%的游客愿意购买当地的纪念品。而在购买旅游纪念品或者当地特产所产生的费用中,35.26%的游客花费在50元以内;53.48%的游客花销在 50～100（不含）元以内；7.13% 的游客花销在 100～150（不含）元以内；4.13% 的游客花费在 150 元及以上。结果如图 12-12 所示。

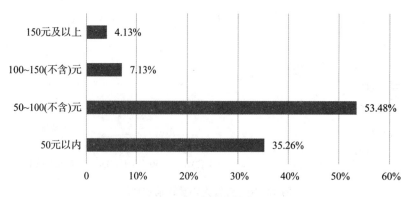

图 12-12　购物花销费用

（四）结论

（1）调查发现去往某某村的游客出行方式以自驾车为主，出行动机主要为获取地方文化价值，多数为亲子游。其中，女性游客较多，游客以 25～45 岁的青壮年为主，绝大多数游客学历在本科及以上。游客中学生最多，其次为企业单位管理人员和个体工商户，大多数人的月收入都在 7 000 元以下。

（2）在游客消费选项上，饮食消费的人数占比最高，约有 72.3% 的游客会在某某村进行餐饮消费，其次是文化娱乐消费，消费人数较少的是景区内交通消费和住宿消费。其中，餐饮消费中又以选择小吃类的游客居多，娱乐消费又以影视欣赏居多。

（3）从人均消费金额来看，来某某村旅游的游客消费水平相对较高，绝大多数的游客在村内的消费金额都超过了 100 元，其中有接近一半的游客的消费在 100～200（不含）元之间。其中为 55.47% 的游客将钱花在了娱乐项目上，其次为购物、餐饮消费，虽然选择餐饮消费的游客人数多，但开支不及娱乐消费。

（4）在餐饮消费中，大多数游客倾向于品尝当地的民俗特色小吃，其次为面食；在交通工具选择上，绝大多数游客都会乘坐扶梯，其次为电三轮车或观光车；购物消费中，以购买特色纪念品或特色产品消费居多。

附录：

某某村游客的旅游行为及消费行为调查问卷

尊敬的先生/女士：

您好！我是陕西某某学院的学生，目前在做一份游客对于某某村的旅游行为和消费行为的研究，所以开展本次调查。非常感谢您抽出宝贵的时间参与问卷调查，本问卷的阅答可能会占用您大约 10 分钟的时间。本问卷仅作学术研究之用，采用匿名作答，答案无对错之分，对您的学习、工作与生活不会产生任何影响，同时，我们会对您提供的信息予以保密，请根据您的真实情况或感受如实填答。您的填答对此研究的顺利进行非常重要。

再次感谢您的支持！

1. 您的性别是：
☐男　　　　　　　　☐女

2. 您的年龄是：
☐18 岁以下　　☐18～24 岁　　☐25～35 岁　　☐36～45 岁
☐46～60 岁　　☐60 岁以上

3. 您的职业是：
☐学生
☐工人
☐农民
☐个体户
☐政府或事业单位人员
☐企业单位员工
☐其他

4. 您的个人月收入：
☐3 000 元以下
☐3 000～6 000（不含）元
☐6 000～12 000（不含）元
☐12 000～20 000（不含）元
☐20 000 元及以上

5. 您的受教育程度：
☐初中及以下
☐高中
☐大专
☐本科
☐硕士及以上

6. 请问您一般会选择哪种出行方式？
☐自驾游
☐乘坐大巴车
☐骑行
☐跟团/单位组织旅行
☐其他_____

7. 请问您的玩伴通常是：
☐没有玩伴
☐家人（亲子游）
☐朋友
☐同事
☐其他_____

8. 通常您的主要旅游动机是：

□调节心情

□度假休闲

□学习体验

□体验文化价值（民俗价值和影视价值）

□拍照打卡

□其他

9. 在您此次的总花销中，占比最多的是：

□住宿

□餐饮

□娱乐

□交通

□购物

□其他

10. 您在某某村游玩时大约消费了多少钱？

□100元以下

□100～200（不含）元

□200～300（不含）元

□300～400（不含）元

□400元及以上

11. 您旅游时选择饮食的标准是：

□当地民俗特色

□固有口味

□服务档次

□无所谓

12. 您旅游时会选择的饮食种类是：

□面食

□小吃类

□炒菜类

□烧烤类

□其他

13. 您在游玩中在饮食方面大概消费了多少？

□25元以下

□25～50（不含）元

□50～75（不含）元

□75元及以上

14. 您在游玩过程中会产生哪种交通方面的花销？

□乘车费用（观光车、三轮车）

□扶梯、电梯费用

□停车费用

□索道费用

15. 您是否购买旅游纪念品或者当地特产？

□否（请跳至第 21 题）

□是

16. 您在旅游过程中会购买：

□纪念品

□当地特产

□日常用品

□衣物

□其他

17. 您购买旅游纪念品或者当地特产的花费是：

□50 元以下

□50～100（不含）元

□100～150（不含）元

□150 元及以上

18. 您的旅游消费构成比重（数字越大比重越大）［比重题］

交通＿＿＿＿＿＿＿＿＿＿

住宿＿＿＿＿＿＿＿＿＿＿

餐饮＿＿＿＿＿＿＿＿＿＿

娱乐＿＿＿＿＿＿＿＿＿＿

购物＿＿＿＿＿＿＿＿＿＿

其他＿＿＿＿＿＿＿＿＿＿

19. 您觉得某某村综合收费水平是否合理？

□收费偏高

□费用水准与所得服务不等价

□基本合理

20. 您对此次某某村旅游经历满意程度如何？

□非常满意

□满意

□一般

□不满意

□非常不满意

21. 您对某某村旅游发展有何建议？［多选题］

□丰富娱乐活动

□提高旅游水平

□增加不同类型的旅游产品

☐加强基础设施投资(交通等)
☐对现有旅游产品进行更深层次开发
☐丰富旅游商品种类、提高其品质
☐完善配套服务设施(住宿、餐饮等)
☐其他

三、乡村旅游满意度调查

榆某市乡村旅游满意度现状调查
×××调查组

(一)绪论

乡村旅游已经成为当今我国旅游产业市场发展的新兴热点,为保证乡村旅游的持续健康发展,有必要对乡村游客的满意度开展调查,总结乡村旅游中存在的不足,优化旅游产品与服务水平。本次调查将以榆某市为调查区域,该市是国家历史文化名城,位于陕西省最北部,是草原文化与农耕文化相互融合的地带,是黄河文化带与长城文化带的交织地区。在国家乡村振兴战略的支持下,榆某市出台了《榆某市加快发展乡村旅游的意见》等一系列政策性文件,用来推动榆某市乡村旅游的健康快速发展。目前榆某市有11个市级旅游特色名镇、11个市级乡村旅游示范村。2022年,榆某市乡村旅游接待游客447万人次,乡村旅游收入达8.2亿元。本次调查将了解榆某市乡村旅游游客的真实感受,收集游客对于旅游地的实际消费体验,为优化该地乡村旅游产品和服务质量,提升该地乡村旅游满意度,推动榆某市乡村经济健康可持续发展提供参考。

(二)问卷设计

本次调查采用现场发放问卷的形式,以现场游客为主要调查对象,采取随机抽样的方法选择游客开展调查。本次调查的问卷主要包括两部分,第一部分为游客基本特征调查;第二部分为旅游乡村旅游满意度调查,该部分内容围绕旅游六要素并结合榆某市的实际情况设置了7个一级调查指标和19个二级指标(表12-10)进行调查,问题答案采用五分制量表式:非常不满意(1分)、不满意(2分)、一般(3分)、满意(4分)、非常满意(5分)。

(三)调查结果分析

本次调查是从2021年1月开始到2021年2月截止,问卷的发放由榆某市乡村旅游管理人员协助完成。本次调查共发放问卷145份,收回问卷131份,有效问卷120份。为了得到榆某市乡村旅游满意度水平,我们对所获得的数据进行了均值处理,令检验值等于3,结果等于3表示一般,低于3表示不满意,高于3表示满意。

1. 游客基本特征

调查结果显示男性游客占44.17%,女性占55.83%,女性占比明显高于男性;游客年龄主要集中于 18~44 岁之间,其中 18~25 岁阶段的人占多数;文化程度主要集中于本科或者大专程度,占比为 42.50%;从职业构成看,以学生群体居多,占比为 34.17%,其次是公务员与事业单位人员,占比 31.67%。以上调查数据表明榆某市乡村旅游的游客以女性、年轻人、高学历人群、学生和公职人员为主。从收入来看,榆某市乡村旅游的游客家庭月均收入主要集中在 3 000~3 999 元之间,出游目的大部分都是放松身心,在感受乡村自然风光的同时增进与亲朋好友的关系。

2. 乡村旅游满意度现状分析

对问卷调查的数据进行统计整理后得到榆某市乡村旅游满意度调查统计表,见表 12-11,其中均值为各指标的平均值,排序为各指标均值由高到低排列的序号。整体而言,在榆某市乡村旅游产品的满意度调查的 19 项指标中,有 3 项指标的游客满意度均值达到 4 分以上,有 10 项指标的满意度均值在 3~4 分之间,有 5 项指标的均值低于 3 分,在 2~3 分之间。其中满意度得分最高的项目是外部交通,均值为 4.49 分,其次为餐饮味道 4.25 分,自然环境 4.00 分;满意度得分最低的项目是建筑特色,得分均值仅为 2.70 分,其次为住宿配套设施,为 2.84 分,随后是购物产品的特色,为 2.86 分;景区基础设施和景区卫生环境得分均值也较低,分别为 2.90 分和 2.95 分。

表 12-10 乡村旅游满意度调查指标

	一级指标	二级指标
乡村旅游满意度调查	景区质量	自然环境
		基础设施
		景区卫生
	餐饮环境	餐饮特色
		餐饮味道
		餐饮卫生
	住宿条件	建筑特色
		住宿卫生
		住宿价格
		配套设施
	交通环境	外部交通
		内部交通
	服务条件	服务水平
		服务效率
		服务态度
	娱乐环境	活动种类
		活动参与性
	购物条件	产品特色
		产品价格

表 12-11 榆某市乡村旅游满意度调查统计表

一级指标	二级指标	各选项游客勾选占比(%)					均值	排序
		非常不满意	不满意	一般	满意	非常满意		
景区质量	自然环境	0.0	5.0	19.2	46.7	29.1	4.00	3
	基础设施	2.5	24.2	55.0	16.7	1.6	2.90	16
	景区卫生	0.0	35.0	50.8	14.2	0.0	2.95	15
餐饮环境	餐饮特色	4.2	25.0	44.2	19.2	7.4	3.01	13
	餐饮味道	0.0	5.8	30.8	37.5	25.9	4.45	2
	餐饮卫生	0.0	3.3	44.2	27.5	25	3.74	6
住宿条件	建筑特色	10.0	39.2	29.1	14.2	7.5	2.70	19
	住宿卫生	0.0	10.8	46.7	32.5	10.0	3.42	8
	住宿价格	0.0	0.0	42.5	39.2	18.3	3.76	5
	配套设施	12.5	21.7	37.5	25.8	2.5	2.84	18
服务条件	服务水平	4.2	12.5	46.7	33.3	3.3	3.19	10
	服务效率	1.7	22.5	52.5	20.8	2.5	3.00	14
	服务态度	0.0	5.8	39.2	45.8	9.2	3.58	7
交通环境	外部交通	0.0	0.0	7.5	35.8	56.7	4.49	1
	内部交通	10.0	18.3	30.8	29.2	11.7	3.14	12
娱乐环境	活动种类	10.0	19.2	30.8	25.0	15.0	3.16	11
	活动参与性	5.8	12.5	35.8	28.4	17.5	3.39	9
购物条件	产品特色	10.8	20.9	47.5	13.2	7.5	2.86	17
	产品价格	0.8	1.7	36.7	41.6	19.2	3.77	4

1) 景区质量

景区质量的整体均值为 3.28,在景区质量中景区基本设施与景区卫生的满意度较低。有 26.7% 的游客表示对基础设施不满意,55% 的游客表示一般,游客对于基础设施的满意度并不是很理想。基础设施满意度排序为 16,说明榆林地区乡村旅游基础设施不完善,不能带给游客的较好的旅游体验。实地调查发现,游客大多是自驾游,对停车的需求较大,然而很少有乡村旅游点建设有大规模停车场,因此导致游客停车难,停车乱,主干线道路拥挤等现象,使景区形象降低,给游客留下了不好的印象;另一方面,景区内公共厕所建设较为落后,存在指引标示不清、数量有限、规模较小等现象,游客去村民家借厕所的现象时有发生,这些都是导致游客对景区基础设施的满意度较低的原因。有 35% 的游客表示对景区卫生不满意,景区卫生满意度均值低于 3,说明游客对景区的卫生情况满意程度较低。通过实地调查发现大部分景区内垃圾桶安置较少,且多数垃圾桶长时间处于满溢状态,导致游客垃圾无处可扔,同时景区保洁人员较少,打扫不及时,不能保证景区的干净整洁,造成景区的卫生较差,影响了游客对景区的评价。

2) 餐饮环境

餐饮的整体均值为 3.73,餐饮的各方面均值达到了 3 分以上,表明游客在这方面较为满意。但餐饮特色相较味道及卫生的满意度较低,共有69.2%的游客表示对餐饮特色不满意或觉得一般,有2.5%的游客表示对餐饮特色非常不满意。当地村民为了迎合游客的口味以提高利润,很多都放弃乡村饮食原有的特色,使景区内餐饮的种类、烹饪手法、口味等与城区内饭馆相差不大,甚至出现了快餐,导致餐饮特色的满意度均值仅为3.01分,为满意度评价的一般水平,但餐饮的味道和卫生情况得分均值较高,表明这两项游客还是接受的。

3) 住宿条件

住宿的整体满意度均值为3.18,该项调查得分较低的主要原因在于建筑特色和住宿配套设施,在建筑特色方面仅有21.7%的游客表示满意或非常满意,有接近一半的游客明确表示对建筑特色不满意或非常不满意,其中不满意的占39.2%,非常不满意的占10%,最终该项满意度均值仅为2.70分;同时游客对住宿的配套设施的满意度也较低,该项均值为2.84,表示不满意和非常不满意的游客占了总游客的34.2%。榆某市乡村旅游住宿的地方大部分为当地村民自建房,受村民思想以及经济方面的局限,自建房建筑风格和装修风格各异,住宿的配套设施档次较低且不完善,房屋的样式基本是千篇一律的楼房,没有利用陕北独特的窑洞作为特色吸引游客。住宿价格方面没有游客不满意或者非常不满意,说明住宿的价格合理。由于住宿配套设施不完备以及房屋没有特色,导致游客住宿率较低,无法使大批游客长时间停留,这对旅游地的经济发展不利。有10.8%的游客表示对住宿卫生不满意,42.5%的游客表示满意及非常满意,说明游客对榆某市乡村旅游住宿卫生比较认可。

4) 交通环境

从数据结果可以明显看出游客对景区内外交通给出了完全不同的评价,外部交通可达性均值高达4.49,而内部交通得分均值为3.14。实地走访调查人员发现,榆某市乡村旅游地的可达性很强,经过榆某市的高速公路较为丰富,其他高等级公路省道、国道等路况都较好,同时该市的机场已通航29个城市;到达旅游地的公路一般都是4.5米宽的双车道柏油马路,榆某市公路管理局对公路的修建、养护比较重视,榆某市的路况较为良好。有10%的游客对乡村旅游的内部交通表示非常不满意,说明景区的内部交通确实有不尽如人意的地方,景区内没有良好的停车秩序,经常会出现拥堵现象;缺少旅游指示牌,进出口使用混乱;景区内部游客管理十分混乱。交通的整体满意度均值为3.815,说明游客对榆某市乡村旅游交通方面的满意度较高,景区内部交通满意度低于外部交通满意度,要重视景区内部交通的管理。

5) 服务条件

服务整体满意度均值为3.26,相比较来说服务水平与服务效率得分更低。对于服务水平与服务效率均有游客表示非常不满意,而没有游客对服务态度表示非常不满意。对于服务态度来说,39.2%的游客表示一般,55%的游客表示满意及以上,但是有5.8%的游客表示对服务态度不满意,说明榆某市乡村旅游服务态度较好,能给游客留下较好的感受从而获得较高的游客满意度。对于服务效率与服务水平,大部分游客都表示一般,有4.2%的游客对服务水平表示非常不满意,有1.7%的游客对服务效率表示非常不满意。旅游业从属于服务业,因此在乡村旅游中服务态度、服务水平、服务效率影响着游客对旅游地满意度的评价。笔者实地调查发现旅游地的服务人员大都是当地居民,文化程度不高,大多使用方言,与游客交流不流畅;服务人员一人身兼数职,分工不明确,导致不能给游客带来专业的服务;服务人员没有受过系统的专业的培训,不能及时有效的解决游客的问题;有的旅游地甚至没有服务人员。

6) 娱乐环境

娱乐是旅游活动中必不可少的活动,娱乐的整体满意度均值为3.275。活动种类满意度的均值是3.16,排序靠后,10%的游客对此表示非常不满意,19.2%的游客表示不满意,30.8%的游客表示一般,40%的游客给予满意和非常满意的评价,说明榆某市乡村旅游的娱乐活动种类较为单一。关于活动参与性,有35.8%的游客表示一般,表示满意及以上的游客占比多于不满意及以下。榆某市乡村旅游主要的娱乐活动就是参观村庄里的名胜古迹、历史遗迹等,或者是类似于"农家乐",这种类型的活动相对来说参与性较好,比较没有限制,比较包容。娱乐活动种类较少,不能带给游客新奇的体验,娱乐活动的丰富性急需加强。

7) 购物条件

购物条件的整体满意度均值为3.315,但是购物产品特色的满意度低于价格满意度。产品特色满意度均值排名17,满意度较低,表示一般的游客占比为47.5%,表示不满意的游客占比为20.9%,非常不满意的游客占比为10.8%,满意及非常满意的游客占比为20.8%,说明榆某市乡村旅游产品特色不突出,与其他地区的旅游产品并没有多大的区别。产品价格满意度分值较高,为3.77,仅有0.8%的游客表示非常不满意和1.7%的游客表示不满意,说明产品价格比较合理,大部分的游客消费得起。

3. 原因分析

通过对榆某市乡村旅游满意度现状的调查,我们发现游客对于榆某市乡村旅游的建筑特色、住宿配套设施、购物产品特色、景区基础设施、景区卫生等方面不满意。通过实地调查以及深入了解,我们发现造成游客不满意的原因有以下几方面:第一,基础设施不完善,不能满足游客的需求,例如停车场的缺乏严重影响了游客出游心情。第二,住宿方面没有建筑特色,配套设施不够完善,不能给游客提供舒适、便捷、放松的居住环境。榆某市乡村旅游的住宿大都是由附近居民提供,受到农民观念以及经济方面的限制,住宿用的自建房没有榆某市独特的特色且住宿配套设施不完善。第三,榆某市乡村旅游基础设施不完善,垃圾桶安置较少,导致游客乱扔垃圾,加上保洁工作人员的缺乏,致使景区不能维持干净整洁,给游客留下不好的观感。第四,榆某市在购物方面满意度较低的原因是产品没有特色,仅仅局限在吃喝玩乐的项目上,没有大型商场,没有榆某市的特色民俗产品,可供游客的选择较少,不能兼顾大多数游客的购物需求。

(四) 乡村旅游满意度提升策略

1. 完善基础设施,方便游客

通过调查得知,榆某市大多数地区的乡村旅游发展会受到基础设施不完善的制约。完善的基础设施对满意度有着重要的影响,基础设施越完善,游客乡村旅游满意度越高。对于现今的榆某市乡村旅游,需要完善的有以下方面:第一,增设停车场,不断加强景区停车管理,避免停车混乱拥堵问题;第二,安放更多的垃圾桶,张贴文明标语,提醒游客不要随手扔垃圾;第三,旱厕问题也急需解决,应建设公共厕所,方便游客;第四,配备必要的旅游指示牌、危险警告牌、旅游指引牌。

2. 提高旅游地的服务质量,增强游客的满足感

旅游产业的本质就是服务业,服务质量直接影响着游客的满意度。服务人员与游客的良好互动有利于游客获得满足感,因此提高旅游地服务人员的服务质量是增强游客满意度的重点工作。景区的服务工作是由当地的村民提供的,而工作人员的一举一动、一言一行都会影响游客的心理感受。对此,应该重视工作人员服务水平的提升,可以定期请相关人才对景区工作人员进行业务培训,通过提高工作人员的服务意识和规范工作人员的仪态行为举止、礼貌用语等来提升旅游地的服务质量,形成服务人员与游客间良好互动的氛围,提高游客的满意度。还可以引进优秀的乡村旅游创业人才和经营管理人才,为游客提供更优质的服务。

3. 增加旅游娱乐种类

榆某市乡村旅游的主要群体是学生,吸引的游客也都偏低龄化,要了解当代年轻人的喜好,增设年轻人偏好的娱乐项目类型,提高游客的参与程度。例如,增加具有乡村特色的密室逃脱项目,吸引游客近距离了解乡村文化,改变其对乡村的刻板印象;增加体验乡村生活的项目,例如采摘野菜、使用风箱烧火做饭、制作花馍等;定期举行民俗文化活动,例如秧歌表演、民俗知识文化有奖竞赛等,吸引游客,增加游客重游意愿,而且能形成文化输出,提高旅游趣味性,延长游客停留时间。此外,还可以将娱乐活动与餐饮结合起来,让游客自己动手做饭,开设半开放餐厅。

4. 建设窑洞特色民宿

窑洞是榆某市乡村最常见的住房建筑,将窑洞作为特色住宿既可以吸引游客又可以普及榆某市的特色文化。在建设过程中,政府可以指导、管理窑洞的规范建设,保证建设的规模和布局,营造良好的住宿环境。政府可采取有效措施,拓宽乡村旅游发展融资渠道,引导民间资本经营或者为民宿建设提供建设改造资金,这样既可以减轻村民的经济压力,同时也可以保证住宿配套设施的档次。

5. 增加购物产品特色以及种类

购物可以拉动旅游地的经济增长,购物产品种类多且具有榆某市特色就可以满足不同游客的购物需求,例如可以开设榆某市民俗产品专卖店,售卖榆某市特有的东西,如窗花、剪纸、花馍、狗头枣等。

(五)结论

本次调查选取榆某市乡村旅游地作为调查对象,调查发现榆某市乡村旅游在快速的发展,但同时也存在基础设施较差、乡村旅游娱乐种类较为单一,服务人员的服务质量需要提高,餐饮、住宿无当地特色等问题,这些问题导致游客对其的满意度较低而且不利于乡村旅游的长远健康发展。调查显示,游客对榆某市乡村旅游住宿的建筑特色、住宿配套设施、购物产品特色、景区基础设施、景区卫生等方面存在不满意;对外部交

通、餐饮味道、自然环境等方面满意度较高。

附录：

乡村旅游满意度调查问卷

尊敬的游客朋友：

您好！我是某某学院某某专业的一名大学生，目前正在做关于乡村旅游满意度的调查研究，恳请您花几分钟的时间答填这份问卷。此问卷纯为学术研究之用，不作其他用途，并采用不记名的方式填写，我们并会对您的信息进行保密，请放心填写。非常感谢您的支持与参与！

×××调查组

组长：×××

联系方式：029-×××××××

第一部分　基础资料调查

1. 您的性别：

   A. 男　　　　　　B. 女

2. 您的年龄是：

   A. <18 岁

   B. 18~24 岁

   C. 25~44 岁

   D. 45~64 岁

   E. ≥65 岁

3. 您的文化程度是什么？

   A. 初中及以下

   B. 高中或中专

   C. 大专或本科

   D. 硕士及以上

4. 您的职业是什么？

   A. 公务员

   B. 事业单位工作人员

   C. 学生

   D. 农民

   E. 离退休人员

   F. 其他

5. 您的家庭人均月收入是多少元？

   A. <2 000 元

   B. 2 000~2 999 元

   C. 3 000~3 999 元

   D. 4 000~4 999 元

   E. ≥5 000 元

6. 您此次出游的目的是什么?

A. 放松身心,感受乡村自然风光

B. 体验农家生活,参与乡村特色活动

C. 品尝乡村特色美食

D. 了解旅游地历史文化

E. 增进亲朋好友感情

F. 其他

第二部分　乡村旅游满意程度调查(表12-12)

(1表示非常不满意,2表示不满意,3表示一般,4表示满意,5表示非常满意,请在相应的空格内打"√"。)

表12-12　乡村旅游满意程度调查表

序号	项目	评分(分数越高表示越满意)				
1	乡村旅游地自然环境质量	1	2	3	4	5
2	乡村旅游地卫生状况					
3	乡村旅游地基础设施					
4	当地餐饮卫生状况					
5	当地餐饮口味					
6	当地餐饮特色					
7	当地住宿卫生条件					
8	当地住宿建筑特色					
9	住宿价格					
10	当地住宿配套设施					
11	交通可达性					
12	景区内交通					
13	服务态度					
14	服务水平					
15	服务效率					
16	娱乐活动种类					
17	娱乐活动参性					
18	购物产品种类					
19	产品价格					

课后练习

1. 乡村旅游调查内容有哪些?
2. 乡村旅游调查信息获取途径是什么?
3. 请依据教材中乡村旅游调查表(示例)完成某个村庄的乡村旅游调查工作。
4. 编制一份乡村旅游发展现状调查报告。

第十三章 乡村综合调查

在实际的乡村调查工作中,单一的主题调查效率较低,且有时很难界定其调查类型,现实工作中,出于对人力、经费、时间等客观条件及调查研究的需要,往往会开展以乡村为对象的综合性调查,以及包含两个或两个以上调查主题的综合性调查,例如人口调查和经济调查、公共设施调查和人居环境调查、土地利用调查和产业发展调查等往往都是可以同时开展的。

进行综合性调查时,需要调查人员对调查主题有更好的理解,同时要设计出更科学的调查方案、调查问卷、访谈记录等,使用更为高效的调查方法,拓展更为宽广的信息获取渠道,并能够对相关基础数据和资料进行综合研判,以得出更符合当地发展现状或实际的调查结论。

一、村庄土地利用及产业现状调查

前某村村庄土地利用及产业现状调查

×××调查组

(一) 村庄概况

前某村坐落于某市的西北面、某某景区北面的峡谷地带,整体地形四周高、中间低,大部分用地以农田和林地为主,中部相对开阔和平缓,多为平缓的农田旱地。村屯以村民小组为单位,呈点状分布在坡地上,错落有致,目前该村有村民 271 户,共计 1 084 人,平均 4 人/户,村内以第一产业为主,以少量第三产业为辅,其中农业生产主要以种植水稻、蔬菜、黄皮果、杨桃、茶以及花卉、琴丝竹、玉桂等园艺作物为主;第三产业以乡村旅游业为主,主要发展了"农家乐"休闲度假旅游产业。

(二) 土地利用情况调查

1. 整体情况

依据《土地利用现状分类》(GB/T 21010—2017)对村庄的建设用地进行分类调查,主要划分有:居住用地、公共设施用地、生产设施用地、道路广场用地、工程设施用地、绿地和其他用地。

1) 居住用地

当地村民一般聚族而居,各家独立成幢,相互毗邻。受地形影响,村民住宅多依等高线呈组团式布置,新建房屋多以 1~2 层砖混结构为主,楼顶有晒台,个别房屋前还有独立的小院落,旧房多为土房。目前村内房屋布置较零散,房屋间余留有大片的空地,并随意堆放着杂物或种植着瓜果,有些甚至用于圈养家禽,给村庄环境卫生造成了较大的影响。

2) 公共设施用地

目前前某村除了前某小学及在龙某屯建设的村委办公楼和篮球场外,其他村屯都没有建设公共设施。

3) 生产设施用地

村内没有集体经济性质的生产企业,生产设施用地主要指养殖、堆放杂物等设施用地。目前村民的牲畜杂物房多零星分布在村庄内部,多为土房,建筑质量较差。

4) 道路广场用地

目前村内铺设了约3米宽、5千米长的进村水泥道路,硬化了从村委通往各屯的7千米道路,以及1.6千米的环屯路,给车辆出入和村民行走提供了方便。

5) 绿地

村内绿化率较低,绿化主要以村民在房前屋后种植当地植物为主。

6) 其他用地

其他用地是指调查范围内的水域、农林种植地、牧草地、闲置地和特殊用地。村庄四面为农林种植地,现种植有果树、花卉苗圃等,各村屯围合的中部平缓地多为水田和旱地。

前某村具体用地面积指标见表13-1。

表13-1 前某村主要用地面积表

指标名称	单位	数值	所占比重(%)	人均面积(米²/人)
一、村庄建设总用地	平方米	65 918.31	100.00	60.81
1. 居住用地	平方米	45 849.34	69.55	42.30
2. 公共设施用地	平方米	3 081.67	4.67	2.84
3. 生产设施用地	平方米	801.80	1.22	0.74
4. 道路广场用地	平方米	14 185.50	21.52	13.09
5. 绿地	平方米	2 000.00	3.04	1.85
二、村庄总用地	平方米	800 157.66	100.00	738.15
1. 总建设用地	平方米	65 918.31	8.24	60.81
2. 其他用地	平方米	734 239.35	91.76	677.34
三、居住户数	户	271		
四、户均占地面积	平方米	169.19		
五、居住人数	人	1 084		
六、总建筑面积	平方米	73 342.22	100.00	67.66
1. 住宅建筑面积	平方米	70 698.68	96.30	65.22
2. 公共建筑面积	平方米	1 981.67	2.80	1.83
3. 生产建筑面积	平方米	661.87	0.90	0.61

续表

指标名称	单位	数值	所占比重(%)	人均面积(米²/人)
七、户均住宅建筑面积	平方米	260.88		
八、停车位	个	0		
九、容积率		0.42		
十、绿地率	%	3.04		
十一、建筑密度	%	21.02		

2. 土地利用存在的问题

前某村在村庄整治改造方面取得了较大的成绩,但村庄村容村貌的整治、基础设施和公共设施的配套等方面尚需进一步地完善,主要表现为以下几点:

(1) 村内房屋建设较为混乱,虽然新建的房屋很大程度上改善了村庄的居住环境,但新房旧房交错出现,一定数量的破旧土房破坏了村庄的整体环境。同时新建房屋建筑风格、形式过于单一,未能与环境要素结合,且村民在房屋建设过程中,存在部分乱搭乱建的现象,不利于营造具有优美特色的乡村风貌。

(2) 基础设施落后,道路宽度严重不足,尚不能满足民用车辆正常错车的需求,同时道路硬化程度较低且质量较差,村委会通往其他屯的路上存有很多尚未硬化的路面,已硬化的路面多为水泥路面。

(3) 公共服务设施建设配套不足,广场建设较为滞后,且没有专门的停车位,导致车辆乱停乱放现象明显,同时村内缺少垃圾集中堆放点、消防设施、卫生所和村民活动场所等公共服务设施。

3. 经济产业发展情况

1) 经济发展现状

前某村现有产业主要是第一产业,没有第二产业,有少量的第三产业。近几年来,前某村积极探索经济发展路子,积极调整产业结构,引导村民种植花卉、琴丝竹、水果等,其中种植茶叶 200 亩[3 000 元/(亩·年)],花卉基地 250 亩[6 000 元/(亩·年)],玉桂 300 亩[500 元/(亩·年)],无籽黄皮果 350 亩[800 元/(亩·年)]。村内某某旅游度假中心等休闲旅游业,年收入达 120 万元。村里的经济发展有了较大的改善,农民人均纯收入逐年增长,目前人均年收入约为 1.2 万元。

2) 存在问题

(1) 农业综合生产力较低。(此处部分内容省略)

(2) 第三产业发展缓慢。(此处部分内容省略)

(3) 农业信息化水平欠佳。(此处部分内容省略)

4. 产业发展建议

1) 逐步提高农业综合生产力

目前种植水果、花卉和琴丝竹等园艺作物的收入已成为前某村主要的经济收入,该村应进一步围绕发展高效生态农业的目标和农民增收的主题,以市场为导向,生产适应市场需求的产品,加快实施"主体企业化、种植设施化、布局区域化、生产标准化、产品品牌化"的策略,逐步提高农业综合生产能力,推动农业现代化进程。

2)加快农村第三产业发展

在大力发展第一产业的同时,前某村应积极地洞察市场需要,及时调整产业结构,引导发展特色产业,加快该村第三产业特别是旅游服务行业的发展,开发游赏度假、"农家乐"、"采摘乐"等农村旅游业,鼓励农民进城经商和从事文化、休闲、社区服务等新兴服务业,以提高农村居民的收入水平。

3)完善基础设施和公共服务设施建设

积极完善农村基础设施建设,加快农村交通、供电供水、通信、环境保护等基础设施的建设速度,尤其在水利工程建设上,要积极推动社会公共资源向农村倾斜、城市公共服务向农村覆盖,同时应完善教育事业、医疗卫生等公共服务设施建设,并建立多层次、多元化的市场流通体系,完善基础设施和配套服务设施,增强市场集散功能。

4)提高农业的现代化水平

在推进农业产业化经营过程中,要大力提高农业产业化经营的科技含量,实施技术培训,抓好农业科技示范村、科技示范户建设,加快农机和设施农业的推广和应用,提高农业的现代化装备水平。

5)加强农业网络信息建设

要发展农业和农村信息网络平台,创办农产品网上交易市场,推进农产品网络信息入户工程,逐步普及农业信息进村入户,构建农产品生产者与市场、消费者的快捷联系平台,为提升农产品生产流通质量提供现代化的服务支撑。

二、农村居民房屋调查

下某村土地利用现状及居民房屋情况调查
×××调查组

(一)调查背景

淳某县枫某岭镇下某村作为三任省委书记的基层联系点,备受省市县乃至国家领导的重视。

2011年春夏间,时任国家副主席给下某村写的回信中对该村下一步发展提出了殷切期望。某某省省委书记要求认真贯彻落实这一重要指示精神,深入推进创先争优活动,全面加强社会管理创新,扎实推动科学发展,促进社会和谐稳定。某某市市委书记也前往指导开展"联乡结村"活动,要求认真学习贯彻国家重要指示精神,推动新一轮"联乡结村"活动深入开展,进一步加快欠发达地区致富奔小康步伐。各级领导对下某村发展的重视也是对社会主义新农村建设的重视,下某村的村庄建设具有重大的示范作用,为此特组织下某村整体调研工作,以指导下某村的村庄建设,改善村民生活和村庄环境整治工作。

(二)村庄概况

下某村所属的枫某岭镇,位于淳某县西南部的三省交界处,距县城千某湖镇68千米、某某市区约150千米;有县道某某线横贯东西,千某湖镇线贯穿南北,地理区位较为偏远,交通条件相对滞后。枫某岭镇现辖28个行政村、120个自然村,总人口1.9万人,总面积308平方千米,是淳某县辖区内面积仅次于千某湖镇的第二大镇,镇政府驻地在枫某岭村。

枫某岭镇地处山区、边区、林区、库区和革命老区,生态优质,环境优美,资源丰富,有县境第一高峰——某某尖、县内第二大水电站——枫某岭水电站和某某盆地、某某原始次生林等特色景点。但长期以来,该镇以传统农业为主,发展缓慢。进入21世纪后,在乡村振兴建设大步推进的历史契机下,枫某岭镇积极实施"生态立镇,产业兴镇,品牌名镇"的发展战略,瞄准"中国有机镇"的战略目标,加快推进工业化、产业化、城镇化步伐,全镇经济文化和社会事业呈现出良好的发展势头,农业经济、工业经济获得了长足发展,综合实力得到了加强,该镇相继被评为某某市卫生镇、某某省生态镇。

下某村位于淳某县枫某岭镇东北角,属于镇区,距镇政府所在地约2.5千米,现有某某港河道及县道某某线穿过村庄内部。2007年实行了村规模调整,现由窄某村、伊家村、下某村三个自然村组成,全村共有农户243户,总人口759人;村党总支班子由3人组成,共有党员36人。在"十三五"期间,下某村村庄建设、经济文化快步发展,逐步成长为某某省的基层党建示范村,先后获得"全国生态家园示范村""某某省卫生村""某某省文明村""某某省文化示范村""某某省绿化示范村""某某省五星级法制示范村""某某市全面小康建设示范村"等荣誉称号。

(三) 调查结果

1. 人口情况

下某村行政村包括下某村、窄某村、伊某村三个自然村。根据户籍资料,下某村现共有农户243户,人口759人,详见表13-2。

表13-2 下某村人口情况调查表

自然村	单位	下某村	窄某村	伊某村	合计
户数	户	145	76	22	243
人口数	人	412	270	77	759
常住人口	人	201	128	49	378

调查组对三个自然村每户家庭进行家庭人员情况详细调查,并列表整理留档,具体内容见表13-3。

表13-3 下某村村民家庭情况调查一览表

自然村	门牌号	户主姓名	家庭情况	家庭人口数量	人口情况
下某村	1	某某俊	在外地	1	在外1人
下某村	2	不详	—	—	—
下某村	3	某某农	常住	5	在家2人,在外3人

第十三章 乡村综合调查

续表

自然村	门牌号	户主姓名	家庭情况	家庭人口数量	人口情况
下某村	4	某某方	在外地	3	在外3人
……	……	……	……	……	……
窄某村	1	某某源	在外地	4	在外4人
窄某村	2	某某花	常住	5	在家4人,在外1人
窄某村	3	某某荣	在外地	4	在外4人
窄某村	4	无	（无户口、无房）		
……	……	……	……	……	……
伊某村	1	某某桐	常住	4	在家4人
伊某村	2	某某团	在外地	2	在外2人
伊某村	3	某某建	常住	4	在家2人,在外2人
……	……	……	……	……	……

注：家庭情况填写"常住"或"在外地",家庭人口数量填写家庭总人口数,人口情况填写"几人在家,几人在外或打工"。

2. 建筑风貌现状

下某村现有住宅建筑均为村民自发建设,有面砖贴面的新建筑、裸露红砖墙的建筑以及墙面脱落甚至有裂缝的老房子,建筑风格、色彩相差较大,建筑质量良莠不齐,整体建筑风貌显得杂乱而不统一。特别是沿凤某港和淳某线两侧的建筑风格差异较大,影响整体景观；另外,村民辅房乱搭乱建情况严重,且质量差、风貌差,尤其是作为猪圈或厕所使用的辅房,普遍存在脏、乱、臭的现象,亟待整治。

在现有民居中,也有少量具有传统色彩的老建筑,如下某村自然村的42号建筑是清代建筑,23号建筑、村北的17号建筑等多处老房子都还存有传统色彩的建筑元素,如马头墙、木雕、砖雕门头等,只需稍作整治就可以展现出传统韵味。调查组仔细调查了村里的每幢建筑,进行了质量和风貌等方面的评价,并对下某村老村按照门牌号列表整理留档,便于后期工作的实施,调查结果见表13-4。

表13-4 下某村村民房屋现状一览表

门牌号	户主	建筑面积（平方米）	现状建筑情况	现场图片
1	某某俊	主140 辅11	包括2个宅基地,西侧为2层土房,质量差,风貌一般；东侧为新建1层房,风貌一般；北侧为1层辅房,质量一般。	略
2	不详	主39 辅3	2层土房,质量差,风貌差；北侧有1层辅房,质量一般。	略
3	某某农	主226 辅3	4层建筑,砖混结构,质量好,风貌一般；南侧有1层辅房,质量差。	略
4	某某方	主339 辅154	4层建筑,砖混结构,质量好,风貌一般；辅房位于村东,2层土房,质量差。	略

续表

门牌号	户主	建筑面积（平方米）	现状建筑情况	现场图片
5	不详	主 286 辅 28	4层建筑,砖混结构,质量好,风貌一般;北侧有1层辅房,砖房,风貌差。	略
……	……	……	……	……

3. 交通现状

淳某线东西向穿过下某村中部,道路宽度为6~7米不等,路面为水泥路面,质量一般;现设有1处城乡公交站点,位于窄某村出口处。目前,各个自然村内均没有车行道路,几乎不能通车,只能步行,且路面宽度不等,质量一般。下某村现有桥梁2座,分别位于下某村自然村东口和西口,窄某村、下某村和伊某村三个自然村之间没有桥梁,交通不便。

4. 景观风貌及特色资源现状

下某村四面环山,山上种植有黄栀子、杨梅、茶树、竹子、桑树等多种林木及经济作物,且各自然村之间的河谷地带地势平坦,分布有大片农田,村庄中部还有50余米宽的河道东西向穿过,河北岸经过上一轮整治已形成滨河公园、沿河步行道等。村庄整体自然条件良好,环境优美。

虽然自然条件不错,但仍存在很多不足的地方:①村庄内绿化不足,几乎没有宅间绿化;②村庄地势起伏较大,存在多处驳坎,坎上局部设有水泥墙、栏杆等,形式杂乱,景观风貌较差;③由于上游水电站拦截,村庄中部河道内水量偏少,侧河滩裸露,水质逐渐恶化,且驳坎生硬,缺乏亲水性。

村特色资源方面,除了黄栀子、杭白菊、茶叶、桑林、毛竹等特色经济作物,还有各级领导关心基层发展留下的各种图片、信函、题词等重要资料,以及访问和住宿过的农家。此外,下某村作为新能源示范村,大量的沼气池利用和养蚕、养猪、养牛等传统生产方式的保留也是生态村庄的一大特色,因此下某村具有较好的发展特色旅游的条件。

5. 配套设施现状

由于缺乏统一的规划管理,且村民不重视公共用地和空间的预留与协调(表13-5),村民建筑间距较小,使得公共空间受到极大压缩,公共绿地、公共活动场地、交通设施、公共配套设施均显得局促和不足,现有各种村民设施都集中在两层的村委会小楼里,因此直接导致村民生活环境质量不高。另外,村庄设有多处公共养猪圈和公共厕所,但内部卫生条件较差。下某村虽然有发展特色旅游业的资源,但相应的旅游配套服务设施严重缺乏,如缺乏旅游接待车辆、停车场、餐饮、宾馆等。

表13-5 下某村土地使用情况调查表

序号	项目	单位	下某村	窄某村	伊某村	合计
1	村总占地面积	平方米	403 182			
2	村庄建设用地面积	平方米	61 058	23 997	10 598	95 653
3	人均建设用地面积	平方米	—	—	—	126

续表

序号	项目		单位	下某村	窄某村	伊某村	合计
4	村庄绿地面积		平方米	14 205	2 582	1 734	18 521
5	村庄道路面积		平方米	—	—	—	22 910
6	村庄非建设用地面积		平方米	—	—	—	266 098
7	其中	雅林湾面积	平方米	—	—	—	93 800
8		村内部河道面积	平方米	605	—	—	605
9		循环农业园	平方米	—	—	—	3 500
10		其他(山体、农田)	平方米	—	—	—	168 193
11	村总建筑面积		平方米	34 439	16 564	5 283	56 286
12	其中	农居建筑	平方米	30 324	16 379	4 942	51 645
13		公共生产建筑	平方米	1 588	145	96	1 829
14		公共服务建筑	平方米	2 527	40	244	2 811

(四) 存在的问题及建议

(此部分内容省略。)

课后练习

1. 请列举乡村综合调查可能涉及的交叉领域。
2. 请结合实际调查工作编制一份有关乡村治理问题的访谈提纲。
3. 请编制一份乡村治理现状调查报告。

参考文献

[1] 钟涨宝.农村社会调查方法[M].北京:中国农业出版社,2002.

[2] 吕亚荣.农村社会经济调查方法[M].北京:中国人民大学出版社,2010.

[3] 徐锐,鲁艺.农村社会调查方法[M].北京:科学出版社,2019.

[4] 谢俊贵.社会调查理论与实务[M].北京:清华大学出版社,2014.

[5] 孟雪晖,朱静辉.社会调查与统计分析实验教材[M].杭州:浙江大学出版社,2016.

[6] 赵勤.社会调查方法[M].3版.北京:电子工业出版社,2018.

[7] 杜智敏.社会调查方法与实践[M].北京:电子工业出版社,2014.

[8] 郝大海.社会调查研究方法[M].4版.北京:中国人民大学出版社,2022.

[9] 风笑天.现代社会调查方法[M].6版.武汉:华中科技大学出版社,2021.

[10] 董海军.社会调查与统计[M].武汉:武汉大学出版社,2015.

[11] 丁华.社会调查方法与实务:新挑战、新方法、新工具[M].北京:北京大学出版社,2020.

[12] 费孝通.社会调查自白[M].长沙:湖南人民出版社,2022.

[13] 陈刚.中国乡村调查:农村居民媒体接触与消费行为研究[M].北京:高等教育出版社,2015.

[14] 郭占锋.乡村旅游与村落转型:基于陕西元村的跟踪调查[M].北京:中国社会科学出版社,2021.09.

[15] 胡俊生,符永川,高生军.空心村·空壳校·进城潮:陕北六县农村教育调查研判[M].北京:高等教育出版社,2015.

[16] 代改珍.乡村振兴的文旅密码:以亲子文旅为例[M].北京:中国旅游出版社,2019.

[17] 金太军,张振波.乡村社区治理路径研究:基于苏南、苏中、苏北的比较分析[M].北京:北京大学出版社,2016.

[18] 苏永明,张首芳,白日荣.简明社会调查方法[M].北京:科学出版社,2015.

[19] 杨凤荣.市场调查方法与实务[M].北京:科学出版社,2007.

[20] 芬克.调查研究实操指导:细节与示例[M].齐心,译.重庆:重庆大学出版社,2016.

[21] 孙伯君.中国民族地区经济社会调查报告·西吉县卷[M].北京:中国社会科学出版社,2019.

[22] 汪宁生.文化人类学调查:正确认识社会的方法[M].北京:学苑出版社,2015.

[23] 叶兴庆,王舒琪,李荣耀.中国共产党农村调查的百年实践与经验启示[J].经济社会体制比较,2022(5):9-17.

[24] 文小才,周涛. 河南省农村社会保障事业发展的财政政策研究:基于2017—2021年问卷调查的实证分析[J]. 河南财政税务高等专科学校学报,2022,36(4):1-8.

[25] 姜普旭,王健. 乡村振兴背景下乡风文明建设的问题及路径探析[J]. 农村经济与科技,2022,33(22):143-146.

[26] 陈军民. 乡村振兴的内生能力测算及其影响因素:基于河南省17个省辖市的乡村调查[J]. 江苏农业科学,2021,49(21):7-16.

[27] 蔡胜,张寅. 近代中国社会关注与思考乡村问题的特点及启示[J]. 云南农业大学学报(社会科学版),2021,15(1):154-160.

[28] 王娟. 新疆南疆少数民族地区村域经济调查研究[D]. 阿拉尔:塔里木大学,2015.

[29] 李龄玉. 大连市普兰店区新型农村社会养老保险满意度调查研究[D]. 大连:大连理工大学,2020.

[30] 倪兰. 农地流转市场转型对农业种植结构的影响[D]. 贵阳:贵州大学,2022.

[31] 中国社会科学院农村发展研究所. 中国农村发展报告(2023)[EB/OL]. (2023-08-02)[2024-02-01]. http://www.cass.cn/yaowen/202308/t20230807_5677402.shtml. 2023-8-2.

[32] 周岚,刘大威. 当代语境下的乡村调查—"2012江苏乡村调查"[J]. 乡村规划建设,2015(3):55-74.

[33] 国家统计局调查司. 中国住户调查年鉴(2022)[M]. 北京:中国统计出版社,2022.

[34] 农业农村部信息中心. 中国数字乡村发展报告(2022年)[EB/OL]. (2023-02-27)[2024-01-02]. https://www.gov.cn/xinwen/2023-03/01/5743969/files/5807a90751b1448ba977f02e7a80b14c.pdf.

[35] 农业农村部. 全国乡村产业发展规划(2020—2025年)[EB/OL]. (2020-07-09)[2023-12-24]. https://www.gov.cn/zhengce/zhengceku/2020-07/17/content_5527720.htm. 2020-7-9.

[36] 国家统计局. 第七次全国人口普查公报[EB/OL]. (2021-05-11)[2023-12-24]. https://www.gov.cn/guoqing/2021-05/13/content_5606149.htm.

[37] 农业农村部. 中国乡村文化发展研究报告(2018—2021)[EB/OL]. (2022-08-24)[2023-11-25]. http://philosophy.cssn.cn/bsgk/xwzxlist/202208/t20220824_5481331.html.

[38] 国务院办公厅. 农村人居环境整治提升五年行动方案(2021—2025年)[EB/OL]. (2021-12-05)[2024-03-05]. https://www.gov.cn/zhengce/2021-12/05/content_5655984.htm.

[39] 环境水务研究中心. 我国农村生态环境调研报告[EB/OL]. (2022-06-05)[2023-12-15]. https://m.thepaper.cn/baijiahao_18433052.

[40] 国务院办公厅. 关于加强和改进乡村治理的指导意见[EB/OL]. (2019-06-23)[2023-12-12]. https://www.gov.cn/zhengce/2019-06/23/content_5402625.htm.